DESENVOLVER O DOM E AS COMPETÊNCIAS

PASSO TRÊS

SÉRIE DE FUNDAMENTOS DO DISCIPULADO

DR. HENDRIK J. VORSTER

MANUAL DO PROFESSOR

Série de Fundamentos do Discipulado
Passo Três
Desenvolver O Dom e as Competências
(Manual do Professor)
Por Dr. Hendrik J. Vorster

Um guia prático para ser um bom discípulo do Senhor Jesus Cristo.

Além deste Manual, você também vai precisar dos seguintes itens para completar seu estudo:
Uma Bíblia NVI.
Uma caneta ou lápis para anotar as respostas.
Lápis coloridos (vermelho, azul, verde e amarelo)

Para mais cópias e informação, visite nosso site e nos escreva:
www.churchplantingdoctor.com
resources@churchplantingdoctor.com
Escritura retirada da BÍBLIA SAGRADA (com referência para as Editoras).

Copyright © 2021 por Dr. Hendrik J. Vorster
Todos os direitos reservados.
Nenhuma parte desta publicação pode ser reproduzida, armazenada em sistema de recuperação de dados, ou transmitida em qualquer forma e através de quaisquer meios, eletrônico, mecânico, cópia física, gravação ou de outra maneira, sem a permissão do autor, exceto para o uso de citações breves em uma resenha de livro.

ISBN 978-1-957626-15-4

CONTEÚDO

Agradecimentos v
Série de Fundamentos do Discipulado vii

PARTE I
Encontro de fim de semana de descoberta de dons 1

1. Introdução 3
   Sessão 1
2. Dons do Ofício Ministerial 15
   Sessão 2
3. Dons de Serviço 37
   Sessão 3
4. Os Dons Espirituais Sobrenaturais 57
   Sessão 4
5. Descobrindo os Seus Dons Espirituals 81
   Sessão 5
6. Questionário Vorster de descoberta de Dons espirituals 84
   Sessão 6
7. Folha Vorster De Pontuação De Dons 89
   Escreva aqui sua pontuação no questionário.

PARTE II
Pesquisa Bíblica 97

Programação 99
8. Introdução 100
   Sessão Um
9. A Autoridade da Bíblia 102
   Sessão Dois
10. Aproveitando ao Máximo Meu Momento na Palavra 115
    Sessão Três
11. Further Study 123

PARTE III
Compartilhamento da Fé 125

Programação 127
12. Introdução para compartilhar nossa fé 128

13. Compartilhando Nossa Fé de Modo Prático   140
Sessão Dois
14. A Mensagem Prática do Evangelho   153
Sessão Três

PARTE IV
Vencendo   165

Programação   167
15. Introdução   168
Sessão Um
16. Preocupações do Mundo, Engano das Riquezas e Orgulho   171
Sessão Duas
17. Medo e Incredulidade   181
Sessão Três
18. Falta de Perdao   201
SESSÃO 4
19. Luxúria a cobiça da carne e a cobiça dos olhos   220
SESSÃO 5
20. Fé e Obediencia   228
SESSÃO 6

PARTE V
Encontro de Líderes Pastorais   237

Programação   239
21. Introdução   240
22. Sessão 1 :O Pastor Bíblico   242
23. Sessão 2:O Coração de Um Pastor   249
24. Sessão 3:O Propósito de um Pastor   259
25. Sessão 4:Desenvolvendo Relacionamentos Profundos E Significativos   274
26. Sessão 5:Chaves Práticas   295
27. Sessão 6:Aplicação Prática   312
28. Sessão 7:Consagração   328

Nota Finais   333
Outros Livros De Autoria Do Dr. Hendrik J Vorster   335

AGRADECIMENTOS

Agradeço ao Senhor por uma equipa incrível de pessoal dedicado, sem o qual nada deste material seria possível. Quero agradecer especialmente à minha família e particularmente à minha esposa Ursula, pelo seu apoio inabalável e por me permitirem cumprir o apelo de Deus.

Obrigado a Gerhard e Lise Van Niekerk que dirige o nosso escritório sul-africano e gere o processo de ver que todo o material escrito é editado e formatado para publicação. Juntamente com as incansáveis horas de Florinda Daniel a formatar toda a tradução, eles supervisionam a impressão e distribuição de materiais para utilização em todo o mundo.

Quero agradecer a todos os nossos parceiros que acreditaram em mim o suficiente para apoiar e subscrever as numerosas traduções, a impressão dos recursos, a filmagem de todo o material, locução, pós-produção e distribuição. Obrigado.

Quero também expressar o meu mais profundo e querido apreço a todos os líderes que me permitiram testar o material no terreno e caminhar ao seu lado para ver as suas igrejas e movimentos crescer e expandir-se para o que são hoje. O privilégio tem sido meu.

Quero agradecer ao Senhor por me ter confiado este Chamado para equipar a Sua Igreja.

Dr Hendrik Vorster

SÉRIE DE FUNDAMENTOS DO DISCIPULADO

PASSO TRÊS - DESENVOLVER O DOM E AS COMPETÊNCIAS

PARTE I
ENCONTRO DE FIM DE SEMANA DE DESCOBERTA DE DONS

FIM DE SEMANA UM

1
INTRODUÇÃO
SESSÃO 1

Deus nos salvou para _servir_!
Deus nos salvou para servir. A fim de servir ao propósito de Deus bem, precisamos estar adequadamente equipados.

Deus nos equipa com dons espirituais para servir!

A forma como Deus equipa Seu povo é dando-lhes dons e habilidades, que nós chamamos de dons espirituais. Conhecer e entender os dons espirituais e como Deus os usa em nossa vida e através dela, capacita-nos para ministrar com mais eficácia para a edificação do Corpo de Cristo.

O que é um dom espiritual?

> "Um dom espiritual é uma _habilidade_ distinta dada a nós, pelo Espírito Santo, especificamente para _edificar_ o Corpo de Cristo."

Dons Espirituais

A Bíblia ensina que todo crente é uma parte vital do corpo de Cristo e deve operar como tal. Deus concedeu muitos dons à Sua igreja. Ele dotou os membros com habilidades especiais e um ministério para o benefício do corpo como um todo, tanto localmente como globalmente.

Habilidades naturais não são dons espirituais

Primeiramente, consideremos talentos ou habilidades naturais. Uma habilidade natural pode ser algo com o qual você nasceu, como coordenação física, por exemplo. Ou pode ser um talento que você desenvolveu ao longo dos anos, como tocar um instrumento musical.

Essas habilidades naturais ou talentos podem ser úteis ou divertidas, mas lidam principalmente com as superfícies da vida. Não abrangem a raiz do nosso relacionamento com Deus. Habilidades e talentos afetam as pessoas temporariamente, não eternamente, e o crescimento espiritual não é necessário para o desenvolvimento deles.

Dons espirituais são, portanto, habilidades que nos são dadas graciosamente pelo Espírito Santo. O propósito para a ativação desses dons em nossa vida é para a construção e edificação do Corpo de Cristo.

A Natureza dos Dons Espirituais

1. Dons espirituais são habilidades, poderes e obras "sobrenaturais".

Dons espirituais são concedidos pelo Espírito Santo para uso dos crentes apenas.

> **(1 Coríntios 12:7)** *"A cada um, porém, é dada a manifestação do Espírito, visando ao bem comum."*

Dons espirituais não são apenas talentos humanos, são habilidades, poderes e obras divinamente inspirados. A Bíblia não isola um conjunto específico de dons como sendo mais sobrenaturais do que outros.

> **(1 Coríntios 12:28)** *"Assim, **na igreja, Deus estabeleceu** primeiramente apóstolos; em segundo lugar, profetas; em terceiro lugar, mestres; depois os que realizam milagres, os que têm dons de curar, os que têm dom de prestar ajuda, os que têm dons de administração e os que falam diversas línguas."*

Os dons de curas e línguas estão bem no meio dos dons de prestar ajuda e de administração. Apesar de alguns dons parecerem mais explicitamente proeminentes e visíveis do que outros, eles são operados pelo mesmo Espírito Santo, para o mesmo propósito.

2. Dons espirituais são "dons graciosos" para os crentes.

Dons espirituais são dados graciosamente ao povo de Deus. A palavra para dom é "charismata" que significa literalmente "graciosamente dado". Isso significa que é dado graciosamente para nosso uso. É dado com um propósito.

> **(1 Pedro 4:10)** *"Cada um exerça o dom que recebeu para servir os outros, **administrando fielmente a graça de Deus** em suas múltiplas formas."*

3. Dons espirituais devem ser usados, e não tratados ou guardados como troféus ordinários.

Somos todos encorajados a servir e usar nossos dons na medida de fé que recebemos. Devemos ser receber com humildade o fato de que fomos abençoados como dons espirituais.

> (1 Pedro 4:10) *"Cada um exerça o dom que recebeu para servir os outros, administrando fielmente a graça de Deus em suas múltiplas formas."*

4. Dons espirituais são operados pela fé e devem ser desenvolvidos e cultivados.

Dons espirituais são recebidos por transmissão, através da imposição de mãos.

> (1 Timóteo 4:14) *"Não negligencie o **dom que lhe foi dado por mensagem profética com imposição de mãos dos presbíteros**."*

> (2 Timóteo 1:6) *"Por essa razão, torno a lembrar-lhe que mantenha viva a chama do dom de Deus que está em você mediante a imposição das minhas mãos."*

Dons espirituais são exercitados de acordo com a fé de cada um.

> (Romanos 12:6) *"Temos diferentes dons, de acordo com a graça que nos foi dada. Se alguém tem o dom de profetizar, **use-o na proporção da sua fé**. Se o seu dom é servir, sirva; se é ensinar, ensine; se é dar ânimo, que assim faça; se é contribuir, que contribua generosamente; se é exercer liderança, que a exerça com zelo; se é mostrar misericórdia, que o faça com alegria."*

Dons espirituais são sujeitos à vontade de quem tem o dom.

> (1 Coríntios 14:32) *"O espírito dos profetas está sujeito aos profetas."*

A Bíblia ensina que dons espirituais devem ser encorajados e cultivados.

(1 Coríntios 14:1) *"Sigam o caminho do amor e **busquem com dedicação os dons espirituais**, principalmente o dom de profecia."*

(1 Coríntios 14:12) *"Assim acontece com vocês. **Visto que estão ansiosos por terem dons espirituais**, procurem crescer naqueles que trazem a edificação para a igreja."*

(1 Coríntios 14:39) *"Portanto, meus irmãos, **busquem com dedicação o profetizar** e não proíbam o falar em línguas."*

(2 Timóteo 1:6) *"Por essa razão, torno a lembrar-lhe que **mantenha viva a chama do dom de Deus** que está em você mediante a imposição das minhas mãos."*

Nós devemos ansiar pelos dons espirituais.

(1 Coríntios 12:31, NTLH) *"Por isso **se esforcem para ter os melhores dons**. Porém eu vou mostrar a vocês o caminho que é o melhor de todos."*

(1 Coríntios 14:1) *"Sigam o caminho do amor e busquem com dedicação os dons espirituais, principalmente o dom de profecia."*

(1 Coríntios 14:12) *"Assim acontece com vocês. **Visto que estão ansiosos por terem dons espirituais**, procurem crescer naqueles que trazem a edificação para a igreja."*

5. Dons espirituais são dados para a edificação do Corpo de Cristo.

O verdadeiro propósito dos dons espirituais é a edificação.

(1 Coríntios 12:7) *"A cada um, porém, é dada a manifestação do Espírito, **visando ao bem comum**."*

(1 Coríntios 14:4) *"Quem fala em língua a si mesmo se edifica, mas **quem profetiza edifica a igreja**."*

(1 Coríntios 14:26) *"Portanto, que diremos, irmãos? Quando vocês se reúnem, cada um de vocês tem um salmo, ou uma palavra de instrução, uma revelação, uma palavra em uma língua ou uma interpretação. **Tudo seja feito para a edificação da igreja**."*

Dons espirituais são para glorificar o Senhor Jesus.

(1 Pedro 4:10-11) *"Cada um exerça o dom que recebeu para servir os outros, administrando fielmente a graça de Deus em suas múltiplas formas. Se alguém fala, faça-o como quem transmite a palavra de Deus. Se alguém serve, faça-o com a força que Deus provê, de forma **que em todas as coisas Deus seja glorificado mediante Jesus Cristo**, a quem sejam a glória e o poder para todo o sempre. Amém."*

O conteúdo das próximas páginas não deve ser usado meramente como uma avaliação, mas como uma ferramenta de exploração para permitir que o Espírito Santo desperte a graça e os dons Dele dentro do seu coração.

Os versículos seguintes exploram os dons espirituais do Espírito Santo. Esses versículos nos exortam a buscá-los e ansiar que sejam assimilados e usados através de nossa vida.

(1 Coríntios 12:1) *"Irmãos, quanto aos dons espirituais[a], não quero que vocês sejam ignorantes."*

(1 Coríntios 14:1) *"Sigam o caminho do amor e busquem com dedicação os dons espirituais, principalmente o dom de profecia."*

(1 Coríntios 14:12) *"Assim acontece com vocês. Visto que estão ansiosos por terem dons espirituais, procurem crescer naqueles que trazem a edificação para a igreja."*

(1 Coríntios 14:39-40) *"Portanto, meus irmãos, busquem com dedicação o profetizar e não proíbam o falar em línguas. Mas tudo deve ser feito com decência e ordem."*

O Ressurgimento Histórico do Espírito Santo

Antes de avançarmos para ver as três partes dos dons espirituais, vejamos o ressurgimento histórico contemporâneo do Espírito Santo.

Um dos distintivos da Igreja em Atos, e das igrejas do Novo Testamento que eram plantadas, é a ênfase nos dons espirituais do Espírito em ação na igreja. Ao longo da evolução da história da Igreja, há um remanescente que sempre abraçou a abertura ao agir e à ministração do Espírito Santo.

Durante o final do século XIX, muitas pessoas do espectro variado de denominações experimentaram e abraçaram essas ações do Espírito Santo e os dons graciosos com os quais Ele as abençoou. As igrejas pentecostais e carismáticas se desenvolveram à medida que a proeminência do agir do Espírito Santo ganhava aceitação.

A aceitação da Pessoa e do agir do Espírito Santo nunca foi confinada a essas denominações apenas, mas à medida que observamos, Sua obra é vista e apreciada pela maioria dos crentes ao redor do mundo, independentemente de afiliação denominacional. Infelizmente, há teorias e práticas diversas, inclusive alguns maus usos e abusos, que acompanharam essa renovação dos dons espirituais. Independentemente disso, o Espírito Santo está aqui conosco, como Jesus prometeu, e certamente está trabalhando maravilhosamente para edificar a Igreja através de Seu povo.

Apesar de a experiência não dever ser nossa autoridade, ela serve um papel vital no desenvolvimento de um entendimento prático deste assunto.

No início do século XXI, os primeiros pentecostais descobriram o ensinamento bíblico sobre o batismo do Espírito Santo, o falar em línguas e os dons do Espírito, e com sinceridade buscaram receber e implementar essas verdades. À medida que Deus derramou Seu Espírito seguido de sinais, o que eles antes achavam obscuro, misterioso, ou meramente teórico, de repente se tornou claro e uma realidade viva. À medida que seguiam a direção do Espírito, corrigiam enganos e abusos ao usarem a Bíblia como referência para o propósito e o uso dos dons espirituais.

Dons espirituais são definidos e explicados em três partes:

Existem três partes principais das Escrituras que descrevem e definem os dons espirituais. Essas partes nos ajudam a vê-los em sua missão específica para nossas vidas. Vejamos brevemente essas três diferenciações:

Três passagens no Novo Testamento (Romanos 12, Efésios 4 e 1 Coríntios 12) listam alguns dons que Deus concedeu à igreja:

1. Romanos 12 discute habilidades, talentos, ou funções que Deus dá a todos os crentes. São comumente conhecidas como dons de serviço.
2. Efésios 4 identifica ofícios específicos de liderança e ministério que Deus deu à igreja. São conhecidos como dons do ofício ministerial.
3. Em 1 Coríntios 12 e 14, encontramos sinais, maravilhas e milagres sobrenaturais que ocorrem pela capacitação direta e pelo agir do Espírito Santo através de Seu povo. São conhecidos como Dons Espirituais Sobrenaturais.

Para fins de esclarecimento, rotularemos essas três listas respectivamente como dons de serviço, dons do ofício ministerial, e dons espirituais.

DONS DO OFÍCIO MINISTERIAL (Efésios 4:11)

Os dons ministeriais são principalmente encontramos em Efésios 4 e são comumente conhecidos como os Cinco Dons Ministeriais.

> **(Efésios 4:11-12)** *"E Ele designou alguns para **apóstolos**, outros para **profetas**, outros para **evangelistas**, e outros para **pastores** e **mestres**, com o fim de preparar os santos para a obra do ministério, para que o corpo de Cristo seja edificado."*

- Apóstolo
- Profeta
- Evangelista
- Pastor
- Mestre

DONS DE SERVIÇO (Romanos 12:3-8)

Os dons de serviço são registrados principalmente em Romanos 12.

> **(Romanos 12:3-8)** *"Por isso, pela graça que me foi dada digo a todos vocês: Ninguém tenha de si mesmo um conceito mais elevado do que deve ter; mas, ao contrário, tenha um conceito equilibrado, de acordo com a medida da fé que Deus lhe concedeu. Assim como cada um de nós tem um corpo com muitos membros e esses membros não exercem todos a mesma função, assim também em Cristo nós, que somos muitos, formamos um corpo, e cada membro está ligado a todos os outros. Temos diferentes dons, de acordo com a graça que nos foi dada. Se alguém tem o dom de **profetizar**, use-o na proporção da sua fé. Se o seu dom é **servir**, sirva; se é **ensinar**, ensine; se é **dar ânimo**, que assim faça; se é **contribuir**, que contribua generosamente; se é **exercer liderança**, que a exerça com zelo; se é **mostrar misericórdia**, que o faça com alegria."*

- Profecia
- Serviço
- Ensino
- Exortação
- Contribuir
- Liderar
- Mostrar misericórdia

DONS ESPIRITUAIS SOBRENATURAIS (1 Coríntios 12:1-9)

Os dons espirituais sobrenaturais são especificamente explorados na Primeira Carta à Igreja de Corinto. O uso extensivo desses dons é visto ao longo dos escritos do Novo Testamento.

> **(1 Coríntios 12:1-9)** "*A cada um, porém, é dada a manifestação do Espírito, visando ao bem comum. Pelo Espírito, a um é dada a **palavra de sabedoria**; a outro, pelo mesmo Espírito, a **palavra de conhecimento**; a outro, **fé**, pelo mesmo Espírito; a outro, **dons de curar**, pelo único Espírito; a outro, poder para **operar milagres**; a outro, **profecia**; a outro, **discernimento de espíritos**; a outro, **variedade de línguas**; e ainda a outro, **interpretação de línguas**. Todas essas coisas, porém, são realizadas pelo mesmo e único Espírito, e ele as distribui individualmente, a cada um, como quer.*"

- Palavra de sabedoria
- Palavra de conhecimento
- Fé
- Dons de cura
- Milagres
- Profecia
- Discernimento de espíritos
- Variedade de línguas
- Interpretação de línguas

Nas próximas sessões, veremos cada um desses grupos mais detalhadamente.

Folha de Assimilação
Introdução a Dons Espirituais

1. Complete a frase: *Deus nos salvou para <u>servir!</u>*

2. O que é um dom espiritual? <u>*"Um dom espiritual é a habilidade distinta dada a nós, pelo Espírito Santo, especificamente para a edificação do Corpo de Cristo."*</u>

3. Complete a frase: *Dons espirituais são habilidades, poderes e obras <u>sobrenaturais</u>.*

4. Complete a frase: *Dons espirituais são <u>dons graciosos</u> para os crentes.*

5. Complete a frase: *Dons espirituais são para serem <u>usados</u> e não tratados ou guardados como troféus ordinários.*

6. Complete a frase: *Dons espirituais são operados pela <u>fé</u> e devem ser <u>desenvolvidos</u> e cultivados.*

7. Complete a frase: *Dons espirituais são dados para a <u>edificação</u> do Corpo de Cristo.*

8. Cite as três partes dos dons espirituais. Inclua pelo menos uma referência bíblica para cada uma.
   1. _____
   2. _____
   3. _____

9. Cite os dons do ofício ministerial:
   1. _____
   2. _____
   3. _____
   4. _____
   5. _____

. . .

10. Cite dois dons de serviço: 1. _____

2. _____

11. Cite dois dons espirituais sobrenaturais: 1. _____

2. _____

2

DONS DO OFÍCIO MINISTERIAL
SESSÃO 2

Durante esta sessão iremos explorar os dons ministeriais.

(**Efésios 4:11-12**) *"E Ele designou alguns para **apóstolos**, outros para **profetas**, outros para **evangelistas**, e outros para **pastores** e **mestres**, com o fim de preparar os santos para a obra do ministério, para que o corpo de Cristo seja edificado."*

(**Efésios 4:8**) *"Por isso que foi dito: 'Quando Ele subiu em triunfo às alturas, levou cativos muitos prisioneiros, e deu dons aos homens."*

(**Efésios 4:11-16**) *"E Ele designou alguns para **apóstolos**, outros para **profetas**, outros para **evangelistas**, e outros para **pastores** e **mestres**, com o fim de preparar os santos para a obra do ministério, para que o corpo de Cristo seja edificado, até que todos alcancemos a unidade da fé e do conhecimento do Filho de Deus, e cheguemos à maturidade, atingindo a medida da plenitude de Cristo. O propósito é que não sejamos mais como crianças, levados de um lado para outros pelas ondas, nem jogados* *para cá e para lá por todo vento de doutrina e pela astúcia e esperteza de homens que induzem ao erro. Antes, seguindo a verdade em amor, cresçamos em tudo Naquele que é a cabeça, o Cristo. Dele todo o corpo, ajustado e unidos pelo auxílio de todas as juntas, cresce e edifica-se a si mesmo em amor, na medida em que cada parte realiza a sua função."*

Esta passagem apresenta o que é geralmente chamado de os cinco ministérios. Os cinco ministérios listados não são simplesmente dons de Deus para indivíduos dentro da igreja, mas são dons (do grego *dogmata*) para a igreja como um todo. Enquanto Romanos 12 fala de habilidades e funções, usando tanto substantivos como verbos para descrever os dons de serviço, Efésios 4 fala de ofícios, usando substantivos para descrevê-los. A indicação é que os dons de Efésios 4 são mais formais, são ministérios definidos para a igreja como um todo. Quando Jesus subiu ao Céu, Ele deu presentes à igreja: os ministros do Evangelho.

Como a passagem revela, as pessoas que exercem esses ofícios são líderes reconhecidos na igreja, responsáveis por equipar outros, ajudando a igreja a funcionar efetivamente, crescer em maturidade, e estabelecer-se em verdade doutrinária. A natureza de seu trabalho requer que sejam pregadores do Evangelho. Na terminologia moderna, nós tipicamente os chamamos de "pastores", usando este desígnio num sentido especial, apesar de algumas versões bíblicas usarem o termo "ministros", que significa servo ou trabalhador.

Vejamos agora cada um desses dons do ofício ministerial:

1. Apóstolo

Um **apóstolo** (do grego *Apostolos*) é literalmente alguém enviado em uma missão, um mensageiro, um embaixador, um comissionado. Apesar de ninguém poder tomar o lugar dos doze apóstolos do Cordeiro (Apocalipse 21:14), que foram testemunhas de Cristo, outros podem exercer um ofício apostólico servindo como missionários pioneiros e líderes de outros ministérios.

> **(Apocalipse 21:14)** *"O muro da cidade tinha doze fundamentos, e neles estavam os nomes dos doze apóstolos do Cordeiro."*

Durante o ministério terreno de Jesus, após ter chamado alguns para segui-Lo e serem Seus discípulos, Ele, um dia, após uma noite de oração, designou alguns de Seus discípulos para se tornarem os primeiros apóstolos, Seus enviados.

> **(Lucas 6:12-13)** *"Num daqueles dias, Jesus saiu para o monte a fim de orar, e passou a noite orando a Deus. **Ao amanhecer, chamou Seus discípulos e escolheu doze deles, a quem também designou apóstolos.**"*

> **(Marcos 3:13-19)** *"Jesus subiu a um monte e chamou a Si aqueles que Ele quis, os quais vieram para junto Dele. **Escolheu doze, designando-os apóstolos**ª**, para que estivessem com Ele, os enviasse a pregar e tivessem autoridade para expulsar demônios.** Estes são os doze que Ele escolheu: Simão, a quem deu o nome de Pedro; Tiago, filho de Zebedeu, e João, seu irmão, aos quais deu o nome de Boanerges, que significa "filhos do trovão"; André; Filipe; Bartolomeu; Mateus; Tomé; Tiago, filho de Alfeu; Tadeu; Simão, o zelote; e Judas Iscariotes, que o traiu."*

> **(Mateus 10:7-8)** *"Por onde forem, preguem esta mensagem: O Reino dos céus está próximo. Curem os enfermos, ressuscitem os mortos, purifiquem os leprosos, expulsem os demônios. Vocês receberam de graça; deem também de graça."*

A partir desses dois relatos aprendemos que Jesus escolheu doze dentre todos Seus discípulos e os designou como apóstolos. A referência no evangelho de Marcos nos ajuda a entender o desígnio especial como apóstolos. A Bíblia diz: **"para que possam estar com Ele e para que Ele os envie para pregar e expulsar demônios."** O desígnio apóstolo indica que eles foram enviados com confiança, assim como João Batista, para ir adiante do Senhor Jesus para pregar onde Ele os enviasse, com Sua bênção e autoridade, e poder para **curar os enfermos, ressuscitar os mortos e expulsar demônios.**

O apostolado não foi confiado somente aos doze apóstolos.

Uma das maravilhosas bênçãos que a Igreja do Novo Testamento recebeu foi a continuação do Senhor de designar apóstolos, como presentes para a Igreja.

Apóstolos Paulo e Barnabé

Na igreja de Antioquia, em meio a jejum e oração, o Espírito Santo falou e instruiu que Paulo e Barnabé fossem enviados para a obra para a qual foram chamados. Após oração e imposição de mãos, eles enviaram Paulo e Barnabé como missionários pioneiros e eles se tornaram conhecidos como apóstolos apesar de não serem originalmente parte dos doze.

> **(Atos 13:2-4)** *"Enquanto adoravam o Senhor e jejuavam, disse o Espírito Santo: "Separem-me **Barnabé e Saulo** para a obra a que os tenho chamado". Assim, depois de jejuar e orar, impuseram-lhes as mãos e os enviaram. Enviados pelo Espírito Santo, desceram a Selêucia e dali navegaram para Chipre."*

Mais tarde, no Livro de Atos, lemos sobre os *"**apóstolos Barnabé e Paulo.**"*

> **(Atos 14:14)** *"Ouvindo isso, os **apóstolos Barnabé e Paulo** rasgaram as roupas e correram para o meio da multidão, gritando."*

Em algumas ocasiões, nós vemos como Paulo defende seu apostolado.

> **(1 Coríntios 9:2)** *"Ainda que eu não seja apóstolo para outros,*

*certamente o sou para vocês! Pois **vocês são o selo do meu apostolado no Senhor**."*

O apóstolo Paulo muitas vezes inicia suas cartas pastorais com as palavras "Paulo, apóstolo...".

> **(Gálatas 1:1)** *"**Paulo, apóstolo** enviado, não da parte de homens nem por meio de pessoa alguma, mas por Jesus Cristo e por Deus Pai, que o ressuscitou dos mortos."*

Na carta pastoral para a igreja dos gálatas, Paulo se descreve como um apóstolo para os gentios assim como Pedro foi um apóstolo para os judeus.

> **(Gálatas 2:8-9)** *"Pois Deus, que operou por meio de **Pedro como apóstolo aos circuncisos**, também operou **por meu intermédio para com os gentios**. Reconhecendo a graça que me fora concedida, Tiago, Pedro e João, tidos como colunas, **estenderam a mão direita a mim e a Barnabé** em sinal de comunhão. Eles concordaram em que devíamos nos dirigir aos gentios e eles aos circuncisos."*

Na carta pastoral à igreja de Corinto, ele defende o ministério do apóstolo.

> **(1 Coríntios 4:1)** *"**Apóstolos de Cristo**. Portanto, que todos nos considerem como servos de Cristo e encarregados dos mistérios de Deus."*

> **(1 Coríntios 4:9)** *"Porque me parece que **Deus nos colocou a nós, os apóstolos**, em último lugar, como condenados à morte. Viemos a ser um espetáculo para o mundo, tanto diante de anjos como de homens."*

> **(1 Coríntios 9:1-2)** **Os direitos de um Apóstolo** - *"Não sou livre?*

> *Não sou apóstolo? Não vi Jesus, nosso Senhor? Não são vocês resultado do meu trabalho no Senhor? Ainda que eu não seja apóstolo para outros, certamente o sou para vocês! Pois vocês são o selo do meu apostolado no Senhor."*

Os sinais de um apóstolo são claramente descritos na segunda carta aos coríntios.

> **(2 Coríntios 12:12)** *"As marcas de um apóstolo — sinais, maravilhas e milagres — foram demonstradas entre vocês, com grande perseverança."*

Da mesma forma, Tiago, irmão do Senhor, não um dos doze, foi chamado de apóstolo.

> **(Gálatas 1:19)** *"Não vi nenhum dos **outros apóstolos**, a não ser **Tiago**, irmão do Senhor."*

> **(Atos 15:13)** *"Quando terminaram de falar, **Tiago** tomou a palavra e disse: 'Irmãos, ouçam-me.'"*

O termo apóstolo é encontrado 22 vezes e o termo apóstolos é encontrado 71 vezes na tradução NVI. É traduzido como **apóstolo** na maioria das vezes; ou como **mensageiro ou trabalhador** duas vezes (2 Coríntios 8:23; Filipenses 2:25); e mais uma vez como **mensageiro** em João (13:16).

> **(2 Coríntios 8:23)** *"Quanto a Tito, ele é meu **companheiro e cooperador** entre vocês; quanto a nossos irmãos, eles são representantes das igrejas e uma honra para Cristo."*

> **(Filipenses 2:25)** *"Contudo, penso que será necessário enviar-lhes de volta Epafrodito, meu irmão, **cooperador e companheiro** de lutas, **mensageiro** que vocês enviaram para atender às minhas necessidades."*

(João 13:16) *"Digo-lhes verdadeiramente que nenhum escravo é maior do que o seu senhor, como também nenhum **mensageiro** é maior do que aquele que o enviou."*

Pelo menos vinte e quatro apóstolos são registrados no Novo Testamento:

- Simão Pedro e seu irmão André (Mt 10:2)
- Tiago, filho de Zebedeu e João, seu irmão (Mt 10:2)
- Filipe e seu irmão Bartolomeu (Mt 10:3)
- Tiago, filho de Alfeu e Judas, seu irmão (Lc 6:1)
- Mateus, filho de Alfeu, talvez irmão de Tiago e Judas (Mc 2:14; Lc 6:15)
- Tomé
- Simão o Zelote, irmão de Tiago e Judas, de acordo com a tradição (Lc 6:15)
- Judas Iscariotes
- Matias (At 1:26)
- Barnabé (1 Co 9:5-6; At 13:1-3; 14:4; Gl 2:9)
- Andrônico (Rm 16:7)
- Júnias (1 Co 4:6-9)
- Apollo (1 Co 4:6-9)
- Tiago, o irmão do Senhor (Gl 1:19; 2:6; Tg 1:1)
- Silas (1 Ts 1:1; 2:6)
- Timóteo (1 Ts 1:1; 2:6)
- Tito (2 Co 8:23)
- Epafrodito (Fp 2:25)
- Paulo (Gl 1:1; 2:8)
- Jesus Cristo (Hb 3:1)

O apóstolo Paulo diz em Efésios 4 que o Senhor deu presentes à igreja para capacitá-la, os quais são: apóstolos, profetas, evangelistas, pastores e mestres.

(Efésios 4:11-13) *"E Ele designou alguns para apóstolos, outros para profetas, outros para evangelistas, e outros para pastores e mestres, com o fim de preparar os santos para a obra do ministério, para que o corpo de Cristo seja edificado, até que todos alcancemos a unidade da fé e do conhecimento do Filho de Deus, e cheguemos à maturidade, atingindo a medida da plenitude de Cristo."*

Em conclusão ao nosso aprendizado sobre a existência dos apóstolos, e o que define quem são e o que fazem, responsamos algumas perguntas.

Perguntas de Descoberta

As respostas para as seguintes perguntas podem ser sinais talvez o ajudem a afirmar o seu desígnio como apóstolo.

- Você sente fortemente que Deus o ungiu para ser um líder e você se geralmente se exercendo uma função de liderança dentre os crentes?
- Você tem a fé confiante de que, aonde Deus lhe enviar, você será capaz de levar pessoas a Cristo e discipulá-las à maturidade?
- Você acha que as pessoas geralmente seguem as suas instruções?
- Você naturalmente sonha com novas igrejas plantadas?
- As pessoas geralmente lhe pedem para servir em posições de liderança devido à sua habilidade de fazer as coisas acontecerem?
- Você sente fortemente o chamado de Deus sobre a sua vida para ser pioneiro de novos ministérios?
- Você já foi pioneiro de novas igrejas com sucesso?

Se a resposta para todas essas perguntas é um forte *SIM* então você certamente foi ungido por Deus como um líder apostólico para avançar Sua Igreja. Se a maioria das respostas for *SIM, às vezes*, então você deve abrir seu coração para a possibilidade de que o Senhor deseja usá-lo cada vez mais para iniciar novos ministérios para Ele. Se a resposta for *NÃO, eu nunca tive esses desejos,* então talvez você seja um dos preciosos crentes que foram abençoados com algum outro dom para servir o Corpo de Cristo.

2. Profeta

Um **profeta** é aquele que transmite e entrega mensagens e direções especiais, divinamente inspiradas.

> **(Atos 11:27-30)** *"Naqueles dias alguns profetas desceram de Jerusalém para Antioquia. Um deles, Ágabo, levantou-se e pelo Espírito predisse que uma grande fome sobreviria a todo o mundo romano, o que aconteceu durante o reinado de Cláudio. Os discípulos, cada um segundo as suas possibilidades, decidiram providenciar ajuda para os irmãos que viviam na Judéia. E o fizeram, enviando suas ofertas aos presbíteros pelas mãos de Barnabé e Saulo."*

> **(Atos 15:32)** *"Judas e Silas, que eram profetas, encorajaram e fortaleceram os irmãos com muitas palavras."*

> **(Atos 21:10-14)** *"Depois de passarmos ali vários dias, desceu da Judéia um profeta chamado Ágabo. Vindo ao nosso encontro, tomou o cinto de Paulo e, amarrando as suas próprias mãos e pés, disse: "Assim diz o Espírito Santo: 'Desta maneira os judeus amarrarão o dono deste cinto em Jerusalém e o entregarão aos gentios'". Quando ouvimos isso, nós e o povo dali rogamos a Paulo que não subisse para Jerusalém. Então Paulo respondeu: "Por que vocês estão chorando e partindo o meu coração? Estou pronto não apenas para ser amarrado, mas também para morrer em Jerusalém pelo nome do Senhor Jesus".*

Como não pudemos dissuadi-lo, desistimos e dissemos: 'Seja feita a vontade do Senhor'."

Apesar de muitas pessoas na igreja profetizarem de tempos em tempos, o ofício de um profeta é cumprido por alguém quem Deus usa constantemente dessa maneira em seu ministério público. Todos os pregadores devem pregar a Palavra de Deus e pregar sob a unção do Espírito Santo, mas o profeta é especialmente chamado e capacitado para proclamar a vontade específica, o propósito e o conselho de Deus para Seu povo. Ele frequentemente comunica mensagens a respeito do plano de Deus para o futuro ou da necessidade de a igreja entrar em ação no plano de Deus.

Profetas são aqueles que falam por Deus.

> **(Hebreus 1:1)** *"Há muito tempo Deus falou muitas vezes e de várias maneiras aos nossos antepassados por meio dos profetas."*

> **(Atos 3:21)** *"É necessário que Ele permaneça no céu até que chegue o tempo em que Deus restaurará todas as coisas, como falou há muito tempo, por meio dos Seus santos profetas."*

Profetas são principalmente pregadores da justiça, que trazem mensagens de encorajamento, fortalecimento e consolo.

> **(Atos 15:32-34)** *"Judas e Silas, que eram profetas, encorajaram e fortaleceram os irmãos com muitas palavras. Tendo passado algum tempo ali, foram despedidos pelos irmãos com a bênção da paz para voltarem aos que os tinham enviado, mas Silas decidiu ficar ali."*

> **(1 Coríntios 14:3-5)** *"Mas quem profetiza o faz para edificação, encorajamento e consolação dos homens. Quem fala em língua a si mesmo se edifica, mas quem profetiza edifica a igreja. Gostaria que todos vocês falassem em línguas, mas prefiro que*

profetizem. Quem profetiza é maior do que aquele que fala em línguas, a não ser que as interprete, para que a igreja seja edificada."

Às vezes, os profetas predizem o futuro.

(Lucas 24:44-49) *"E disse-lhes: 'Foi isso que eu lhes falei enquanto ainda estava com vocês: Era necessário que se cumprisse tudo o que a meu respeito está escrito na Lei de Moisés, nos Profetas e nos Salmos.' Então lhes abriu o entendimento, para que pudessem compreender as Escrituras. E lhes disse: "Está escrito que o Cristo haveria de sofrer e ressuscitar dos mortos no terceiro dia, e que em Seu nome seria pregado o arrependimento para perdão de pecados a todas as nações, começando por Jerusalém. Vocês são testemunhas destas coisas. Eu lhes envio a promessa de meu Pai; mas fiquem na cidade até serem revestidos do poder do alto".*

Profecia é um dos dons do Espírito.

(1 Coríntios 12:10) *"A outro, poder para operar milagres; a outro, profecia; a outro, discernimento de espíritos; a outro, variedade de línguas; e ainda a outro, interpretação de línguas."*

O ofício de um profeta segue o de apóstolos em importância.

(1 Coríntios 12:28-31) *"Assim, na igreja, Deus estabeleceu primeiramente apóstolos; em segundo lugar, profetas; em terceiro lugar, mestres; depois os que realizam milagres, os que têm dons de curar, os que têm dom de prestar ajuda, os que têm dons de administração e os que falam diversas línguas. São todos apóstolos? São todos profetas? São todos mestres? Têm todos o dom de realizar milagres? Têm todos o dom de curar? Falam todos em línguas? Todos interpretam? Entretanto, busquem[a] com dedicação os melhores dons."* .

Aqueles que exercitam este dom são conhecidos como profetas também.

> **(Atos 13:1-3)** "*Na igreja de Antioquia havia profetas e mestres: Barnabé, Simeão, chamado Níger, Lúcio de Cirene, Manaém, que fora criado com Herodes, o tetrarca, e Saulo. Enquanto adoravam o Senhor e jejuavam, disse o Espírito Santo: "Separem-me Barnabé e Saulo para a obra a que os tenho chamado". Assim, depois de jejuar e orar, impuseram-lhes as mãos e os enviaram.*"

Instruções para o exercício deste dom são encontradas em 1 Coríntios 14.

> **(1 Samuel 19:18-24)** "*Depois que fugiu, Davi foi falar com Samuel em Ramá e lhe contou tudo o que Saul lhe havia feito. Então ele e Samuel foram a Naiote e ficaram lá. E Saul foi informado: "Davi está em Naiote, em Ramá", disseram-lhe. Então Saul enviou alguns homens para capturá-lo. Todavia, quando viram um grupo de profetas profetizando, dirigidos por Samuel, o Espírito de Deus apoderou-se dos mensageiros de Saul, e eles também entraram em transe. Contaram isso a Saul, e ele enviou mais mensageiros, e estes também entraram em transe. Depois mandou um terceiro grupo e eles também entraram em transe. Finalmente, ele mesmo foi para Ramá. Chegando à grande cisterna do lugar chamado Seco, perguntou onde estavam Samuel e Davi. E lhe responderam: "Em Naiote de Ramá". Então Saul foi para lá. Entretanto, o Espírito de Deus apoderou-se dele, e ele foi andando pelo caminho em transe, até chegar a Naiote. Despindo-se de suas roupas, também profetizou na presença de Samuel, e, despido, ficou deitado todo aquele dia e toda aquela noite. Por isso, o povo diz: 'Está Saul também entre os profetas?'*"

> **(2 Crônicas 9:29)** "*Os demais acontecimentos do reinado de Salo-*

mão, desde o início até o fim, estão escritos nos relatos do **profeta Natã**, *nas* **profecias do silonita Aías** *e nas* **visões do vidente Ido** *acerca de Jeroboão, filho de Nebate."*

Para concluir o que aprendemos sobre profetas e a definição do papel deles, respondamos algumas perguntas.

Perguntas de Descoberta

As respostas das perguntas a seguir poderão ser sinais de que Deus o ungiu como profeta.

- Você tem forte experiência de ver coisas que Deus lhe mostra, antes que aconteçam?
- Você vê frequentemente que as mensagens diretas e especiais que Deus lhe dá impactam grandemente as pessoas?
- Pessoas já ficaram profundamente ofendidas quando você lhes transmitiu uma palavra que Deus lhe deu?
- Você se depara frequentemente orando por mensagens de Deus para transmitir a Seu povo?
- Geralmente lhe pedem para orar por direção a respeito das situações de vida das pessoas?
- Você tem um forte senso e confiança de que Deus revela e fala aos outros através de você?
- Você geralmente se depara vendo a vida das pessoas como um livro aberto diante de você?
- Você geralmente fica sabendo que as coisas aconteceram assim como Deus disse que aconteceriam através de palavras que você transmitiu às pessoas?
- Você naturalmente se conecta com Deus para ouvir o que Ele está dizendo, ou quer dizer, através de você para as pessoas?

Se a resposta para todas essas perguntas for um forte *SIM* então você certamente foi ungido por Deus como um profeta para a Igreja. Se a maioria das respostas for *SIM, às vezes*, então você deve abrir seu coração para a possibilidade de que o Senhor deseja usá-lo cada vez mais para ouvir, receber e transmitir as mensagens diretas e pessoais Dele. Se a resposta for *NÃO, eu nunca tive esses desejos*, então talvez você seja um dos preciosos crentes que foram abençoados com algum outro dom para servir o Corpo de Cristo.

3. Evangelista

Um **evangelista** é literalmente um pregador do Evangelho. Ele proclama as boas novas para benefício dos não salvos. O termo origina-se do grego *euangelistes*, que significa **"aquele que traz notícias alegres"**.

> **(Atos 21:8-9)** *"Partindo no dia seguinte, chegamos a Cesaréia e ficamos na casa de **Filipe, o evangelista**, um dos sete. Ele tinha quatro filhas virgens, que profetizavam."*

> **(2 Timóteo 4:5)** *"Você, porém, seja moderado em tudo, suporte os sofrimentos, **faça a obra de um evangelista**, cumpra plenamente o seu ministério."*

Este termo bíblico não se limita ao uso moderno de um pregador itinerante que ministra em cultos especiais. Ao contrário, conota um ministro que é **particularmente eficaz em ganhar almas**, seja individualmente ou através de pregação.

Para concluir o que aprendemos sobre evangelistas, sua definição e seu papel, respondamos algumas perguntas.

Perguntas de Descoberta

As respostas para as perguntas seguintes talvez sejam sinais de que Deus o ungiu como evangelista.

- Você já levou pessoas a Cristo?
- Você geralmente se depara compartilhando a sua fé com outros de forma que os toca a também aceitar Jesus como Salvador e Senhor?
- Você geralmente vê pessoas responderem à mensagem do Evangelho quando você a prega?
- Você acha naturalmente fácil compartilhar com as pessoas sobre colocarem a fé em Jesus?
- Você geralmente fica sabendo que pessoas aceitaram Jesus como resultado da sua mensagem sobre o Evangelho?
- Você se depara diariamente buscando oportunidades de compartilhar a sua fé e levar pessoas a Cristo?
- Você sente fortemente que Deus o ungiu com uma habilidade especial de levar pessoas à salvação?
- As pessoas frequentemente pedem que você vá a determinado lugar compartilhar a mensagem do Evangelho com não cristãos?

Se a resposta para todas essas perguntas for um forte *SIM* então você certamente foi ungido por Deus como um evangelista. Se a maioria das respostas for *SIM, às vezes*, então você deve abrir seu coração para a possibilidade de que o Senhor deseja usá-lo cada vez mais para compartilhar a sua fé com outros. Se a resposta for *NÃO, eu nunca tive esses desejos além das oportunidades ocasionais de compartilhar a minha fé*, então talvez você seja um dos preciosos crentes que foram abençoados com algum outro dom para servir o Corpo de Cristo.

4. Pastor

Um **pastor** é aquele que lidera e cuida do povo de Deus. A palavra grega usada e traduzida aqui como *pastor* é a palavra "**poimen**". A Bíblia também se refere ao pastor como bispo (literalmente, "supervisor") e presbítero.

1 **Pedro 5:1-4** descreve o papel do pastor de liderar, supervisionar e instruir os crentes que estão sob seu cuidado.

> 1 **Pedro 5:1-4** *Portanto, apelo para os presbíteros que há entre vocês, e o faço na qualidade de presbítero como eles e testemunha dos sofrimentos de Cristo, como alguém que participará da glória a ser revelada:* **pastoreiem o rebanho de Deus que está aos seus cuidados.** *Olhem por ele, não por obrigação, mas de livre vontade, como Deus quer. Não façam isso por ganância, mas com o desejo de servir. Não ajam como dominadores dos que lhes foram confiados, mas como exemplos para o rebanho. Quando se manifestar o Supremo Pastor, vocês receberão a imperecível coroa da glória.*

O Novo Testamento sempre fala de presbíteros no plural, indicando que em cada cidade a igreja era liderada por uma equipe pastoral. As Escrituras, a história e o senso comum indicam que havia um pastor sênior ou um presbítero presidente.

Hoje podemos considerar o pastor sênior e a equipe pastoral de uma igreja local como os líderes da igreja, os como os pastores de várias congregações em uma cidade que cooperam como parte da mesma organização.

As funções de um pastor são como a de um pastor de ovelhas. Podemos aprender mais sobre essas características em João 10, onde lemos sobre o Bom Pastor e o coração com o qual Ele pastoreava Suas ovelhas. **Ezequiel 34** também nos dá revelação sobre o coração e a função de um pastor.

Concluindo o que aprendemos sobre pastores, o que os define, e seu trabalho, respondamos algumas perguntas.

Perguntas de Descoberta

As respostas para as seguintes perguntas podem ser sinais que o ajudarão a saber se você foi chamado e ungido como pastor.

- Você sente que Deus o chamou e o ungiu especificamente para cuidar do povo Dele?
- Você gosta de cuidar das necessidades e do bem-estar das pessoas?
- Você se sente mais confortável de trabalhar com pessoas com quem tem relacionamentos mais bem estabelecidos?
- Você se depara construindo intencionalmente relacionamentos profundos e significativos com os outros para que possa cuidar bem deles?
- Você geralmente ouve as pessoas lhe agradecerem por estar disponível para elas e por cuidar bem delas?
- Você sente fortemente que Deus lhe deu o dom de caminhar ao lado das pessoas e cuidar delas?
- Você se sente mais pleno quando cuida das pessoas em suas situações mais difíceis?
- Você se depara ministrando mensagens inspiradas pelo Espírito Santo e ajudando as pessoas em suas dificuldades?

Se a resposta para todas essas perguntas for um forte *SIM* então você certamente foi chamado e ungido por Deus como um pastor. Se a maioria das respostas for *SIM, às vezes*, então você deve abrir seu coração para a possibilidade de que o Senhor deseja usá-lo cada vez mais para cuidar das necessidades e do bem-estar dos outros. Se a resposta for *NÃO,* **eu nunca tive esses desejos** *além das oportunidades ocasionais de compartilhar a minha fé*, então talvez você seja um dos preciosos crentes que foram abençoados com algum outro dom proeminente para servir o Corpo de Cristo.

5. Mestre

Um **mestre** é aquele que foi ungido e possui talento especial para trazer instrução sobre a Palavra de Deus. (Atos 13:1)

Atos 13:1 *Na igreja de Antioquia havia profetas e* **mestres***: Barnabé,*

> *Simeão, chamado Níger, Lúcio de Cirene, Manaém, que fora criado com Herodes, o tetrarca, e Saulo.*

Como vimos, neste contexto, e especificamente em relação a esses dons espirituais na Bíblia, os papéis de pregação e ensino são atribuídos aos líderes da igreja local. Apesar de muitas pessoas na igreja terem o dom de ensino e ensinarem de forma eficaz em vários cenários, tais como na escola dominical, nos estudos bíblicos nos lares, o ofício de pastor-mestre se encontra acima deles. O pastor-mestre é o pregador e mestre principal da Palavra. Deus não só lhe deu o dom de ensino, mas também o deu à igreja como mestre e pastor.

Em conclusão ao que aprendemos sobre mestres, o que os define e sua função, respondamos algumas perguntas.

Perguntas de Descoberta

As respostas para as seguintes perguntas podem ser sinais que provavelmente afirmarão que Deus o chamou e o ungiu como mestre para o corpo de Cristo.

- Você crê que Deus o chamou e ungiu para ser um mestre da Palavra Dele?
- Você gosta de ensinar as verdades da Palavra de Deus às pessoas de forma sistemática e didática?
- Você gosta de estudar a Palavra e descobrir novas verdades que possa compartilhar?
- Você frequentemente se depara buscando novas formas de comunicar as verdades da Palavra de Deus de modo mais eficaz?
- Você se sente honrado de poder ver que, através do ensino da Palavra de Deus, os irmãos crescem na fé?
- Você tem um forte anseio por levar a verdade às pessoas a fim de afastar falsas doutrinas e crenças?
- Você tem prazer em conhecer as doutrinas bíblicas e compartilhá-las com os outros?

- Você geralmente recebe elogios de que você é um bom mestre da Palavra de Deus?

Se a resposta para todas essas perguntas for um forte *SIM* então você certamente foi abençoado por Deus com o dom de ensino, além de ter sido dado como um presente para a igreja. Se a maioria das respostas for *SIM, às vezes*, então você deve abrir seu coração para a possibilidade de que o Senhor deseja cada vez mais ensinar os outros através de você. Se a resposta for *NÃO, eu nunca tive esses desejos além das oportunidades ocasionais de compartilhar a minha fé*, então talvez você seja um dos preciosos crentes que foram abençoados com algum outro dom proeminente para servir o Corpo de Cristo.

Qual o propósito desses cinco dons ministeriais?

O propósito dos cinco dons ministeriais é equipar e ativar os dons de Deus nos crentes.

> **Efésios 4:12-16** *Com o fim de preparar os santos para a obra do ministério, para que o corpo de Cristo seja edificado, ¹³ até que todos alcancemos a unidade da fé e do conhecimento do Filho de Deus, e cheguemos à maturidade, atingindo a medida da plenitude de Cristo. ¹⁴ O propósito é que não sejamos mais como crianças, levados de um lado para outro pelas ondas, nem jogados para cá e para lá por todo vento de doutrina e pela astúcia e esperteza de homens que induzem ao erro. ¹⁵ Antes, seguindo a verdade em amor, cresçamos em tudo Naquele que é a cabeça, Cristo. ¹⁶ Dele todo o corpo, ajustado e unido pelo auxílio de todas as juntas, cresce e edifica-se a si mesmo em amor, na medida em que cada parte realiza a sua função. Sua intenção era aperfeiçoar e equipar completamente os santos (Seu povo consagrado), para que fizessem a obra do ministério a fim de edificar o Corpo (a Igreja) de Cristo, para que se desenvolva até que sejamos um na fé e na compreensão completa do conhecimento do Filho de Deus, para que atinjamos a maturi-*

dade (a completude de personalidade que é nada menos que o padrão da altura da perfeição de Cristo, a medida da estatura da plenitude de Cristo e a completude encontrada Nele. Para que assim não sejamos mais crianças, lançadas como navios para um lado e para o outro, deixando-se levar por cada vento de doutrina, a presa da astúcia e da esperteza dos homens inescrupulosos, engajados em toda forma de trapaça ao inventar erros que desviam do caminho. Ao contrário, que nossa vida expresse amorosamente a verdade (em todas as coisas, falando a verdade, lidando com a verdade, vivendo a verdade). Envolvidos em amor, que cresçamos de todas as formas e em todas as coisas Nele que é o Cabeça, Cristo, o ungido. Pois, por causa Dele, todo o Corpo (a Igreja, em todas as suas diversas partes), intimamente unido e firmemente ligado por juntas e ligamentos com os quais é suprido, com cada parte atuando adequadamente em todas as suas funções, atinge a maturidade completa, edificando-se em amor.

O versículo 12 explica o propósito pelo qual Deus deu apóstolos, profetas, evangelistas, pastores e mestres para a igreja. As vírgulas neste texto podem levar-nos à interpretação de que descreve três tarefas separadas desses ministérios, mas a pontuação não fazia parte do texto original das Escrituras. Tradutores adicionaram a pontuação para auxiliar a leitura e a compreensão. Neste caso, um estudo do texto do grego e de variadas traduções esclarece que há um propósito com uma progressão tripla, como a seguir:

A mesma passagem, na versão da Bíblia Amplificada, expõe belamente o papel e a função desses presentes que Deus deu para a Igreja:

- Deus deu os dons ministeriais à igreja para o **aperfeiçoamento** ou a **capacitação** dos crentes.
- Os crentes são capacitados para que possam fazer a **obra do ministério**. Aqui, ministério quer dizer serviço, ou todas as funções da igreja. **Todo crente deve ter um**

ministério, não necessariamente um ministério público de pregação, mas uma posição específica de serviço no corpo de Cristo. **É a tarefa dos apóstolos, profetas, evangelistas, pastores e mestres ajudar cada crente a encontrar seu serviço no ministério e treiná-lo para efetuar essa tarefa apropriadamente** dentro do corpo. Aqueles que se inserem nos cinco ofícios ministeriais devem *inspirar, motivar, discipular, instruir e preparar os crentes* para que **todos se tornem um membro ativo e produtivo do corpo.**

- Quando cada membro do corpo atua apropriadamente em sua função, o corpo todo é edificado. O objetivo é atingir maturidade em Cristo. **Começando** com a "**unidade do Espírito pelo vínculo da paz**" (Efésios 4:3), devemos buscar "**a unidade da fé**" e "**o conhecimento do Filho de Deus**" para atingir a medida da estatura da plenitude de Cristo (Efésios 4:13).

De acordo com Efésios 4:14-16, cada corpo local de crentes deve buscar tudo que Deus os capacitou a ter, que os caracterizará como crentes maduros:

- Tornar-se firmes na fé para que não sejam levados por falsa doutrina e falsos líderes.
- Falar a verdade em amor. Devem aprender a ministrar uns aos outros e aos não cristãos com equilíbrio de honestidade e compaixão, igualmente valorizando e manifestando verdade e amor.
- Submeter-se ao senhorio de Jesus Cristo em todas as coisas e depender de Sua provisão divina para todas as coisas.
- Todos devem aprender a contribuir com sua parte para a obra da igreja, para que o corpo possa crescer e ser edificado em amor, usando seus dons espirituais para edificar a Igreja.

Resumo

Os dons do ofício ministerial de Efésios 4 são concedidos por Deus à igreja local e global com o propósito de capacitar os membros para suas tarefas. Na próxima sessão, veremos os dons de serviço de Romanos 12, especialmente no que diz respeito a como Deus dá a cada membro da igreja uma ou mais habilidades para ajudar a igreja a funcionar produtivamente como um corpo.

3

DONS DE SERVIÇO
SESSÃO 3

Os dons de serviço são aqueles dons sobrenaturais, dados aos crentes para capacitá-los a atuar e servir de formas extraordinárias, com autoridade e habilidades extraordinárias.

> **Romanos 12:3-8** *Por isso, pela **graça que me foi dada** digo a todos vocês: Ninguém tenha de si mesmo um conceito mais elevado do que deve ter; mas, ao contrário, tenha um conceito equilibrado, de acordo com a medida da fé que Deus lhe concedeu. ⁴ Assim como cada um de nós tem um corpo com muitos membros e esses membros não exercem todos a mesma função, ⁵ assim também em Cristo nós, que somos muitos, formamos um corpo, e cada membro está ligado a todos os outros. ⁶ Temos diferentes dons, de acordo com a graça que nos foi dada. Se alguém tem o **dom de profetizar**, use-o na proporção da sua fé. ⁷ Se o seu dom é **servir**, sirva; se é **ensinar**, ensine; ⁸ se é **dar ânimo**, que assim faça; se é **contribuir**, que contribua generosamente; se é **exercer liderança**, que a exerça com zelo; se é **mostrar misericórdia**, que o faça com alegria.*

A palavra grega para "dons" aqui é *charismata*. Também é usada para os nove dons espirituais de 1 Coríntios 12. Esta palavra está relacionada a *charis*, ou "graça", que se refere à **bênção imerecida e gratuita de Deus**. A conotação é que esses dons são gratuitos, imerecidos e milagrosos.

Neste capítulo, Paulo citou sete abordagens de sua revelação dos dons de serviço. Sua maneira de apresentar revela que a lista de dons aqui *não é exaustiva, mas representativa ou ilustrativa das formas como Deus usa indivíduos em Sua igreja*. Há muitos outros aspectos do serviço cristão que esta passagem não identifica especificamente.

Estes são **verdadeiros dons de Deus e não meramente feitos humanos**. Apesar de existirem algumas habilidades humanas que correspondem a esta lista, pelo menos em parte, até mesmo os talentos que recebemos no nascimento, e aqueles cultivados em nós, têm sua fonte principal na criação, no propósito e na graça de Deus.

Nesta sessão, iremos explorar os seguintes dons de serviço:

- Profecia
- Serviço
- Ensino
- Exortação
- Contribuição
- Liderança
- Misericórdia

1. Profecia

O primeiro da lista é profecia, e refere-se a falar com inspiração e unção divina a fim de edificar outros. Refere-se especificamente a uma mensagem pública sobrenatural no idioma de quem ouve.

> **Romanos 12:6** *Temos diferentes dons, de acordo com a graça que nos foi dada. Se alguém tem o dom de profetizar, use-o na proporção da sua fé.*

É preciso fé para profetizar, pois é necessário ter fé para saber que foi a voz do Espírito Santo trazendo a mensagem a você, assim como para abrir a boca e transmitir a mensagem de forma que será ouvida e recebida com a ênfase correta dada pelo Espírito Santo.

A palavra grega usada é *"profeteia"* e descreve o significado do verbo: *"profetizar; o dom de comunicar e aplicar a verdade revelada"*.

A Concordância de Strong define como:

"**4394** propheteia (de 4396 – profetes, "profeta", que é derivado de 4253/pró, "antes" e 5346/phemi, "tornar claro, declarar como prioridade") – aquilo que é declarado de antemão; profecia que envolve revelação divinamente inspirada (declarando a mente de Deus) ou predição."[1]

A mesma palavra é usada na apresentação dos nove dons espirituais e seu subsequente uso. Isto nos leva a pensar que esta palavra tem proeminência na edificação do Corpo de Cristo, pois Paulo a enfatizou em ambas compilações ou resumos dos dons.

A partir do texto de 1 Coríntios 14 somos levados a entender que *todos nós podemos profetizar*, ou em minhas palavras: *trazer mensagens de encorajamento e edificação*. No entanto, a outra definição, que separa seu uso da referência de 1 Coríntios 12 é que aqui há a inserção de "*se alguém vier com uma revelação*", a outra pessoa deve recuar e dar preferência a esse tipo de profecia. Eu acho que essa segunda referência talvez se refira ao "***nível de fé***" exigido e aplicado no uso do dom espiritual. No meu entendimento, pelo menos no que diz respeito ao uso dessa mesma palavra, este dom de serviço é o mesmo dom de profecia explorado em 1 Coríntios 12.

Alguns explicam, e até traduzem, essa referência como "o dom de pregar". Eu preciso recorrer ao texto grego. A palavra grega para "pregar" é "*kérugma*" e não há indicação no grego de que foi isso que Paulo mencionou. Ele teria usado "*kérugma*" ao invés de "*propheteia*" se quisesse dizer isso.

> **1 Coríntios 14:29-33** *Tratando-se de profetas,* **falem dois ou três**, *e os outros julguem cuidadosamente o que foi dito.* [30] *Se vier uma revelação a alguém que está sentado, cale-se o primeiro.* [31] *Pois* **vocês todos podem profetizar**, *cada um por sua vez,* **de forma**

> *que todos sejam instruídos e encorajados.* ³² *O espírito dos profetas está sujeito aos profetas.* ³³ *Pois Deus não é Deus de desordem, mas de paz.*

Neste caso parece que esses **profetas** falavam **sem revelação** e, portanto, deveriam submeter-se àqueles que verdadeiramente traziam uma mensagem profética resultante de uma revelação divina que receberam. Parece indicar um uso profético mais geral de **encorajamento, instrução divina e direção** ungida até que alguém tenha uma **revelação** que deve ser tratada com maior respeito.

> **Atos 2:17** *"Nos últimos dias, diz Deus, derramarei do Meu Espírito sobre todos os povos. Os seus filhos e as suas filhas profetizarão, os jovens terão visões, os velhos terão sonhos."*

> **1 Coríntios 14:3** *"Mas quem profetiza o faz para edificação, encorajamento e consolação dos homens."*

Se alguém tem esse dom, deve exercitá-lo em proporção à sua fé, o quanto sua fé o permitir. Declarar a Palavra pela fé irá transformar aqueles que a ouvem e a aplicam em suas vidas. Requer fé declarar o que você crê que Deus está lhe dizendo, o que Ele está dizendo através de você a outros.

Perguntas de Descoberta

Concluindo o que aprendemos sobre o dom de profecia e o que o define, respondamos agora algumas perguntas de descoberta. As respostas poderão ser sinais que o ajudarão a saber se você recebeu esse dom.

- Você gosta de entregar mensagens encorajadoras de Deus a fim de edificar, exortar e consolar outros?

- Você geralmente encontra mensagens de encorajamento na sua leitura da Palavra e em oração, e as compartilha confiantemente com outras pessoas?
- Você sente espontaneamente que o Espírito Santo lhe dá mensagens que irão encorajar e fortalecer outros?
- Você geralmente fica sabendo que as palavras proféticas que entregou aos outros os encorajaram e lhes deram clareza e direção sobre o que Deus queria que fizessem?
- Você se sente abençoado por poder receber mensagens de Deus e compartilhá-las com os outros?

Se a resposta para todas essas perguntas for um forte *SIM*, então você certamente foi abençoado por Deus ao receber o dom de profecia. Se a maioria das respostas for *SIM, às vezes*, então você deve abrir seu coração para a possibilidade de que o Senhor deseja usá-lo cada vez mais para encorajar e fortalecer outros através das palavras divinamente inspiradas que Ele lhe dá... Se a resposta for *NÃO, eu nunca tive esses desejos além das oportunidades ocasionais de compartilhar a minha fé*, então talvez você seja um dos preciosos crentes que foram abençoados com algum outro dom proeminente para servir o Corpo de Cristo.

2. Serviço

Serviço quer dizer servir aos outros, particularmente servir na igreja. Algumas pessoas são *especialmente talentosas com uma atitude e habilidade de serviço em certas capacidades*. A palavra grega é *diakonia*, que é uma palavra ampla que cobre uma variedade de serviços, trabalho ou assistência. Pode se referir especificamente ao trabalho de um diácono, que ajuda com as questões organizacionais de uma igreja local.

Romanos 12:7 *"Se o seu dom é servir, sirva; se é ensinar, ensine."*

Atos 6:16 *"Naqueles dias, crescendo o número de discípulos, os*

> *judeus de fala grega entre eles queixaram-se dos judeus de fala hebraica[a], porque suas viúvas estavam sendo esquecidas na* **distribuição diária de alimento.** *² Por isso os Doze reuniram todos os discípulos e disseram: "Não é certo* **negligenciarmos o ministério da palavra de Deus, a fim de servir às mesas.** *³ Irmãos, escolham entre vocês sete homens de bom testemunho, cheios do Espírito e de sabedoria.* **Passaremos a eles essa tarefa** *⁴ e nos dedicaremos à oração e ao ministério da palavra". ⁵ Tal proposta agradou a todos. Então escolheram Estêvão, homem cheio de fé e do Espírito Santo, além de Filipe, Próchoro, Nicanor, Timom, Pármenas e Nicolau, um convertido ao judaísmo, proveniente de Antioquia. ⁶ Apresentaram esses homens aos apóstolos, os quais oraram e lhes impuseram as mãos.*

O que aprendemos com a carta à Timóteo é que aqueles que servem como diáconos na igreja local devem se provar dignos de confiança e mordomos fiéis. A igreja organizada tem sido abençoada pelo serviço sacrificial daqueles que operam nesse dom.

> **1 Timóteo 3:8-13** *"Os diáconos igualmente devem ser dignos, homens de palavra, não amigos de muito vinho nem de lucros desonestos. ⁹ Devem apegar-se ao mistério da fé com a consciência limpa. ¹⁰ Devem ser primeiramente experimentados; depois, se não houver nada contra eles, que atuem como diáconos. ¹¹ As mulheres[a] igualmente sejam dignas, não caluniadoras, mas sóbrias e confiáveis em tudo. ¹² O diácono deve ser marido de uma só mulher e governar bem seus filhos e sua própria casa. ¹³ Os que servirem bem alcançarão uma excelente posição e grande determinação na fé em Cristo Jesus."*

Perguntas de Descoberta

Concluindo o que aprendemos sobre o dom de serviço e o que o define, respondamos algumas perguntas de descoberta. As respostas das seguintes perguntas poderão ser sinais que o ajudarão a saber se você recebeu esse dom.

- Você gosta de fazer tarefas comuns que facilitam as coisas para os outros?
- Você gosta de fazer parte de uma equipe que monta e guarda equipamentos antes e depois dos cultos da igreja?
- Você gosta de garantir que locais e objetos estejam limpos para que os outros possam desfrutar de um ambiente limpo e seguro?
- Você sempre se encontra buscando fazer pequenas coisas que facilitam a vida dos outros?
- Você prefere fazer aquelas coisas por trás dos bastidores que ajudam aqueles que servem na linha de frente?
- Você se sente privilegiado por poder servir e ajudar outros a cumprirem seu propósito?

Se a resposta para todas essas perguntas for um forte *SIM*, então você certamente foi abençoado por Deus ao receber o dom de servir os outros. Se a maioria das respostas for *SIM, às vezes*, então você deve abrir seu coração para a possibilidade de que o Senhor deseja usá-lo cada vez mais para servir os outros. Se a resposta for *NÃO, eu nunca tive esses desejos além das oportunidades ocasionais de compartilhar a minha fé*, então talvez você seja um dos preciosos crentes que foram abençoados com algum outro dom proeminente para servir o Corpo de Cristo.

3. Ensino

O dom de **ensino**, ou de dar instrução, é o dom de Deus através do qual outros são ensinados nas verdades da Palavra de Deus. Líderes de Grupos Pequenos, professores de estudos bíblicos e professores de escola dominical são possíveis exemplos de pessoas que operam nesse dom. É o dom de abrir algo através de ensinar alguém, através do poder do Espírito Santo. Essa "abertura" é o dom em operação em que você compartilha revelação pessoal ou verdade da Palavra de Deus de forma que seja claramente compreendida, e onde aqueles que recebem o ensinamento são inspirados para colocá-lo em prática.

> **Romanos 12:7** *"Se o seu dom é servir, sirva; se é ensinar, ensine."*

Definição:

A palavra grega para "professor" é *didaskalos*. A palavra grega para "ensino" é *didasko*. As ferramentas de estudo bíblico as definem como:

- Ensinar
- Conversar com outros a fim de instruí-los, entregar discursos didáticos
- Ser um professor
- Atuar no ofício de professor
- Ensinar a alguém
- Transmitir instrução
- Ensinar uma doutrina a alguém
- Algo ensinado
- Explicar ou expor algo
- Ensinar algo a alguém[2]

Jesus ensinava às pessoas nas sinagogas e nas ruas. Nós aprendemos muito sobre este dom espiritual pela forma como Jesus operava nele.

> **Marcos 6:34** *Jesus saiu do barco e viu uma grande multidão, teve compaixão deles, porque eram como ovelhas sem pastor.* ***Então começou a ensinar-lhes muitas coisas.***

Jesus ensinava com autoridade e poder. Quando alguém flui nesse dom, há um nível de autoridade e poder em seu ensinamento.

> **Lucas 4:32** *Todos ficavam maravilhados com o Seu ensino, porque falava com autoridade.*
>
> **Lucas 4:36** *ficaram admirados, e diziam uns aos outros: "Que palavra é esta? Até aos espíritos imundos Ele dá ordens com autoridade e poder, e eles saem!"*

Jesus nos ensinou que Seu ensinamento vinha do alto. O verdadeiro ensinamento carregará consigo uma unção celestial de revelação e olhos espirituais e corações serão abertos.

> **João 7:16-17** *Jesus respondeu: "O **Meu ensino não é de mim mesmo**. Vem Daquele que Me enviou. ¹⁷ Se alguém decidir fazer a vontade de Deus, descobrirá se o **Meu ensino vem de Deus** ou se falo por Mim mesmo.*

Os apóstolos praticavam esse dom em todos os lugares aonde iam. As coisas que ensinavam ficaram conhecidas como o Ensino dos Apóstolos.

> **Atos 2:42** *Eles se dedicavam ao **ensino dos apóstolos** e à comunhão, ao partir do pão e às orações.*
>
> **Atos 5:28** *"Demos ordens expressas a vocês para que não ensinassem neste nome. Todavia, vocês **encheram Jerusalém com sua doutrina** e nos querem tornar culpados do sangue desse homem".*

Você não ensinou até que alguém tenha aprendido, e alguém não aprende até que você ensine. O ônus está sobre o professor para garantir que os alunos aprendam. O fruto desse dom é que as pessoas aprendem verdades quando você as ensina. Você pode comunicar coisas complexas de forma simples e fácil de entender.

Atos 13 nos diz que havia mestres e profetas jejuando e orando juntos quando o Espírito Santo falou.

Atos 13:1 *Na igreja de Antioquia havia profetas e* **mestres:** *Barnabé, Simeão, chamado Níger, Lúcio de Cirene, Manaém, que fora criado com Herodes, o tetrarca, e Saulo.*

A intervenção graciosa em tornar esse dom ativo em nossa vida é a capacitação que vem do Espírito Santo, em permitir que você compartilhe Sua instrução e Seu ensinamento de forma que permita que outros sejam ensinados e instruídos. Você sabe que Deus o ungiu para ensinar Sua Palavra quando sente uma forte disposição de ser usado por Deus para ensinar as verdades da Palavra de Deus para outros, e quando vê como as pessoas assimilam as verdades que você compartilha.

Perguntas de Descoberta

Concluindo o que aprendemos sobre o dom de ensino e o que o define, respondamos algumas perguntas de descoberta. As respostas das seguintes perguntas poderão ser sinais que o ajudarão a saber se você recebeu esse dom.

- Você soube recentemente que pessoas foram grandemente ajudadas pelas verdades que você compartilhou com elas?
- Você gosta de ver pessoas ganharem novas revelações quando você compartilha algo com elas?
- Você gosta de estudar a Palavra de Deus e descobrir novas verdades que possa compartilhar?
- Você frequentemente se encontra buscando por novas formas de comunicar mais eficazmente as verdades da Palavra de Deus?
- Você se sente honrado por poder ver que, através de compartilhar as verdades da Palavra de Deus, outros crentes crescem na fé?

Se a resposta para todas essas perguntas for um forte *SIM*, então você certamente foi abençoado por Deus ao receber o dom de ensinar aos outros. Se a maioria das respostas for *SIM, às vezes*, então você deve abrir seu coração para a possibilidade de que o Senhor deseja usá-lo cada vez mais para ensinar aos outros. Se a resposta for *NÃO, eu nunca tive esses desejos além das oportunidades ocasionais de compartilhar a minha fé*, então talvez você seja um dos preciosos crentes que foram abençoados com algum outro dom proeminente para servir o Corpo de Cristo.

4. Exortação

Exortação significa oferecer encorajamento ou consolo. Algumas traduções na verdade usam *encorajar* em vez de *exortar*. ***Exortar é encorajar***. Algumas pessoas exercitam esse dom através de testemunho público, enquanto outras o fazem principalmente através de contato pessoal. Aqueles que exercitam esse dom frequentemente o fazem de forma espontânea com estranhos, amigos ou pessoas que precisam de ânimo. Eles o exercitam de várias formas inclusive conversando naturalmente com as pessoas, em chamadas telefônicas, cartas e cartões.

> **Romanos 12:8** *Se é dar ânimo, que assim faça; se é contribuir, que contribua generosamente; se é exercer liderança, que a exerça com zelo; se é mostrar misericórdia, que o faça com alegria.*

A palavra grega vem da raiz da palavra **parakaleo** que significa "**chamar uma pessoa para o lado**". Exortar é colocar-se ao lado de alguém.

José era conhecido por esse dom e os apóstolos lhe deram o nome de Barnabé, que significa *Filho do Encorajamento*.

> **Atos 4:36-37** *José, um levita de Chipre a quem os apóstolos deram o nome de **Barnabé, que significa "encorajador"**, ³⁷ vendeu um campo que possuía, trouxe o dinheiro e o colocou aos pés dos apóstolos.*

Barnabé praticou esse dom quando trouxe Paulo aos apóstolos. Ele caminhou ao lado de Paulo até que Paulo estivesse bem estabelecido em seu chamado. Mentores geralmente operam nesse dom à medida que derramam coragem e esperança em seus aprendizes.

> **Atos 9:26-27** *Quando chegou a Jerusalém, tentou reunir-se aos discípulos, mas todos estavam com medo dele, não acreditando que fosse realmente um discípulo. ²⁷ Então Barnabé o levou aos apóstolos e lhes contou como, no caminho, Saulo vira o Senhor, que lhe falara, e como em Damasco ele havia pregado corajosamente em nome de Jesus.*

O apóstolo operava nesse dom quando pregou na sinagoga de Antioquia em uma de suas visitas.

> **Atos 13:15** *Depois da leitura da Lei e dos Profetas, os chefes da sinagoga lhes mandaram dizer: "Irmãos, se vocês têm uma mensagem de encorajamento para o povo, falem".*

Paulo parecia operar bastante nesse dom quando visitou a região da Macedônia e da Grécia.

> **Atos 20:1-2** *Cessado o tumulto, Paulo mandou chamar os discípulos e,* **depois de encorajá-los,** *despediu-se e partiu para a Macedônia. ² Viajou por aquela região,* **encorajando os irmãos com muitas palavras** *e, por fim, chegou à Grécia.*

Quando vivemos unidos com Cristo sempre nos encontraremos encorajados.

> **Filipenses 2:1** *"Se por estarmos em Cristo nós temos alguma motivação, alguma exortação de amor, alguma comunhão no Espírito, alguma profunda afeição e compaixão..."*

Às vezes, encontramos um irmão ou irmã que só traz encorajamento quando está conosco.

Filemon 1:7 *"Seu amor me tem dado grande alegria e **consolação**, porque você, irmão, tem reanimado o coração dos santos."*

Perguntas de Descoberta

Concluindo o que aprendemos sobre o dom de exortação e o que o define, respondamos algumas perguntas de descoberta. As respostas das seguintes perguntas poderão ser sinais que o ajudarão a saber se você recebeu esse dom.

- Você vê naturalmente e espontaneamente o lado positivo das situações difíceis?
- Você normalmente encontra algo animador e positivo para dizer aos outros?
- Você se esforça diariamente para elogiar as pessoas?
- Você ouve frequentemente que a sua atitude e palavras positivas encorajam as pessoas?
- Você geralmente se sente privilegiado por ter essa habilidade positiva de apontar as pessoas para as coisas boas e abençoadas da vida?

Se a resposta para todas essas perguntas for um forte *SIM*, então você certamente foi abençoado por Deus ao receber esse dom espiritual de trazer encorajamento e esperança aos outros. Se a maioria das respostas for *SIM, às vezes*, então você deve abrir seu coração para a possibilidade de que o Senhor deseja usá-lo cada vez mais para exortar os outros. Se a resposta for *NÃO, eu nunca tive esses desejos além das oportunidades ocasionais de compartilhar a minha fé*, então talvez você seja um dos preciosos crentes que foram abençoados com algum outro dom proeminente para servir o Corpo de Cristo.

5. Dom de contribuir

O dom de contribuir consiste em compartilhar bênçãos materiais com a igreja e com os outros.

> **Romanos 12:8** *"Se é dar ânimo, que assim faça; se é contribuir, que contribua generosamente; se é exercer liderança, que a exerça com zelo; se é mostrar misericórdia, que o faça com alegria."*

Algumas versões bíblicas dizem dar com "**simplicidade**", mas a maioria dos comentaristas entende que a palavra grega significa "**liberalmente e generosamente**". Também pode significar "**singeleza de coração, preocupação sincera**". Algumas pessoas são significativamente mais abençoadas do que outras com os recursos e a oportunidade de doar para a causa de Deus.

> **1 Timóteo 6:17-20** *Ordene aos que são ricos no presente mundo que não sejam arrogantes, nem ponham sua esperança na incerteza da riqueza, mas em Deus, que de tudo nos provê ricamente, para a nossa satisfação. [18] Ordene-lhes que pratiquem o bem, sejam ricos em boas obras, generosos e prontos a repartir. [19] Dessa forma, eles acumularão um tesouro para si mesmos, um firme fundamento para a era que há de vir, e assim alcançarão a verdadeira vida. [20] Timóteo, guarde o que lhe foi confiado. Evite as conversas inúteis e profanas e as ideias contraditórias do que é falsamente chamado conhecimento*

.Essas pessoas **não devem considerar** suas bênçãos materiais **um sinal de superioridade**, mas **um dom de Deus com o propósito de ajudar Seu Reino de modo especial**. Não devem ser egoístas, mas generosas, reconhecendo que no plano Deus possuem uma maior capacidade e maior responsabilidade de dar mais do que os outros.

> **2 Coríntios 9:10-11** *Aquele que supre a semente ao que semeia e o pão ao que come, também lhes suprirá e multiplicará a semente*

e fará crescer os frutos da sua justiça. ¹¹ Vocês serão enriquecidos de todas as formas, para que possam ser generosos em qualquer ocasião e, por nosso intermédio, a sua generosidade resulte em ação de graças a Deus.

Perguntas de Descoberta

Concluindo o que aprendemos sobre o dom de contribuir e o que o define, respondamos algumas perguntas de descoberta. As respostas das seguintes perguntas poderão ser sinais que o ajudarão a saber se você recebeu esse dom.

- Você é bem disciplinado em administrar as suas finanças?
- As suas finanças estão num estado em que você geralmente pode doar generosamente à obra do Senhor?
- Os seus registros financeiros mostram que você pode dar mais do que o seu dízimo?
- Você geralmente é abordado para ofertar para alguma causa do Reino?
- Você consegue doar generosamente quando pedidos de doações são feitos?
- Você geralmente se encontrando doando, mesmo quando tem que fazer um esforço, simplesmente porque acredita numa causa, e porque ama ver a obra de Deus avançar?
- Você geralmente revisa o seu orçamento para ver onde pode reduzir despesas a fim de poder fazer mais pelo avanço do Reino de Deus?

Se a resposta para todas essas perguntas for um forte *SIM*, então você certamente foi abençoado por Deus ao receber esse dom espiritual de ser um contribuidor generoso. Se a maioria das respostas for *SIM, às vezes*, então você deve abrir seu coração para a possibilidade de que o Senhor deseja usá-lo cada vez mais para doar a fim de que outros possam ser abençoados através da sua contribuição e do seu apoio. Se a resposta for *NÃO, **eu nunca tive esses desejos** além das opor-*

tunidades ocasionais de compartilhar a minha fé, então talvez você seja um dos preciosos crentes que foram abençoados com algum outro dom proeminente para servir o Corpo de Cristo.

6. Dom de Liderança

Liderar fala de direção, orientação e influência dentro da igreja. Líderes devem exercitar seu papel com diligência, cuidado e sinceridade. Deus ordenou líderes para Sua igreja.

A palavra grega fornece uma bela expressão a esse significado. A palavra grega é "**proistemi**" e significa *"colocar adiante, estabelecer sobre e governar"*. E também temos a palavra "**spoude**" de onde retiramos a palavra *zelo* (*ser diligente e sério em seus esforços*).

> **Romanos 12:8** *"Se é dar ânimo, que assim faça; se é contribuir, que contribua generosamente; **se é exercer liderança, que a exerça com zelo**; se é mostrar misericórdia, que o faça com alegria."*

É importante submeter-se à autoridade humana na igreja, desde que líderes humanos exercitem sua autoridade debaixo de Deus de acordo com as diretrizes de Sua Palavra.

> **Hebreus 13:17** *Obedeçam aos seus líderes e submetam-se à autoridade deles. Eles cuidam de vocês como quem deve prestar contas. Obedeçam-lhes, para que o trabalho deles seja uma alegria e não um peso, pois isso não seria proveitoso para vocês.*

A igreja precisa de várias pessoas com habilidade administrativa e de liderança. Além do pastor e da equipe pastoral, uma congregação bem-sucedida terá líderes capazes responsáveis sobre vários departamentos e atividades assim como influenciadores e modelos exemplares que tenham, ou não, um cargo oficial.

Perguntas de Descoberta

Concluindo o que aprendemos sobre o dom de liderança e o que o define, respondamos algumas perguntas de descoberta. As respostas das seguintes perguntas poderão ser sinais que o ajudarão a saber se você recebeu esse dom.

- Você acha que os outros seguem facilmente as decisões que você toma?
- As pessoas geralmente procuram você para orientação e direção sobre o que fazer?
- As pessoas geralmente lhe perguntam o que fazer a seguir?
- As pessoas naturalmente seguem as ideias e as sugestões que você propõe?
- Você sente que foi abençoado para tomar decisões bem pensadas?

Se a resposta para todas essas perguntas for um forte *SIM*, então você certamente foi abençoado por Deus ao receber esse dom espiritual de liderar outros. Se a maioria das respostas for *SIM, às vezes*, então você deve abrir seu coração para a possibilidade de que o Senhor deseja usá-lo cada vez mais para liderar outros. Se a resposta for *NÃO, **eu nunca tive esses** desejos além das oportunidades ocasionais de compartilhar a minha fé*, então talvez você seja um dos preciosos crentes que foram abençoados com algum outro dom proeminente para servir o Corpo de Cristo.

7. Mostrar Misericórdia

Mostrar misericórdia significa **ser misericordioso e amável com os outros**. Pode incluir visitar os enfermos, ajudar os pobres e assistir órfãos e viúvas.

Romanos 12:8 *"Se é dar ânimo, que assim faça; se é contribuir, que* *contribua generosamente; se é exercer liderança, que a exerça com zelo; **se é mostrar misericórdia, que o faça com alegria**."*

Mateus 25:31-40 *"Quando o Filho do homem vier em Sua glória, com todos os anjos, assentar-se-á em Seu trono na glória celestial. ³² Todas as nações serão reunidas diante Dele, e Ele separará umas das outras como o pastor separa as ovelhas dos bodes. ³³ E colocará as ovelhas à Sua direita e os bodes à Sua esquerda. ³⁴ "Então o Rei dirá aos que estiverem à Sua direita: 'Venham, benditos de Meu Pai! Recebam como herança o Reino que lhes foi preparado desde a criação do mundo. ³⁵ Pois Eu tive fome, e vocês Me deram de comer; tive sede, e vocês Me deram de beber; fui estrangeiro, e vocês Me acolheram; ³⁶ necessitei de roupas, e vocês Me vestiram; estive enfermo, e vocês cuidaram de Mim; estive preso, e vocês Me visitaram'. ³⁷ "Então os justos lhe responderão: 'Senhor, quando Te vimos com fome e Te demos de comer, ou com sede e Te demos de beber? ³⁸ Quando Te vimos como estrangeiro e Te acolhemos, ou necessitado de roupas e Te vestimos? ³⁹ Quando Te vimos enfermo ou preso e fomos Te visitar?' ⁴⁰ "O Rei responderá: 'Digo-lhes a verdade: O que vocês fizeram a algum dos Meus menores irmãos, a Mim o fizeram'.*

Gálatas 2:10, NTLH *Eles nos pediram só uma coisa: que lembrássemos dos pobres das igrejas deles, e isso eu sempre tenho procurado fazer.*

Tiago 1:27 *A religião que Deus, o nosso Pai, aceita como pura e imaculada é esta: cuidar dos órfãos e das viúvas em suas dificuldades e não se deixar corromper pelo mundo.*

Tiago 2:15-17 *Se um irmão ou irmã estiver necessitando de roupas e do alimento de cada dia ¹⁶ e um de vocês lhe disser: "Vá em paz, aqueça-se e alimente-se até satisfazer-se", sem porém lhe dar nada, de que adianta isso? ¹⁷ Assim também a fé, por si só, se não for acompanhada de obras, está morta.*

A pessoa que cumpre esse papel deve fazê-lo com alegria, não de forma relutante, triste ou mandona. Todo cristão maduro deve ser capaz de operar, até certo ponto, nas sete áreas listadas. **Todos os cristãos devem ser** *testemunhas eficazes*, **para servir, encorajar, doar e mostrar misericórdia.** Todos devem ter alguma **habilidade básica de instruir não cristãos no plano de salvação e liderar novos convertidos no caminho do Senhor.**

Entretanto, essa passagem nos diz que cada cristão possui uma área especial de força, dada por Deus. Apesar de sempre devermos **estar prontos para toda boa obra** (Tito 3:1), precisamos discernir quais são nossos pontos fortes e usá-los efetivamente.

Perguntas de Descoberta

Concluindo o que aprendemos sobre o dom de misericórdia e o que o define, respondamos algumas perguntas de descoberta. As respostas das seguintes perguntas poderão ser sinais que o ajudarão a saber se você recebeu esse dom.

- Você prefere trabalhar para ajudar pessoas que têm dificuldades físicas e mentais?
- Você geralmente e naturalmente se encontra cuidando daqueles que possuem necessidades físicas e materiais?
- As pessoas geralmente o convidam para fazer visitas a hospitais?
- Você geralmente é chamado para visitar aqueles que se encontram em circunstâncias difíceis?
- Você gosta de caminhar ao lado das pessoas a fim de ajudá-las a encontrar soluções para seus problemas?
- Você se sente abençoado por poder ter o temperamento adequado para ajudar os que se encontram em situações de necessidade física, mental e material?

Se a resposta para todas essas perguntas for um forte *SIM*, então você certamente foi abençoado por Deus ao receber esse dom espiritual de mostrar misericórdia aos outros. Se a maioria das respostas for *SIM, às vezes*, então você deve abrir seu coração para a possibilidade de que o Senhor deseja usá-lo cada vez mais para mostrar misericórdia aos outros. Se a resposta for *NÃO, eu nunca tive esses desejos além das oportunidades ocasionais de compartilhar a minha fé*, então talvez você seja um dos preciosos crentes que foram abençoados com algum outro dom proeminente para servir o Corpo de Cristo.

Considerações Finais

Resumindo, cada cristão faz parte do Corpo de Cristo e possui um dom específico, um papel ou função na igreja, ou possivelmente vários. Todos devem exercitar em capacidade máxima o que receberam de Deus, mas sempre com humildade.

Ser cristão significa fazer parte de um corpo. Entender onde Deus, o criador e idealizador do Corpo o colocou, irá levá-lo a compreender o seu propósito e a encontrar satisfação.

4

OS DONS ESPIRITUAIS SOBRENATURAIS

SESSÃO 4

Nesta sessão iremos ver e explorar os dons espirituais sobrenaturais.

Os dons espirituais sobrenaturais são definidos em 1 Coríntios 12.

> **1 Coríntios 12:7-11** *A cada um, porém, é dada a manifestação do Espírito, visando ao bem comum. ⁸ Pelo Espírito, a um é dada a palavra de sabedoria; a outro, pelo mesmo Espírito, a palavra de conhecimento; ⁹ a outro, fé, pelo mesmo Espírito; a outro, dons de curar, pelo único Espírito; ¹⁰ a outro, poder para operar milagres; a outro, profecia; a outro, discernimento de espíritos; a outro, variedade de línguas; e ainda a outro, interpretação de línguas. ¹¹ Todas essas coisas, porém, são realizadas pelo mesmo e único Espírito, e ele as distribui individualmente, a cada um, como quer.*

Os dons espirituais sobrenaturais são:

Nós reconhecemos nove dons nessa passagem das Escrituras. Eles são:

- Palavra de sabedoria
- Palavra de conhecimento
- Fé
- Dom de cura
- Operar milagres
- Profecia
- Discernimento de espíritos
- Variedade de línguas
- Interpretação de línguas

1. Palavra de Sabedoria

Uma palavra de sabedoria é caracterizada por ser um conselho sábio e uma direção em uma situação específica. A sabedoria que o Espírito Santo irá revelar certamente trará clareza, equilíbrio e aplicação prática dentro de uma determinada situação. Ela responderá o "Como" e o "O que devo fazer" numa dada circunstância que você esteja enfrentando.

> 1 Coríntios 2: 6-8 *"Entretanto, falamos de sabedoria entre os que já têm maturidade, mas não da sabedoria desta era ou dos poderosos desta era, que estão sendo reduzidos a nada. Ao contrário, falamos da sabedoria de Deus, do mistério que estava oculto, o qual Deus preordenou, antes do princípio das eras, para a nossa glória. Nenhum dos poderosos desta era O entendeu, pois, se O tivessem entendido, não teriam crucificado o Senhor da glória."*

Nestes versículos, vemos o dom de Palavra de Sabedoria em operação. Trazemos mensagens que em essência trazem sabedoria sobrenatural, que não são conhecidas na forma natural. Como podemos ver em outro exemplo, no capítulo seis de Atos, quando este dom está em operação, é difícil resistir à sua sensatez e clareza.

> **Atos 6:3,10.** *"Irmãos, escolham entre vocês sete homens de bom

testemunho, **cheios do Espírito e de sabedoria**. Passaremos a eles essa tarefa[...] mas não podiam resistir à **sabedoria e ao Espírito** com que ele falava."

O Apóstolo Paulo expõe como esse dom traz a revelação anteriormente a coisas desconhecidas.

1 Coríntios 2:1-13 *"Eu mesmo, irmãos, quando estive entre vocês, não fui com discurso eloqüente, nem com muita sabedoria para lhes proclamar o mistério de Deus. Pois decidi nada saber entre vocês, a não ser Jesus Cristo, e Este, crucificado. E foi com fraqueza, temor e com muito tremor que estive entre vocês. Minha mensagem e minha pregação não consistiram de palavras persuasivas de sabedoria, mas consistiram de demonstração do poder do Espírito, para que a fé que vocês têm não se baseasse na sabedoria humana, mas no poder de Deus. Entretanto, falamos de sabedoria entre os que já têm maturidade, mas não da sabedoria desta era ou dos poderosos desta era, que estão sendo reduzidos a nada. Ao contrário, falamos da sabedoria de Deus, do mistério que estava oculto, o qual Deus preordenou, antes do princípio das eras, para a nossa glória. Nenhum dos poderosos desta era O entendeu, pois, se O tivessem entendido, não teriam crucificado o Senhor da glória. Todavia, como está escrito:"Olho nenhum viu, ouvido nenhum ouviu, mente nenhuma imaginou o que Deus preparou para aqueles que o amam"; mas Deus o revelou a nós por meio do Espírito. O Espírito sonda todas as coisas, até mesmo as coisas mais profundas de Deus. Pois, quem conhece os pensamentos do homem, a não ser o espírito do homem que nele está? Da mesma forma, ninguém conhece os pensamentos de Deus, a não ser o Espírito de Deus. Nós, porém, não recebemos o espírito do mundo, mas o Espírito procedente de Deus, para que entendamos as coisas que Deus nos tem dado gratuitamente. Delas também falamos, não com palavras ensinadas pela sabedoria humana, mas com palavras ensinadas pelo*

Espírito, interpretando verdades espirituais para os que são espirituais".

1 Coríntios 12:8 *"Pelo Espírito, a um é dada a palavra de sabedoria; a outro, pelo mesmo Espírito, a palavra de conhecimento."*

Uma maneira de receber este dom é pedi-lo a Deus. O Apóstolo Tiago nos exorta a irmos a Deus para pedir sabedoria.

Tiago 1: 5-6 *"Se algum de vocês tem falta de sabedoria, peça-a a Deus, que a todos dá livremente, de boa vontade; e lhe será concedida. Peça-a, porém, com fé, sem duvidar, pois aquele que duvida é semelhante à onda do mar, levada e agitada pelo vento."*

Fica claro na segunda carta do Apóstolo Pedro, que o Apóstolo Paulo escreveu Palavras de Sabedoria que recebeu de Deus.

2 Pedro 3:15-16 *"Tenham em mente que a paciência de nosso Senhor significa salvação, como também o nosso amado irmão Paulo lhes escreveu, com a sabedoria que Deus lhe deu. Ele escreve da mesma forma em todas as suas cartas, falando nelas destes assuntos. Suas cartas contêm algumas coisas difíceis de entender, as quais os ignorantes e instáveis torcem, como também o fazem com as demais Escrituras, para a própria destruição deles."*

Perguntas de Descoberta

As respostas para as perguntas seguintes talvez sejam sinais que podem ajudá-lo a saber se você recebeu esse dom:

- Você considera fácil aplicar os princípios bíblicos, contextualmente, em sua vida?

- Você frequentemente encontra soluções para situações bastante complicadas?
- Você se depara frequentemente ajudando cristãos a encontrar soluções e respostas usando exemplos e histórias bíblicas?
- Você costuma ouvir com frequência que a verdade bíblica que você compartilha é mais relevante e específica para as necessidades percebidas?
- Você sente uma profunda paz e confiança pessoal quando precisa tomar decisões importantes?

Se a resposta para todas essas perguntas é um forte *SIM*, então você certamente foi abençoado por Deus com o dom espiritual de sabedoria para ajudar e guiar os outros. Se a resposta for mais *SIM, às vezes*, então você deve abrir-se à possibilidade de que o Senhor deseja usá-lo cada vez mais, para ajudar e guiar os outros por meio da sabedoria que Ele lhe deu. Se a resposta for um *NÃO, eu nunca senti tal impulso* ou *estímulo*, então você pode ser um daqueles preciosos crentes que foi abençoado com algum outro dom para servir o Corpo de Cristo.

2. Palavra de Conhecimento

Uma Palavra de Conhecimento é caracterizada pelo conhecimento dado de forma sobrenatural a um crente que não tinha qualquer conhecimento prévio, ou sequer ideia, sobre os detalhes que lhe foram revelados. Jesus e muitos crentes experimentaram a operação deste dom extraordinário.

Lemos sobre um exemplo bem conhecido deste dom em ação, no capítulo cinco de Atos, quando o Espírito Santo revela conhecimento sobre uma transação que ocorreu, e um esquema elaborado para mentir sobre os lucros de uma venda:

> **Atos 5: 1-11** *"Um homem chamado Ananias, com Safira, sua mulher, também vendeu uma propriedade. Ele reteve parte do*

> *dinheiro para si, sabendo disso também sua mulher; e o restante levou e colocou aos pés dos apóstolos.Então perguntou Pedro: "Ananias, como você permitiu que Satanás enchesse o seu coração, ao ponto de você mentir ao Espírito Santo e guardar para si uma parte do dinheiro que recebeu pela propriedade? Ela não lhe pertencia? E, depois de vendida, o dinheiro não estava em seu poder? O que o levou a pensar em fazer tal coisa? Você não mentiu aos homens, mas sim a Deus". Ouvindo isso, Ananias caiu morto. Grande temor apoderou-se de todos os que ouviram o que tinha acontecido. Então os moços vieram, envolveram seu corpo, levaram-no para fora e o sepultaram.Cerca de três horas mais tarde, entrou sua mulher, sem saber o que havia acontecido. Pedro lhe perguntou: "Diga-me, foi esse o preço que vocês conseguiram pela propriedade?"Respondeu ela: "Sim, foi esse mesmo".Pedro lhe disse: "Por que vocês entraram em acordo para tentar o Espírito do Senhor? Veja! Estão à porta os pés dos que sepultaram seu marido, e eles a levarão também".Naquele mesmo instante, ela caiu morta aos pés dele. Então os moços entraram e, encontrando-a morta, levaram-na e a sepultaram ao lado de seu marido. E grande temor apoderou-se de toda a igreja e de todos os que ouviram falar desses acontecimentos."*

Alguns dons do Espírito Santo estavam em ação ali. O resultado daqueles esquemas foi desastroso.

É impressionante como o Espírito Santo é capaz de trazer conhecimento a uma pessoa. Isto só pode ser compreendido, e recebido, por aqueles que desfrutam da presença do Espírito Santo.

> **Coríntios 2: 14** *"Quem não tem o Espírito não aceita as coisas que vêm do Espírito de Deus, pois lhe são loucura; e não é capaz de entendê-las, porque elas são discernidas espiritualmente."*

Nós recebemos esse dom do Espírito Santo.

> **1 Coríntios 12: 8** *"Pelo Espírito, a um é dada a palavra de sabedoria; a outro, pelo mesmo Espírito, **a palavra de conhecimento**"*

O *conhecimento* a que Paulo se refere, em sua segunda carta à igreja de Corinto, assim como em seu comunicado à igreja em Colossos, é esse dom do conhecimento.

> **2 Coríntios 11: 6** *"Eu posso não ser um orador eloquente; contudo **tenho conhecimento**. De fato, já manifestamos isso a vocês em todo tipo de situação."*

> **Colossenses 2: 2-3** *"Esforço-me para que eles sejam fortalecidos em seu coração, estejam unidos em amor e alcancem toda a riqueza do pleno entendimento, a fim de conhecerem plenamente o mistério de Deus, a saber, Cristo. Nele estão escondidos todos os tesouros da sabedoria e do conhecimento."*

Oro para que muitos de vocês sejam preenchidos com este tipo de conhecimento sobrenatural, e que a sabedoria de Deus, através de sua operação e uso em nossas vidas, seja compartilhada, e muitos deem louvores a Deus.

Perguntas de Descoberta

As respostas para as seguintes perguntas podem ser sinais que talvez o ajudem a saber se você recebeu esse dom:

- Você frequentemente acha que o Espírito Santo lhe dá uma visão da vida das pessoas sem nenhum conhecimento prévio sobre elas ou suas circunstâncias?
- Você costuma descobrir que sabe sobre as pessoas, seus filhos, seu trabalho, sua personalidade, suas circunstâncias atuais, sem ter nenhum conhecimento prévio?

- Você às vezes sabe os nomes das pessoas, os nomes dos lugares, as condições das pessoas, sem nunca ter sido informado ou apresentado a elas?
- Você frequentemente recebe e compartilha a visão das situações espirituais das pessoas e, consequentemente, vê como isso as aproximou de Deus?
- Você costuma encontrar novas estratégias e técnicas por meio do estudo das Escrituras que vê resultando em um impulso para promover o Reino de Deus?
- Você frequentemente ora para entender o que Deus deseja dizer ao Seu povo, que se alinhe com a Palavra?
- Você acredita que o Espírito Santo frequentemente lhe dá conhecimento e percepção das situações em primeira mão?

Se a resposta para todas essas perguntas for um forte *SIM* então você certamente foi abençoado por Deus com o dom da Palavra de Conhecimento. Contudo, se a maioria das respostas for *SIM, às vezes*, então você deve abrir-se à possibilidade de que o Senhor deseja usá-lo cada vez mais, para encorajar os outros, ou para trazer uma nova perspectiva sobre situações e circunstâncias específicas. Se a resposta for um *NÃO, eu nunca senti tal impulso ou estímulo*, então você pode ser um daqueles preciosos crentes que foi abençoado com algum outro dom para servir o Corpo de Cristo.

3. Fé

Vemos o dom da fé em operação quando uma fé extraordinária é revelada para evidenciar o poder e a grandeza de Deus.

> **Atos 11: 22-24** *"Notícias desse fato chegaram aos ouvidos da igreja em Jerusalém, e eles enviaram Barnabé a Antioquia. Este, ali chegando e vendo a graça de Deus, ficou alegre e os animou a permanecerem fiéis ao Senhor, de todo o coração. Ele era um*

homem bom, cheio do Espírito Santo e de fé; e muitas pessoas foram acrescentadas ao Senhor."

Os apóstolos caminhavam constantemente no dom da fé.

Atos 27: 21-25 *"Visto que os homens tinham passado muito tempo sem comer, Paulo levantou-se diante deles e disse: 'Os senhores deviam ter aceitado o meu conselho de não partir de Creta, pois assim teriam evitado este dano e prejuízo. Mas agora recomendo-lhes que tenham coragem, pois nenhum de vocês perderá a vida; apenas o navio será destruído. Pois ontem à noite apareceu-me um anjo do Deus a quem pertenço e a quem adoro, dizendo-me: 'Paulo, não tenha medo. É preciso que você compareça perante César; Deus, por sua graça, deu-lhe a vida de todos os que estão navegando com você'. Assim, tenham ânimo, senhores! Creio em Deus que acontecerá do modo como me foi dito."*

Como podemos ver aqui novamente, uma série de dons operam juntos. A fé se eleva em nossos corações e Deus nos enche de coragem para realizar o quase impossível, quando agimos de acordo com Suas Palavras.

Abraão, o Pai da Fé

Pai Abraão era um homem de enorme fé. Ele era conhecido como o pai da fé por ter caminhado neste tipo de fé sobrenatural.

Romanos 4: 18-21 *"Abraão, contra toda esperança, em esperança creu, tornando-se assim pai de muitas nações, como foi dito a seu respeito: 'Assim será a sua descendência. Sem se enfraquecer na fé, reconheceu que o seu corpo já estava sem vitalidade, pois já contava cerca de cem anos de idade, e que também o ventre de Sara já estava sem vigor. Mesmo assim não duvidou nem foi incrédulo em relação à promessa de Deus, mas foi fortalecido* *em sua fé e deu glória a Deus, estando plenamente convencido de que ele era poderoso para cumprir o que havia prometido."*

Nós recebemos essa fé do Espírito Santo.

1 Coríntios 12:9 *"a outro, fé, pelo mesmo Espírito; a outro, dons de curar, pelo único Espírito"*

Hebreus 11 é um capítulo inteiro dedicado às pessoas que exerceram sua fé.

Perguntas de Descoberta

As respostas para as seguintes perguntas podem ser sinais que talvez o ajudem a saber se você recebeu esse dom:

- Você acha fácil confiar em Deus quando Ele lhe dá novas tarefas?
- Você frequentemente se vê fazendo coisas e assumindo responsabilidades que não foram tentadas ou feitas antes, baseado no fato de que você sentiu a direção do Espírito Santo para isso?
- Você frequentemente se vê saindo para fazer algo baseado na fé?
- Você ouve com frequência as pessoas falarem como o admiram pela ousadia que observam você usar para fazer avançar o Reino de Deus?
- Você se sente confiante para fazer coisas quando tem um forte senso de convicção pessoal?

Se a resposta para todas essas perguntas for um forte *SIM*, então você certamente foi abençoado por Deus com o dom da fé. Contudo, se a maioria das respostas for *SIM, às vezes*, então você deve abrir-se à possibilidade de que o Senhor deseja usá-lo cada vez mais, para fazer avançar Sua obra por meio do dom da fé. Se a resposta for um *NÃO*, *eu nunca senti tal impulso ou estímulo*, então você pode ser um daqueles preciosos crentes que foi abençoado com algum outro dom para servir o Corpo de Cristo.

4. Dom de Cura

O Dom de Cura é visto em ação quando os crentes são movidos para impor suas mãos sobre pessoas doentes, e estas recebem sua cura de forma sobrenatural.

Os apóstolos operavam com bastante frequência neste dom. Uma dessas ocasiões foi quando Pedro e João curaram o aleijado na Porta Formosa.

> **Atos 3: 1-10** *"Certo dia Pedro e João estavam subindo ao templo na hora da oração, às três horas da tarde. Estava sendo levado para a porta do templo chamada Formosa um aleijado de nascença, que ali era colocado todos os dias para pedir esmolas aos que entravam no templo. Vendo que Pedro e João iam entrar no pátio do templo, pediu-lhes esmola. Pedro e João olharam bem para ele e, então, Pedro disse: Olhe para nós! O homem olhou para eles com atenção, esperando receber deles alguma coisa. Disse Pedro: Não tenho prata nem ouro, mas o que tenho, isto lhe dou. Em nome de Jesus Cristo, o Nazareno, ande. Segurando-o pela mão direita, ajudou-o a levantar-se, e imediatamente os pés e os tornozelos do homem ficaram firmes. E de um salto pôs-se em pé e começou a andar. Depois entrou com eles no pátio do templo, andando, saltando e louvando a Deus. Quando todo o povo o viu andando e louvando a Deus, reconheceu que era ele o mesmo homem que costumava mendigar sentado à porta do templo chamada Formosa. Todos ficaram perplexos e muito admirados com o que lhe tinha acontecido."*

É muito mais fácil simplesmente destacar apenas um ou dois versos que nos saltam aos olhos, no entanto, oro para que ao percorrermos porções inteiras das Escrituras, possamos capturar o Espírito delas em toda sua extensão.

Outro exemplo de como os apóstolos caminhavam neste dom diariamente é visto no capítulo cinco de Atos. A Bíblia diz que os apóstolos "realizaram muitos sinais e maravilhas".

> **Atos 5: 12-16** *"Os apóstolos realizavam muitos sinais e maravilhas entre o povo. Todos os que creram costumavam reunir-se no Pórtico de Salomão. Dos demais, ninguém ousava juntar-se a eles, embora o povo os tivesse em alto conceito. Em número cada vez maior, homens e mulheres criam no Senhor e lhes eram acrescentados, de modo que o povo também levava os doentes às ruas e os colocava em camas e macas, para que pelo menos a sombra de Pedro se projetasse sobre alguns, enquanto ele passava. Afluíam também multidões das cidades próximas a Jerusalém, trazendo seus doentes e os que eram atormentados por espíritos imundos[a]; e todos eram curados."*

O resultado destes sinais e maravilhas e da cura milagrosa foi que muitos vieram para o Senhor.

> **Atos 9: 32-35** *"Viajando por toda parte, Pedro foi visitar os santos que viviam em Lida. Ali encontrou um paralítico chamado Enéias, que estava acamado fazia oito anos. Disse-lhe Pedro: Enéias, Jesus Cristo vai curá-lo! Levante-se e arrume a sua cama. Ele se levantou imediatamente. Todos os que viviam em Lida e Sarona o viram e se converteram ao Senhor."*

> **Atos 28: 7-10** *"Próximo dali havia uma propriedade pertencente a Públio, o homem principal da ilha. Ele nos convidou a ficar em sua casa e, por três dias, bondosamente nos recebeu e nos hospedou. Seu pai estava doente, acamado, sofrendo de febre e disenteria. Paulo entrou para vê-lo e, depois de orar, impôs-lhe as mãos e o curou. Tendo acontecido isso, os outros doentes da ilha vieram e foram curados. Eles nos prestaram muitas honras e,*

quando estávamos para embarcar, forneceram-nos os suprimentos de que necessitávamos."

Nós recebemos do Espírito Santo o dom de curar os doentes e de realizar milagres.

> **1 Coríntios 12:9,28** *"a outro, fé, pelo mesmo Espírito; a outro, dons de curar, pelo único Espírito, [...] Assim, na igreja, Deus estabeleceu primeiramente apóstolos; em segundo lugar, profetas; em terceiro lugar, mestres; depois os que realizam milagres, os que têm dons de curar, os que têm dom de prestar ajuda, os que têm dons de administração e os que falam diversas línguas."*

Perguntas de Descoberta

As respostas para as seguintes perguntas podem ser sinais que o ajudarão a saber se você recebeu este dom:

- Você já foi usado por Deus para orar pelos doentes e eles foram curados?
- Você já viu pessoas afligidas por um mal-estar mental ou espiritual serem curadas pelas suas orações?
- Você costuma ver curas instantâneas quando você ministra?
- Você encontra com frequência pessoas que louvam a Deus por curá-las quando você ora por elas?
- Você tem frequentemente a sensação de que o Senhor quer curar as pessoas quando você ministra e, então, quando você ora por elas, elas recebem a cura?

Se a resposta para todas essas perguntas for um forte *SIM*, então você certamente foi abençoado por Deus com o dom de cura. Contudo, se a maioria das respostas for *SIM, às vezes,* então você deve abrir-se à possibilidade de que o Senhor deseja usá-lo cada vez mais, para curar as pessoas. Se a resposta for um *NÃO, eu nunca senti tal impulso ou estímulo*, então você pode ser um daqueles preciosos crentes que foi abençoado com algum outro dom para servir o Corpo de Cristo.

5. Milagres

A operação de milagres é vista quando os crentes realizam milagres de uma forma extraordinária sob a influência do Espírito Santo.

É impossível ressuscitar alguém dos mortos no natural, a menos que Deus faça tal milagre, como foi o caso de Tabita.

> **Atos 9: 36-42.** *"Em Jope havia uma discípula chamada Tabita, que em grego é Dorcas^a, que se dedicava a praticar boas obras e dar esmolas. Naqueles dias ela ficou doente e morreu, e seu corpo foi lavado e colocado num quarto do andar superior. Lida ficava perto de Jope, e, quando os discípulos ouviram falar que Pedro estava em Lida, mandaram-lhe dois homens dizer-lhe: "Não se demore em vir até nós".Pedro foi com eles e, quando chegou, foi levado para o quarto do andar superior. Todas as viúvas o rodearam, chorando e mostrando-lhe os vestidos e outras roupas que Dorcas tinha feito quando ainda estava com elas.Pedro mandou que todos saíssem do quarto; depois, ajoelhou-se e orou. Voltando-se para a mulher morta, disse: "Tabita, levante-se". Ela abriu os olhos e, vendo Pedro, sentou-se. Tomando-a pela mão, ajudou-a a pôr-se em pé. Então, chamando os santos e as viúvas, apresentou-a viva. Este fato se tornou conhecido em toda a cidade de Jope, e muitos creram no Senhor."*

Vemos os milagres mais incríveis acontecerem quando nos abrimos para a poderosa obra do Espírito Santo. Paulo experimentou milagres extraordinários como esse, aonde quer que fosse para pregar o Evangelho.

> **Atos 19: 11-12** *"Deus fazia milagres extraordinários por meio de Paulo, de modo que até lenços e aventais que Paulo usava eram*

> levados e colocados sobre os enfermos. Estes eram curados de suas doenças, e os espíritos malignos saíam deles."

Paulo trouxe um rapaz de volta à vida no vigésimo capítulo de Atos:

> **Atos 20: 7-12** *"No primeiro dia da semana reunimo-nos para partir o pão, e Paulo falou ao povo. Pretendendo partir no dia seguinte, continuou falando até a meia-noite. Havia muitas candeias no piso superior onde estávamos reunidos. Um jovem chamado Êutico, que estava sentado numa janela, adormeceu profundamente durante o longo discurso de Paulo. Vencido pelo sono, caiu do terceiro andar. Quando o levantaram, estava morto. Paulo desceu, inclinou-se sobre o rapaz e o abraçou, dizendo: "Não fiquem alarmados! Ele está vivo!" Então subiu novamente, partiu o pão e comeu. Depois, continuou a falar até o amanhecer e foi embora. Levaram vivo o jovem, o que muito os consolou."*

Paulo declarou que era pelo poder do Espírito Santo que podia realizar todos aqueles milagres:

> **Romanos 15: 18-19** *"Não me atrevo a falar de nada, exceto daquilo que Cristo realizou por meu intermédio em palavra e em ação, a fim de levar os gentios a obedecerem a Deus, pelo poder de sinais e maravilhas e por meio do poder do Espírito de Deus. Assim, desde Jerusalém e arredores, até o Ilírico[f], proclamei plenamente o evangelho de Cristo."*

> **1 Coríntios 12:10, 28** *"a outro, poder para operar milagres; a outro, profecia; a outro, discernimento de espíritos; a outro, variedade de línguas; e ainda a outro, interpretação de línguas. [...] Assim, na igreja, Deus estabeleceu primeiramente apóstolos; em segundo lugar, profetas; em terceiro lugar, mestres; depois os que realizam milagres, os que têm*

dons de curar, os que têm dom de prestar ajuda, os que têm dons de administração e os que falam diversas línguas."

Um dos sinais característicos de um apóstolo é o fluir deste dom de operar milagres.

> **2 Coríntios 12:12** *"As marcas de um apóstolo — sinais, maravilhas e milagres — foram demonstradas entre vocês, com grande perseverança."*

Perguntas de Descoberta

As respostas para as seguintes perguntas podem ser sinais que o ajudarão a saber se você recebeu este dom:

- Você vê milagres extraordinários acontecerem quando você ora?
- Você frequentemente vê demônios saírem de pessoas quando ora por elas?
- Acontece com frequência de você orar por coisas impossíveis, e elas acontecerem exatamente como você orou?
- Você verifica com frequência que coisas que declarou e pelas quais orou se realizam exatamente como você declarou?
- Você costuma ver olhos que não enxergavam e ouvidos antes surdos serem abertos quando ora por eles?

Se a resposta para todas essas perguntas for um forte *SIM*, então você certamente foi abençoado por Deus com o dom de operar milagres. Contudo, se a maioria das respostas for *SIM, às vezes*, então você deve abrir-se à possibilidade de que o Senhor deseja usá-lo cada vez mais, para realizar poderosos milagres. Se a resposta for um *NÃO, eu nunca senti tal impulso* ou *estímulo*, então você pode ser um daqueles preciosos crentes que foi abençoado com algum outro dom para servir o Corpo de Cristo.

6. Profecia

O dom da profecia, como muitas vezes só é explorado aqui, foi explicado na sessão anterior. Este dom é experimentado quando um crente traz uma revelação de alguma atividade, evento ou acontecimento futuro através da capacitação do Espírito Santo, e acontece de forma consistente, exatamente como foi profetizado.

7. Discernimento de Espíritos

O dom de discernir os espíritos é experimentado quando um crente chega a discernir com precisão os diferentes espíritos. Isto se mostra especialmente útil no discernimento de espíritos adversários.

> **Lucas 4: 33-35** *"Na sinagoga havia um homem possesso de um demônio, de um espírito imundo. Ele gritou com toda a força: "Ah!, que queres conosco, Jesus de Nazaré? Vieste para nos destruir? Sei quem tu és: o Santo de Deus!"Jesus o repreendeu, e disse: "Cale-se e saia dele!" Então o demônio jogou o homem no chão diante de todos, e saiu dele sem o ferir."*

> **Atos 16: 16-18** *"Certo dia, indo nós para o lugar de oração, encontramos uma escrava que tinha um espírito pelo qual predizia o futuro. Ela ganhava muito dinheiro para os seus senhores com adivinhações. Essa moça seguia a Paulo e a nós, gritando: "Estes homens são servos do Deus Altíssimo e lhes anunciam o caminho da salvação". Ela continuou fazendo isso por muitos dias. Finalmente, Paulo ficou indignado, voltou-se e disse ao espírito: "Em nome de Jesus Cristo eu lhe ordeno que saia dela!" No mesmo instante o espírito a deixou."*

Precisamos muito mais do dom de discernimento de espíritos nos dias em que vivemos. Para um ministério poderoso, precisamos discernir o espírito dentro de um homem e, se necessário, expulsá-lo. Acredito que há mais pessoas atormentadas por espíritos malignos do que percebemos. Jesus nos elevou para termos poder sobre todo o poder do maligno, e para expulsarmos demônios.

> **1 Coríntios 12:10** *"a outro, poder para operar milagres; a outro, profecia; a outro, discernimento de espíritos; a outro, variedade de línguas; e ainda a outro, interpretação de línguas."*

Que possamos caminhar neste discernimento diariamente. Oro para que tenhamos o zelo e o desejo de ter este dom, de ver os cativos serem libertos ao nosso redor.

> **1 João 4: 1-6** *"Amados, não creiam em qualquer espírito, mas examinem os espíritos para ver se eles procedem de Deus, porque muitos falsos profetas têm saído pelo mundo. Vocês podem reconhecer o Espírito de Deus[a] deste modo: todo espírito que confessa que Jesus Cristo veio em carne procede de Deus; mas todo espírito que não confessa Jesus não procede de Deus. Esse é o espírito do anticristo[b], acerca do qual vocês ouviram que está vindo, e agora já está no mundo. Filhinhos, vocês são de Deus e os venceram, porque aquele que está em vocês é maior do que aquele que está no mundo. Eles vêm do mundo. Por isso, o que falam procede do mundo, e o mundo os ouve. Nós viemos de Deus, e todo aquele que conhece a Deus nos ouve; mas quem não vem de Deus não nos ouve. Dessa forma reconhecemos o Espírito[c] da verdade e o espírito do erro."*

Perguntas de Descoberta

As respostas para as seguintes perguntas podem ser sinais que o ajudarão a saber se você recebeu este dom:

- Você costuma perceber quando alguém está fingindo muito antes que seja evidente para outras pessoas?
- Você vê com frequência qual é o chamado e o propósito específico de Deus para as pessoas?
- Você se sente seguro para discernir quando uma pessoa é afligida por um espírito maligno?
- Você percebe rapidamente se um ensinamento é de Deus, de Satanás ou da própria pessoa?
- Você discerne com facilidade se uma pessoa falando em línguas está trazendo uma mensagem divina, orando no Espírito, ou simplesmente fingindo?

Se a resposta para todas essas perguntas for um forte *SIM*, então você certamente foi abençoado por Deus com o dom de discernimento de espíritos. Contudo, se a maioria das respostas for *SIM, às vezes,* então você deve abrir-se à possibilidade de que o Senhor deseja usá-lo cada vez mais, para discernir os espíritos nos lugares e nas pessoas. Se a resposta for um *NÃO, eu nunca senti tal impulso* ou *estímulo,* então você pode ser um daqueles preciosos crentes que foi abençoado com algum outro dom para servir o Corpo de Cristo.

8. Dom de Línguas

O dom de línguas é a capacidade de falar em uma língua, não aprendida, mas recebida do Espírito Santo quando se recebe o batismo do Espírito Santo. O dom de línguas é uma habilidade sobrenatural de levar mensagens de Deus a Seu povo em uma linguagem que não é necessariamente compreendida no natural. Podemos usar o dom de línguas para nos comunicarmos com o Pai, com a ajuda do Espírito Santo dentro de nós, de uma maneira inexplicável.

> **Marcos 16: 17** *"Estes sinais acompanharão os que crerem: em meu nome expulsarão demônios; falarão novas línguas"*
>
> **Atos 2:1-13** *"Chegando o dia de Pentecoste, estavam todos reunidos*

> *num só lugar. De repente veio do céu um som, como de um vento muito forte, e encheu toda a casa na qual estavam assentados. E viram o que parecia línguas de fogo, que se separaram e pousaram sobre cada um deles. Todos ficaram cheios do Espírito Santo e começaram a falar noutras línguas, conforme o Espírito os capacitava.Havia em Jerusalém judeus, tementes a Deus, vindos de todas as nações do mundo. Ouvindo-se o som, ajuntou-se uma multidão que ficou perplexa, pois cada um os ouvia falar em sua própria língua. Atônitos e maravilhados, eles perguntavam: 'Acaso não são galileus todos estes homens que estão falando? Então, como os ouvimos, cada um de nós, em nossa própria língua materna? Partos, medos e elamitas; habitantes da Mesopotâmia, Judéia e Capadócia, do Ponto e da província da Ásia, Frígia e Panfília, Egito e das partes da Líbia próximas a Cirene; visitantes vindos de Roma, tanto judeus como convertidos ao judaísmo; cretenses e árabes. Nós os ouvimos declarar as maravilhas de Deus em nossa própria língua!' Atônitos e perplexos, todos perguntavam uns aos outros: 'Que significa isto?' Alguns, todavia, zombavam deles e diziam: Eles beberam vinho demais".*

Pedro se levantou no meio deles e lhes disse que nenhum deles estava bêbado de vinho, mas que foi o efeito do batismo do Espírito Santo que os levou a se comportar e agir da maneira como agiram. Foi a influência do Espírito Santo que lhes permitiu falar em outras línguas, além da sua própria língua conhecida. Era o dom de línguas em pleno funcionamento.

> **Atos 10:44-46** *"Enquanto Pedro ainda estava falando estas palavras, o Espírito Santo desceu sobre todos os que ouviam a mensagem. Os judeus convertidos que vieram com Pedro ficaram admirados de que o dom do Espírito Santo fosse derramado até sobre os gentios, pois os ouviam falando em línguas e exaltando a Deus."*

Atos 19:1-7 *"Enquanto Apolo estava em Corinto, Paulo, atravessando as regiões altas, chegou a Éfeso. Ali encontrou alguns discípulos e lhes perguntou:'Vocês receberam o Espírito Santo quando creram?'Eles responderam: 'Não, nem sequer ouvimos que existe o Espírito Santo'. 'Então, que batismo vocês receberam?', perguntou Paulo. 'O batismo de João', responderam eles. Disse Paulo: 'O batismo de João foi um batismo de arrependimento. Ele dizia ao povo que cresse naquele que viria depois dele, isto é, em Jesus'. Ouvindo isso, eles foram batizados no nome do Senhor Jesus. Quando Paulo lhes impôs as mãos, veio sobre eles o Espírito Santo, e começaram a falar em língua e a profetizar. Eram ao todo uns doze homens."*

1 Coríntios 12:10, 28 *"a outro, poder para operar milagres; a outro, profecia; a outro, discernimento de espíritos; a outro, variedade de línguas; e ainda a outro, interpretação de línguas. [...] Assim, na igreja, Deus estabeleceu primeiramente apóstolos; em segundo lugar, profetas; em terceiro lugar, mestres; depois os que realizam milagres, os que têm dons de curar, os que têm dom de prestar ajuda, os que têm dons de administração e os que falam diversas línguas."*

1 Coríntios 14:13-19 *"Por isso, quem fala em uma língua, ore para que a possa interpretar. Pois, se oro em uma língua, meu espírito ora, mas a minha mente fica infrutífera. Então, que farei? Orarei com o espírito, mas também orarei com o entendimento; cantarei com o espírito, mas também cantarei com o entendimento. Se você estiver louvando a Deus em espírito, como poderá aquele que está entre os não instruídos dizer o "Amém" à sua ação de graças, visto que não sabe o que você está dizendo? Pode ser que você esteja dando graças muito bem, mas o outro não é edificado. Dou graças a Deus por falar em línguas mais do que todos vocês. Todavia, na igreja prefiro falar cinco palavras compreensíveis para instruir os outros a falar dez mil palavras em uma língua."*

Perguntas de Descoberta

As respostas para as seguintes perguntas podem ser sinais que o ajudarão a saber se você recebeu este dom:

- Você recebeu o dom de falar em uma língua que nunca estudou, mas recebeu esta incrível habilidade quando recebeu o batismo no Espírito Santo?
- Você costuma sentir, além do seu tempo particular de oração, que Deus pode trazer uma mensagem específica para você e através de você quando você ora no Espírito?
- Você tem a forte sensação de que Deus às vezes lhe dá uma clara mensagem para Seu povo enquanto você fala em línguas?
- As pessoas já lhe disseram que quando você falava em línguas, elas sentiam como Deus falava através de você, e que a interpretação das línguas confirmou isso?
- Quando você fala em línguas, você tem um entendimento claro sé uma mensagem divina ou se é simplesmente você orando no Espírito?

Se a resposta para todas essas perguntas é um forte *SIM*, então você certamente foi abençoado por Deus com o dom de línguas. Se a resposta for mais *SIM, às vezes*, então você deve abrir-se à possibilidade de que o Senhor deseja usá-lo cada vez mais, para entregar mensagens em línguas que irão, juntamente com suas interpretações, abençoar e encorajar pessoas. Se a resposta for um *NÃO, eu nunca senti tal impulso ou estímulo*, então você pode ser um daqueles preciosos crentes que foi abençoado com algum outro dom para servir o Corpo de Cristo.

9. Interpretação de Línguas

O dom de interpretação de línguas é frequentemente experimentado entre os crentes quando alguém, ou a própria pessoa que ora, recebe uma mensagem divinamente inspirada em línguas, e então essa pessoa compreende uma mensagem específica a ser entregue para o encorajamento, exortação ou edificação dos outros crentes.

> 1 Coríntios 14:13 *"Por isso, quem fala em uma língua, ore para que a possa interpretar."*

> 1 Coríntios 14:5 *"Gostaria que todos vocês falassem em línguas, mas prefiro que profetizem. Quem profetiza é maior do que aquele que fala em línguas, a não ser que as interprete, para que a igreja seja edificada."*

> 1 Coríntios 14:26-28 *"Portanto, que diremos, irmãos? Quando vocês se reúnem, cada um de vocês tem um salmo, ou uma palavra de instrução, uma revelação, uma palavra em uma língua ou uma interpretação. Tudo seja feito para a edificação da igreja. Se, porém, alguém falar em língua, devem falar dois, no máximo três, e alguém deve interpretar. Se não houver intérprete, fique calado na igreja, falando consigo mesmo e com Deus."*

Perguntas de Descoberta

As respostas para as seguintes perguntas podem ser sinais que o ajudarão a saber se você recebeu este dom:

- Você frequentemente sabe o que Deus quer dizer ao Seu povo quando alguém traz uma mensagem em línguas?
- Você, com frequência, recebe a interpretação quando alguém traz uma mensagem em línguas?
- Você, muitas vezes, sabe o que as pessoas estão dizendo, embora não tenha conhecimento da língua que estão usando?
- Você costuma orar para receber interpretação de mensagens em línguas para que possa ser usado por Deus para, deste modo, trazer esperança e edificar pessoas?

- Alguém já lhe disse que a mensagem em línguas que você interpretou lhes trouxe esperança e encorajamento?

Se a resposta para todas essas perguntas é um forte *SIM*, então você certamente foi abençoado por Deus com o dom de interpretação de línguas. Se a resposta for mais *SIM, às vezes*, então você deve abrir-se à possibilidade de que o Senhor deseja usá-lo cada vez mais para interpretar mensagens em línguas que irão abençoar e encorajar pessoas. Se a resposta for um *NÃO, eu nunca senti tal impulso ou estímulo*, então você pode ser um daqueles preciosos crentes que foi abençoado com algum outro dom para servir o Corpo de Cristo.

Considerações Finais

Assim concluímos nossa breve jornada para compreender os dons espirituais sobrenaturais. Durante as sessões de encerramento deste encontro, completaremos um questionário para aprender e conhecer nossos dons espirituais. Também vamos aproveitar este tempo para afirmar os dons espirituais na vida daqueles que estão aqui conosco. Oro para que as partes finais deste encontro de fim de semana sejam de grande encorajamento para vocês.

5

DESCOBRINDO OS SEUS DONS ESPIRITUAIS
SESSÃO 5

Este guia foi desenvolvido para ajudá-lo a descobrir os seus dons espirituais, e não deve ser visto como um teste. As únicas respostas corretas aqui são respostas honestas e sinceras. As respostas que você fornecer o ajudarão a encontrar as áreas onde a capacitação do Espírito Santo em você pode ser melhor aplicada na edificação da igreja.

Antes de começar,

Siga Estes Seis Passos:

Passo 1: Imprima a folha de respostas das páginas seguintes.

Consulte a lista de 100 enunciados do questionário na parte quatro. Para cada um deles, marque na parte de respostas até que ponto eles são verdadeiros a seu respeito:

Quase sempre = 3,

às vezes = 2,

raramente = 1,

nunca = 0.

Cuidado! Não marque pensando no que você gostaria que fosse verdade ou espera que venha a ser verdade no futuro. Seja honesto consigo mesmo e marque baseado no presente e em experiências recentes. Se você é um jovem cristão ou novo na fé, os resultados necessitarão de um cuidado extra na interpretação.

Passo 2: Pontue seu questionário.

Após terminar, avalie o questionário de acordo com as instruções da folha de pontuação.

Passo 3: Identifique seus 3 principais dons.

Identifique os 3 ou 5 itens nos quais você tenha marcado 10 ou mais.

Passo 4: Afirmem uns aos outros os 3 melhores dons.

Peça a um amigo próximo dentro do grupo, ou mesmo ao seu pastor, para pontuá-lo, identificando seus 3 melhores dons de acordo com o ponto de vista deles. Veja se este procedimento confirma sua pontuação. Na maioria dos casos, a menos que a pessoa que o avalia não o conheça bem, o avaliador provavelmente confirmará de 80 a 100% dos dons de Deus mais proeminentes na sua vida.

Passo 5: Estude seus dons.

Estude especificamente as definições dos dons e as referências nas Escrituras daqueles em que você teve pontuação 10 ou superior.

Procure maneiras de desenvolvê-los mais, ou como você possa se abrir para ser usado pelo Espírito Santo para aplicá-los mais dentro daquelas áreas identificadas.

Passo 6: Use seus dons.

Use estes dons em seu ministério para edificar o Corpo de Cristo, e esteja sempre ansiosamente em busca de desejar mais dons espirituais para usar.

QUESTIONÁRIO VORSTER DE DESCOBERTA DE DONS ESPIRITUAIS

Para cada enunciado, marque até que ponto eles são verdadeiros a seu respeito.

3 = **Quase sempre**
2 = **Às vezes**
1 = **Raramente**
0 = **Nunca**

QUESTIONÁRIO VORSTER DE DESCOBERTA DE DONS ESPIRITUAIS – FOLHA DE PERGUNTAS

6

QUESTIONÁRIO VORSTER DE DESCOBERTA DE DONS ESPIRITUALS
SESSÃO 6

Para cada enunciado, marque até que ponto eles são verdadeiros a seu respeito.

- Quase sempre = 3
- Às vezes = 2
- Raramente = 1
- Nunca = 0

Nº	QUESTIONÁRIO VORSTER DE DESCOBERTA DE DONS ESPIRITUAIS – FOLHA DE PERGUNTAS	
	Perguntas de Descobertas de Dons	Pontos
1	Muitas vezes recebo e entrego mensagens diretas de Deus que edificam, exortam ou consolam outros.	
2	Gosto de ajudar a realizar tarefas comuns que tornam as coisas mais fáceis para os outros.	
3	Soube que ajudei crentes a aprender as verdades da Bíblia por meio do meu compartilhamento.	
4	Eu vejo com muita facilidade e espontaneamente o lado positivo de situações por vezes difíceis.	
5	Sou bastante disciplinado em administrar bem minhas finanças, de modo a permitir-me contribuir generosamente para a obra do Senhor.	
6	Acho fácil tomar decisões que outros se disponham a seguir.	
7	Tenho uma forte preferência por ajudar aqueles que são física e mentalmente deficientes, e por ajudar a aliviar seu sofrimento.	
8	Acho fácil aplicar os princípios bíblicos, em contexto, em minha própria vida.	
9	Muitas vezes descubro que o Espírito Santo me dá informações sobre pessoas das quais não tenho conhecimento prévio.	
10	Acho bastante fácil assumir novas tarefas que sinto que o Senhor me instrui a fazer.	
11	Já fui usado por Deus para orar pelos doentes e eles receberam cura.	
12	Muitas vezes vejo milagres extraordinários acontecerem quando oro em nome do Senhor Jesus.	
13	Muitas vezes percebo quando alguém está fingindo, mesmo antes que isso seja evidente para outras pessoas.	
14	Eu recebi o dom de falar em uma língua que nunca estudei, mas obtive esta incrível habilidade quando recebi o Espírito Santo.	
15	Muitas vezes sei imediatamente o que o Senhor quer dizer ao Seu povo quando alguém traz uma mensagem em línguas.	
16	Sinto que Deus me ungiu como líder, especialmente quando estou com outros crentes.	
17	Sinto que Deus me ungiu como alguém que vê as coisas antes que elas aconteçam.	
18	Tenho levado pessoas a aceitar Jesus como seu Senhor e Salvador.	
19	Sinto que Deus me ungiu como alguém que cuida de outros crentes.	

20	Sinto que Deus me ungiu para ensinar a outros crentes as coisas profundas de Deus.
21	Eu recebi do Espírito Santo que determinados acontecimentos específicos ocorreriam no futuro, e eles ocorreram exatamente como previ e proclamei.
22	Sempre encontro alegria em limpar, arrumar ou embalar as coisas depois das atividades~~eoportunidades~~ do ministério.
23	Adoro ver as pessoas ganharem novas perspectivas da Palavra de Deus a partir da minha partilha com elas.
24	Sempre encontro algo de positivo e edificante para dizer aos outros.
25	Eu dou consideravelmente mais do que o dízimo de minha renda à obra do Senhor, e isto se reflete em meus registros mensais de orçamento.
26	As pessoas geralmente me procuram em busca de orientação sobre o que devem fazer.
27	Eu cuidei de pessoas quando elas tiveram necessidades físicas ou materiais.
28	Muitas vezes encontro soluções para situações bastante complicadas.
29	Muitas vezes, recebo e compartilho ideias sobre situações espirituais com pessoas que ajudam a aproximá-las de Deus.
30	Muitas vezes faço coisas que ninguém fez ou tentou fazer antes, apenas porque sinto a liderança do Espírito Santo para fazê-las.
31	Muitas vezes vejo pessoas espiritualmente perturbadas serem curadas através de minhas orações e meu ministério.
32	Muitas vezes vejo espíritos demoníacos saírem das pessoas quando ministro a elas.
33	Muitas vezes vejo o c~~C~~hamado e o p~~P~~ropósito específico de Deus sobre certas pessoas.
34	Muitas vezes sinto, além do meu tempo particular de oração, que Deus pode trazer uma mensagem específica por meu intermédio quando eu oro em Espírito.
35	Eu frequentemente oro e recebo a interpretação quando alguém fala em línguas.
36	Tenho confiança de que para onde quer que Deus me chame para um novo lugar, ou missão, eu serei capaz de conduzir as pessoas a Cristo e cuidar delas.
37	Entreguei mensagens, no momento certo, que impactaram muito a vida das pessoas.
38	Muitas vezes eu compartilho meu testemunho com outros de como o Senhor me salvou e depois os vejo colocar sua fé em Jesus Cristo também.
39	Eu adoro cuidar das necessidades espirituais e do bem-estar dos crentes.
40	Adoro ensinar aos crentes a palavra de Deus de uma forma sistemática, logica e compreensível.
41	Foi-me dito que mensagens pessoais específicas que levei às pessoas, sob a inspiração do Espírito Santo, devem ter vindo do Senhor, uma vez que aconteceram exatamente como o Senhor disse
42	Sempre busco oportunidades para ajudar nas tarefas domésticas para facilitar a vida para as pessoas.
43	Eu adoro estudar a Palavra de Deus e procurar coisas que não foram vistas ou compreendidas antes.
44	Faço questão de diariamente elogiar os outros.
45	Muitas vezes me pedem para doar para algumas causas para o a~~A~~vanço do Reino e, pela graça de Deus, consigo encontrar fundos para contribuir com essas causas.
46	Frequentemente me pedem para~~sou solicitado a~~ dar diretrizes sobre o que precisa acontecer em seguida.

47	Com frequência me pedem para ~~sou solicitado a~~ visitar pessoas em hospitais e em situações complicadas.
48	Frequentemente me encontro orientando crentes para encontrarem soluções a partir de exemplos e histórias bíblicas.
49	Muitas vezes encontro estratégias e técnicas divinas, através do meu tempo na Bíblia e na oração, que Deus parece usar para promover Seu reino.
50	Frequentemente me encontro saindo na fé para fazer as coisas.
51	Frequentemente me encontro em situações de ministério em que oro pelas pessoas doentes e elas recebem cura imediata
52	Muitas me encontro em situações de ministério em que oro para que impossível se torne possível e então acontece exatamente como eu orei.
53	Tenho muita segurança para discernir quando uma pessoa é afligida por um espírito maligno.
54	Tenho a forte sensação de que Deus às vezes me dá uma mensagem clara para Seu povo quando falo em línguas.
55	Tenho a forte sensação de que sei o que as pessoas dizem, ainda que não conheça o idioma que estejam usando.
56	Percebo que frequentemente as pessoas fazem o que eu lhes peço sem me questionar.
57	Vi pessoas ficarem profundamente incomodadas~~transtornadas~~ ao lhes trazer a m~~M~~ensagem que Deus me deu para transmitir a elas ~~lhes dar~~.
58	Muitas vezes vejo como as pessoas respondem positivamente à mensagem do E~~e~~vangelho quando eu a entrego.
59	Sinto-me muito mais confortável para trabalhar com pessoas com as quais desenvolvi um relacionamento durante um longo período de tempo, e para compartilhar de seu bem-estar diário.
60	Eu me sinto confortável para defender as verdades da Palavra de Deus contra falsas crenças.
61	Muitas vezes tenho uma forte sensação do que Deus quer dizer às pessoas em relação às suas situações particulares.
62	Eu prefiro fazer o trabalho duro nos bastidores para ajudar o trabalho de Deus se desenvolver sem sobressaltos.
63	Muitas vezes, eu dedico tempo para pensar em maneiras de compartilhar as verdades da Palavra de Deus de forma mais eficaz para ajudar os crentes em sua caminhada com Deus.
64	Ouço com frequência que minha atitude e palavras positivas encorajam as pessoas
65	Muitas vezes dou de forma sacrificial e me comprometo a dar de forma consistente, embora às vezes vá além do que tenho em mãos, apenas por causa da minha fé em um determinado tema, e por causa do meu amor em semear na obra de Deus.
66	Minhas ideias e sugestões são geralmente aceitas pela maioria como o caminho para seguir em frente.
67	Eu adoro dar meu tempo para ajudar as pessoas a encontrar soluções para seus problemas.
68	Muitas vezes ouço dizer que a verdade bíblica que compartilho é mais relevante e específica para as necessidades percebidas dos irmãos em Cristo.
69	Procuro diariamente compreender o que Deus deseja dizer a Seu povo, que se alinhe com a Bíblia.

70	Ouço com frequência que as pessoas me admiram pelos passos ousados que dou para fazer avançar a obra de Deus.	
71	Ouço com frequência que as pessoas honram a Deus por curá-las através de minhas orações e ministério.	
72	Muitas vezes percebo que provisões sobrenaturais e avanços ocorrem após minhas orações e declarações.	
73	Reconheço rapidamente se uma pessoa está ensinando algo que recebeu de Deus, de Satanás, ou se é algo de si mesma.	
74	As pessoas já me disseram que, enquanto eu falava em línguas, elas sentiram como se Deus estivesse falando através de mim, e a interpretação das línguas o confirmou.	
75	Eu sempre oro para que Deus me dê compreensão quando as pessoas falam em línguas para que eu possa encorajar e trazer mensagens de esperança que irão edificar as pessoas.	
76	Sempre tenho um desejo ardente de ser enviado para começar uma nova igreja.	
77	Tenho sempre um desejo ardente de ouvir de Deus e levar mensagens de esperança e encorajamento a Seu povo.	
78	É para mim um enorme prazer explicar para as pessoas como colocar sua fé em Jesus Cristo para ser seu Senhor e Salvador.	
79	Tenho esta visão de querer construir relações profundas e significativas com as pessoas e, através desta interação, servi-las melhor.	
80	Eu conheço as doutrinas da Bíblia e adoro compartilhá-las com os irmãos da fé.	
81	Muitas vezes sinto que sei exatamente o que Deus quer dizer e fazer em uma reunião e qual ministério específico é necessário em um ponto específico no tempo.	
82	Sinto-me privilegiado por poder servir aos outros fazendo as tarefas ingratas.	
83	Sinto-me honrado em ver as pessoas crescerem em sua fé como resultado de eu compartilhar com elas as verdades da Palavra de Deus.	
84	Sinto-me privilegiado por ter uma visão naturalmente positiva e por ser capaz de mostrar às pessoas as coisas boas e abençoadas em suas vidas.	
85	Tenho baixado sistematicamente meu padrão de vida a fim de promover a obra de Deus.	
86	Acho fácil tomar decisões bem pensadas.	
87	Sinto-me abençoado e chamado para ajudar as pessoas em circunstâncias físicas, mentais ou materiais menos afortunadas.	
88	Muitas vezes sinto uma grande paz e confiança pessoal quando preciso tomar decisões importantes.	
89	Muitas vezes, o Espírito Santo me dá conhecimento e visão das situações em primeira mão.	
90	Muitas vezes faço as coisas quando tenho uma grande sensação de convicção pessoal.	
91	Muitas vezes tenho vontade de orar pelos doentes em meu ministério, e depois posso constatar as que curas incríveis acontecem.	
92	Eu frequentemente oro pelos cegos, surdos e aleijados, e depois vejo milagres incríveis acontecerem.	
93	Normalmente posso dizer imediatamente se uma pessoa falando em línguas está trazendo uma mensagem divina, orando no Espírito ou simplesmente fingindo.	
94	Tenho uma percepção clara quando falo em línguas se é uma mensagem divina ou se estou simplesmente orando no Espírito.	

Conclusão

Na próxima sessão acrescentaremos os resultados para determinar os dons específicos que Deus já lhe deu.

7

FOLHA VORSTER DE PONTUAÇÃO DE DONS

ESCREVA AQUI SUA PONTUAÇÃO NO QUESTIONÁRIO.

Nesta sessão, vamos somar as pontuações que demos a cada uma das perguntas do Questionário Vorster de Descoberta de Dons Espirituais.

Instruções para Pontuação:

1. Vire sua folha de pontuação em direção ao verso do livro após ler estas instruções.
2. Some as respostas da folha de pontuação, da esquerda para a direita, e escreva esse total da soma na caixa "total", ao lado de cada dom.

Exemplo: some o número que você escreveu na casa 1, mais o número da casa 21, mais o número da casa 41, mais o número da casa 61 e o número da casa 81. Esses cinco números, somados, tornam-se sua pontuação total a ser escrito na caixa TOTAL.

TOTAL
  Classificação segundo resultados.
DONS

Professor

Quando tiver terminado de responder todos os 100 enunciados e pontuado o seu teste, siga os passos listados abaixo.

PASSO 1

Depois de somar seus pontos, você terá várias pontuações notavelmente altas. Esses são seus prováveis dons espirituais. Indique-os abaixo, começando com sua pontuação mais alta. Qualquer pontuação abaixo de 9, no entanto, provavelmente não é um indicador positivo de um dom. Se você obteve outras pontuações altas, ou se tem certeza de que tem certos dons, embora não tenha marcado notas altas com eles, coloque-os também. Você acabou de dar o primeiro passo para descobrir seus dons espirituais. Por favor, entenda que este exercício apenas indica seus prováveis dons. Nas próximas semanas, você deve utilizar os cinco passos seguintes para determinar com mais clareza os seus dons espirituais.

PASSO 2

Ore, acreditando que Deus continuará a lhe revelar quais dons Ele lhe destinou. Não se esqueça de 1 Coríntios 12:11: Os dons foram distribuídos a "cada um". Ore também por sabedoria e desejo de usar os dons com a máxima eficiência para Ele.

PASSO 3

Estude as passagens bíblicas que tratam especificamente deste assunto: Romanos 12, 1 Coríntios 12-12, Efésios 3-4 e 1 Pedro 4. E reserve um tempo para refletir sobre os contextos das muitas histórias bíblicas de homens e mulheres que usaram seus dons para Deus. Esses relatos servem de exemplo e inspiração.

PASSO 4

Experimente pelo uso os seus dons recém-descobertos. Por ser uma experiência nova, você pode não saber por onde começar. Veja a próxima página para algumas sugestões. Quando você começar a trabalhar para Deus, seus dons se desenvolverão de forma incrível.

PASSO 5

Confirme os dons de outras pessoas. Quando você vir alguém usando eficazmente seu dom, diga. Isto não é bajulação, é um passo vital no processo contínuo de desenvolvimento dos dons espirituais.

Vamos começar este processo imediatamente. Por favor, assinale os dons espirituais que você observou em três companheiros cristãos em sua congregação. Suas observações aguçadas serão apreciadas por cada um deles e por seu pastor.

. . .

Esta é uma boa oportunidade para que seus amigos saibam quais dons eles têm, simplesmente listando-os aqui. É também um bom momento para deixá-los saber, de uma maneira muito delicada (e anônima), quais eles não têm, deixando esses dons fora da lista. Faça uma avaliação honesta. O resumo dos dons, que começa na próxima página, pode ajudá-lo em sua avaliação. O resumo dos dons, que começa na próxima página, pode ajudá-lo em sua avaliação.

PASSO 6

Espere a confirmação de seus dons pelos outros membros da igreja. Depois de entregar este inventário ao pastor, ele lhe será devolvido com uma lista de alguns dos dons que seus irmãos na fé observaram em você. Todos os que entregarem seu inventário devem receber uma avaliação. Você pode não concordar com esta avaliação! Mas, em vez de descartar essas opiniões, explore-as. Procure maneiras de desenvolver as habilidades que os outros acreditam que você possui.

Separe um momento agora para escrever aqui as notas do questionário. Anote os três melhores dons de acordo com os resultados de sua pontuação.

SEUS DONS ESPIRITUAIS

1.
   2.
   3.

. . .

O resultado o surpreendeu?

Qual resultado você achava que teria antes de fazer o teste?

1.
   2.
   3.

Separe um momento para avaliar pelo menos dois amigos.

DONS ESPIRITUAIS DE SEUS AMIGOS

AMIGO: _____

1.
   2.
   3.

AMIGO: _____

1.
   2.
   3.

Peça a seu pastor ou líder espiritual para que o avalie.

. . .

AVALIAÇÃO DE SEU PASTOR SOBRE SEUS DONS ESPIRITUAIS:

1.
   2.
   3.

Lista de Dons Espirituais:

Profecia
   Serviço
   Ensino
   Exortação
   Contribuir
   Liderar
   Mostrar Misericórdia
   Palavra de Sabedoria
   Palavra de Conhecimento
   Fé
   Dons de Cura
   Milagres
   Discernimento de espíritos
   Variedade de Línguas
   Interpretação de Línguas
   Apóstolo
   Profeta
   Evangelista
   Pastor
   Professor

FECHAMENTO

. . .

Oro para que você também ache isso muito inspirador, como muitos milhares de outros crentes acharam no passado. Oro para que você busque dons espirituais que irão edificar e encorajar o Corpo de Cristo, especialmente o dom de profecia.

"Cada um exerça o dom que recebeu para servir os outros, administrando fielmente a graça de Deus em suas múltiplas formas."

1 Pedro 4: 10

Use os dons que Deus lhe deu para edificar a Igreja. Que Jesus seja glorificado pela maneira como você usa os dons do Espírito Santo.

PARTE II
PESQUISA BÍBLICA

FINAL DE SEMANA DIOS

PROGRAMAÇÃO

- Sessão 1 – Introdução
- Sessão 2 – A autoridade da Bíblia
- Sessão 3 – Aproveitando ao máximo meu momento na Palavra
- Session 4 - Further Study

INTRODUÇÃO
SESSÃO UM

Jesus nos ensinou a disciplina espiritual de termos uma ingestão diária da Palavra de Deus. Durante seus dias de teste, Jesus usou a Palavra para se defender e perseverar nas tentações que Satanás tentou usar contra Ele. Jesus citou Deuteronômio 8, versículo 3: *"Nem só de pão viverá o homem, mas de toda palavra que procede da boca do Senhor."*

Cada livro do Novo Testamento endossa e nos incentiva a abraçar as palavras do Senhor diariamente.

> **Lucas 4:4** *"Jesus respondeu: Está escrito: 'Nem só de pão viverá o homem.'"*

Isso é o que Jesus nos ensinou por meio de Seu exemplo quando enfrentou a tentação de Satanás. Em todos os aspectos de como Satanás tentou seduzir e atrair Jesus, Sua defesa foi consistente: Ele permaneceu na Palavra e a usou como espada e escudo.

O salmista também nos fala da incrível bênção e impacto que meditar e se deleitar na Palavra de Deus traz.

> **Salmo 1:1-3** *"Como é feliz aquele que não segue o conselho dos*

ímpios, não imita a conduta dos pecadores, nem se assenta na
roda dos zombadores!Ao contrário, sua satisfação está na lei
do Senhor, e nessa lei medita dia e noite. É como árvore plantada à beira de águas correntes:Dá fruto no tempo certo e suas
folhas não murcham.Tudo o que ele faz prospera!"

O apóstolo Paulo exortou a igreja de Colossos a permitir que a Palavra de Deus habitasse ricamente neles.

Colossenses 3:16 *"Habite ricamente em vocês a palavra de Cristo; ensinem e aconselhem-se uns aos outros com toda a sabedoria, e cantem salmos, hinos e cânticos espirituais com gratidão a Deus em seu coração."*

A entrada da Palavra de Deus em nossas vidas, ativa a fé de que tanto precisamos para uma vida saudável e piedosa.

Romanos 10:17 *"Consequentemente, a fé vem por se ouvir a mensagem, e a mensagem é ouvida mediante a palavra de Cristo."*

A eficácia em assimilar e valorizar a Palavra de Deus é determinada pela atitude de coração com que dedicamos tempo à Palavra de Deus, bem como nossa disposição e determinação por colocá-la em prática.

A fecundidade e o sucesso do nosso crescimento no Senhor, e a nossa fé Nele, dependem firmemente de abraçarmos a Bíblia como a palavra irrevogável de Deus para nós, e o alicerce sobre o qual construiremos a nossa fé e a nossa vida.

Nas sessões seguintes exploraremos brevemente a autoridade da Palavra de Deus, bem como a maneira de extrairmos o máximo do nosso tempo com a Palavra de Deus. Oro para que ela seja um grande fator impulsionador em sua vida.

9
A AUTORIDADE DA BÍBLIA
SESSÃO DOIS

A autoridade da Bíblia pode ser defendida sob os aspectos arqueológicos, <u>históricos</u> e proféticos. É mais que coincidência que pessoas sem Internet, mídias sociais ou serviços postais pudessem falar com tanta precisão sobre eventos futuros, que se realizaram, a menos que fossem divinamente inspiradas.

Uma das coisas que Paulo ensinou a Timóteo foi o quão irrefutável e central a Palavra de Deus é em nossas vidas, inclusive para nosso bem-estar.

> **2 Timóteo 3:16** *"Toda a Escritura é inspirada por Deus e útil para o ensino, para a repreensão, para a correção e para a instrução na justiça."*

O Apóstolo Pedro também enfatizou esse aspecto essencial em sua carta pastoral.

> **2 Pedro 1: 20-21** *"Antes de mais nada, saibam que nenhuma profecia da Escritura provém de interpretação pessoal, pois jamais a profecia teve origem na vontade humana, mas*

> homens falaram da parte de Deus, impelidos pelo Espírito
> Santo."

Os **manuscritos** do Mar Morto, entre outros manuscritos históricos, apoiam a exatidão dos escritos e a inerrância das Escrituras. Um dos aspectos que confirmam e validam a autoridade das Escrituras é a **consistência** de sua Mensagem entre tantos escritores, ao longo de tantos anos, oriundos de tantos e variados contextos. Todos eles escreveram a mesma mensagem consistente, sem que jamais tenham se encontrado para que pudessem colaborar mutuamente com suas percepções.

> **Salmo 19:7-9** *"A lei do Senhor é perfeita, e revigora a alma. Os testemunhos do Senhor são dignos de confiança, e tornam sábios os inexperientes. Os preceitos do Senhor são justos, e dão alegria ao coração. Os mandamentos do Senhor são límpidos, e trazem luz aos olhos. O temor do Senhor é puro, e dura para sempre. As ordenanças do Senhor são verdadeiras, são todas elas justas."*

Todos eles tinham a mesma mensagem e à medida que "suas" mensagens se cumpriam, sua origem coesa e divinamente ordenada era confirmada. Falamos frequentemente da melhor sabedoria que vem de ver as coisas em retrospectiva. Quanto mais manuscritos são descobertos, mais se confirma o milagre de ter as palavras de Deus na memória escrita.

Nós, portanto, construímos nossas vidas sobre a Bíblia como a Palavra inerrante de Deus. Eu o encorajo a ter em alta consideração a sua Bíblia. Valorize seu conteúdo, pois ele contém as chaves da vida eterna. Em certa ocasião, Jesus apontou às pessoas o fato de que elas permaneceriam em erro enquanto não conhecessem as Escrituras.

> **Mateus 22:29** *"Jesus respondeu: 'Vocês estão enganados porque não conhecem as Escrituras nem o poder de Deus!"*

A Bíblia é a inerrante Palavra de Deus

A Bíblia é o livro mais respeitado já escrito. Foi escrita ao longo de um período de 1.500 anos por mais de 40 autores que escreveram mensagens de Deus conforme o Espírito Santo os inspirava.

- **Pode ser considerada o manuscrito mais confiável já escrito**

Os muitos manuscritos confirmam sua exatidão. Em **primeiro** lugar, temos o **_número_** *de manuscritos* que comprovam ser exatamente iguais e, em segundo lugar, temos *a **_consistência_** dos manuscritos*, provando, sem dúvida, sua confiabilidade. Nenhum outro documento histórico tem tantos manuscritos consistentes.

- **Consiste em uma compilação de mais de 40 escritores**

A autoridade da Bíblia como a Palavra de Deus é ainda mais reforçada pela mensagem forte e consistente, independentemente de ter sido escrita por mais de 40 escritores, muitos dos quais viveram em épocas e circunstâncias diferentes. A única conclusão a qual podemos chegar é que as mensagens foram todas de autoria do Espírito Santo e postas no papel por esta variedade de homens e mulheres. Você dificilmente encontra um escritor sendo consistente ao longo de sua vida, mas esses mais de 40 escritores falaram a partir do mesmo coração e da mesma boca.

- **Escrita ao longo de um período de 1.500 anos**

O período durante o qual esses autores escreveram se estende por mais de 1.500 anos. Para colocar isso em perspectiva, basta pensar o quanto a vida e a humanidade evoluíram nos últimos 1.500 anos. No entanto, suas mensagens transcenderam além do primitivismo, distinções de classe, educação e comunicação contextual. A mensagem continua a nos falar, independentemente do quão desenvolvida e evoluída a vida possa ser.

- **Mais de 5 bilhões de bíblias impressas**

A Bíblia continua sendo o livro mais impresso de todos os gêneros no planeta. Nenhum outro livro foi tão reproduzido quanto a Bíblia. Este é um feito notável, considerando-se que ela foi proibida e queimada em muitas revoluções turbulentas. Muitos tentaram diminuir sua influência e mensagem ao longo de sua história, porém, independentemente das muitas tentativas de destruí-la, ela continua sendo o livro mais impresso, ano após ano.

- **Mais de 100 milhões de bíblias vendidas todos os anos**

É relatado, e amplamente conhecido, que a Bíblia continua a vender mais de 100 milhões de cópias por ano.

- **Primeiro livro a ser impresso**

A invenção da imprensa, por <u>**Gutenberg**</u>, também viu a produção em massa da Bíblia, o primeiro livro a ser reproduzido em grande escala. A Prensa de Gutenberg produziu a primeira forma impressa de qualquer livro ou manuscrito. Foi bastante adequado que ele tenha inaugurado sua linha de produção com a Bíblia.

- **Seus manuscritos são os documentos mais antigos e verificáveis do planeta.**

Continua sendo um dos testemunhos notáveis da grandeza de Deus que Ele tenha sustentado e mantido tal consistência e cuidado meticuloso em cada manuscrito já reproduzido nos vários escritos que fazem parte da Bíblia.

A Composição da Bíblia

A Bíblia foi compilada ao longo de um extenso período de tempo e, por fim, determinada como as Sagradas Escrituras como a desfrutamos hoje. O primeiro cânon das escrituras foi a Bíblia **hebraica** e consistia dos escritos que hoje chamamos de Antigo Testamento.

A Bíblia Hebraica

A Bíblia hebraica é historicamente conhecida como **Tanah**[1], que consiste em três partes ou compilações.

A *primeira parte* consiste em uma compilação dos primeiros cinco livros da Bíblia e é conhecida como a *Torá*.

A **segunda compilação** é conhecida como *Nevi'im*[2] e é formada pelos *"antigos profetas"*, pelos livros de *Josué, Juízes, Samuel e Reis*, e pelos livros proféticos de *Isaías, Jeremias e Ezequiel* e pelos *doze profetas menores*.

A *terceira parte* consiste no **Ketuvim**[3] que inclui os *Salmos, Provérbios e Jó*, e também o *"Hamesh Migillot"* que contém *Lamentações, Ester, Cantares, Rute, Eclesiastes* e os demais livros de *Daniel, Ezra-Neemias e as Crônicas*.[4]

Esta compilação em três partes ficou conhecida como *Tanah* e foi aceita como "Sagradas Escrituras" por volta do ano 2 a.C.[5]

A Septuaginta

A Septuaginta é a primeira **tradução** do *Tanah* para o **grego** e é amplamente utilizada como padrão contra o qual as traduções são medidas. A Septuaginta consiste no Pentateuco, nos Livros Históricos, nos Livros Poéticos e nos Livros Proféticos, tanto os profetas maiores quanto os menores.

- O Pentateuco

O Pentateuco é composto pelos **cinco** *primeiros livros da Bíblia*. Estes são os livros conhecidos por terem sido escritos por Moisés. O Pentateuco consiste em *Gênesis, Êxodo, Levítico, Números e Deuteronômio.*

O Pentateuco nos dá um relato histórico da primeira família e de como ela cresceu e se desenvolveu, sob o propósito de Deus, na família israelita.

O Pentateuco também nos fornece uma sólida estrutura bíblica para viver segundo as leis de Moisés, assim como compreender o significado do Tabernáculo no que se refere ao nosso tempo diário com Deus.

O Pentateuco nos ajuda a compreender a natureza de Deus e Seu trato com Seu povo. Aprendemos que Deus é o Provedor, o Guia, o Grande Pastor, Aquele que opera milagres, o Libertador, o Deus Santo e o Alto Governante das Nações do Mundo.

O Pentateuco nos fornece uma base sólida para construir nossa compreensão de Deus, Seu poder e autoridade. Estes livros se tornarão um ponto de referência constante em sua vida diária, tal como foram na vida dos profetas, de Jesus e dos crentes do Novo Testamento.

Oro para que sua vida seja profundamente enriquecida ao longo da sua jornada pelo Pentateuco.

- **Os Livros Históricos**

Os Livros Históricos são compostos por todos os livros que nos dão um relato histórico da nação israelita, sua conquista da Terra Prometida e como se transformou em uma nação atuante dentro de Canaã. Os Livros Históricos são compostos por *Josué, Juízes, Rute, 1 e 2 Samuel, 1 e 2 Reis, 1 e 2 Crônicas, Esdras, Neemias, Ester e Jó.*

Os Livros Históricos nos ensinam como eles ganharam e perderam batalhas enquanto cresciam em sua fé, assim como suportam as consequências de não caminharem com Deus.

Os Livros Históricos nos mostram a jornada de como Deus conduziu Israel. Ele primeiro os conduziu através de Seus servos obedientes Moisés, Josué, os Juízes, os Sacerdotes, até que eles exigiram um Rei.

Os Livros Históricos nos dão o relato sobre os Reis e como eles lideraram Israel e, mais tarde, o Reino dividido.

- **Os Livros Poéticos**

Os *Livros Poéticos* são formados pelos *Salmos, Provérbios, Eclesiastes, Lamentações e Cântico dos Cânticos.*

Os Livros Poéticos nos fornecem uma incrível orientação para a vida e a sabedoria divina, assim como uma grande orientação para apreender palavras que expressem e apresentem a Deus nossos pensamentos mais profundos e as mais sinceras orações.

- **Os Livros Proféticos**

Os *Livros Proféticos* nos apresentam pronunciamentos proféticos que se dirigiam tanto ao povo de Israel e Judá quanto às Nações e seus Líderes, por intermédio desses Profetas.

Os Livros Proféticos são compostos de duas partes, a saber: Profetas Maiores e Profetas Menores. *Os Profetas Menores* consistem naqueles cuja vida e história pessoal se tornaram um enunciado profético, assim como Deus os usou para falar aos reis e ao povo de seu tempo. Eles são: Oséias, Joel, Amós, Obadias, Jonas, Miquéias, Naum, Habacuque, Sofonias, Ageu, Zacarias e Malaquias.

Os *Profetas Maiores* incluem Isaías, Jeremias, Lamentações de Jeremias, Ezequiel e Daniel. Estes livros foram declarados "maiores" por causa da extensão do texto, e não por serem considerados mais importantes do que os livros proféticos "menores". O profeta do Antigo Testamento tendia a ganhar destaque, especialmente em tempos de crise. Deus usou os profetas para dar direção e sabedoria durante os tempos de crise. Eles também eram usados por Deus para lembrar o povo de suas promessas de aliança.

A relevância da profecia bíblica não é apenas a informação revelada ao povo sobre as circunstâncias que estão sendo enfrentadas em seu tempo ou em um futuro próximo, mas também sobre o que a mensagem revela acerca da natureza de Deus. A profecia na Bíblia é parte da autorrevelação de Deus, através da qual chegamos a conhecê-Lo através do que Ele fez no passado e do que Ele planeja fazer no futuro.

Muitos desses livros proféticos, não apenas falaram sobre as circunstâncias de seu tempo, mas mais especificamente sobre eventos futuros ainda a serem vivenciados. Exemplos disso são encontrados em Daniel, Jeremias, Isaías, Joel e Ageu. De fato, quase todos esses profetas proferiram palavras relevantes para o dia em que vivemos.

A Bíblia

A partir da Septuaginta, a Bíblia foi composta como a temos hoje. A Septuaginta foi traduzida para o grego a partir do texto hebraico de cerca de 200 a.C., e então os livros do Novo Testamento foram escritos e compilados para compor o que conhecemos hoje como a Bíblia. Esta compilação e escrita da parte do Novo Testamento demorou até cerca de **100 d.C.**

O mais antigo texto completo remanescente do Novo Testamento é o "**Codex Sinaiticus**", que foi *"descoberto"* no mosteiro de Santa Catarina, na base do Monte Sinai, no Egito, entre os anos 1840 e 1850.[6] Datando de cerca de 325-360 d.C., não se sabe onde foi escrito, porém é bem possível que tenha sido feito em Roma ou mesmo no Egito.

Muito tem sido escrito ao longo dos anos, em vários conselhos que, sob a orientação de Deus, determinaram quais cartas e evangelhos deveriam ser acrescentados para compor o último Cânone da Escritura como o conhecemos hoje. Esses livros incluídos na Bíblia são chamados canônicos, indicando que o grupo que se reuniu e determinou que a coleção reflete a verdadeira representação da palavra e da vontade de Deus.

A Bíblia é formada pelo *Antigo Testamento* e pelo *Novo Testamento*. As compilações do Antigo Testamento já foram exploradas anteriormente.

- O Novo Testamento

O Novo Testamento é uma coleção de 27 livros que consiste em 4 partes: os quatro evangelhos, os atos dos apóstolos, as epístolas pastorais e um livro profético apocalíptico: Apocalipse.[7] Esses livros foram canonizados como Escritos Sagrados e foram todos escritos entre 50 e 120 AD[8], e confirmados por meio de determinações em vários encontros de líderes da Igreja.

Já em *382 d.C.* no Conselho de Roma[9], a incorporação destes 27 livros foi aceita como parte da Bíblia completa.

- **Os Evangelhos**

Os evangelhos **se compõem** dos relatos de quatro apóstolos, a saber: **Mateus, Marcos, Lucas e João.** Estes quatro livros exploram a vida e o ministério da vida terrena de Jesus e incluem Seus ensinamentos aos discípulos. Os evangelhos também nos dão um relato detalhado do alto preço que Cristo pagou por nossa redenção. Como crentes, nós também abraçamos as instruções dadas aos apóstolos como instruções para todos nós como cristãos.

- **Atos dos Apóstolos**

Atos dos Apóstolos é o relato do *apóstolo Lucas* sobre o ministério e o trabalho dos Apóstolos. Ele também nos dá uma visão do crescimento e desenvolvimento da igreja primitiva. Em muitos aspectos, é um manual para aqueles que desejam liderar igrejas formadoras de discípulos. Ele engloba o essencial da oração, do testemunho, do discipulado, da mordomia, do estudo e da aplicação da Palavra de Deus, assim como sobre a perseverança e a fé em meio a muita perseguição.

- **Epístolas Pastorais**

As Epístolas Pastorais consistem nas várias cartas dos apóstolos a uma variedade de igrejas e indivíduos com grandes ensinamentos e orientação cristã viva para nós hoje.

- Apocalipse

O livro de Apocalipse se compõe de uma visão que João, o Apóstolo, teve na Ilha de Patmos, e nos prepara para o que está por vir para a Igreja e para o mundo. Ele também nos dá um esboço das coisas que virão nesta vida e na eternidade.

Traduções da Bíblia

A primeira tradução da Bíblia, como a conhecemos hoje, foi primeiramente feita em grego, e depois traduzida ao longo dos anos para vários idiomas. Atualmente existem muitas traduções, algumas mais próximas e traduzidas com mais precisão do que outras. Eu recomendo uma tradução que seja mais fácil de entender, mas também uma que apresente as verdades da Palavra de Deus de forma responsável e o mais próxima possível da ideia original.

Ao longo dos anos, ouvi muitos argumentos sobre a tradução específica que deveria ser lida. Ao observar aqueles que mais arduamente argumentaram sobre isso, verifiquei muito pouco dos valores da Bíblia traduzidos em suas vidas. Acredito que precisamos abraçar a Palavra de Deus com abertura para ouvir Sua voz e uma atitude de coração congruente para aplicá-La e colocá-La em prática.

Também acredito que é de suma importância abraçar o Autor e o que temos em nossas mãos, mais do que castigar o meio pelo qual Sua mensagem nos foi trazida. Por fim, temos que abraçar qualquer tradução que usarmos como a autoridade máxima em nossas vidas. Assim, qualquer tradução que usemos deve causar em nós a sensação de que se assemelha muito ao coração e intenção do que Deus deseja nos comunicar.

A Promulgação das Escrituras

- As Tábuas de Pedra

A única instrução escrita que o próprio Deus escreveu, foi a dada a Moisés na montanha.

> **Êxodo 24: 12,** *grifo do autor. Disse o Senhor a Moisés: "Suba o monte, venha até mim e fique aqui;* **e lhe darei as tábuas de pedra** *com a lei e os mandamentos* **que escrevi para a instrução do povo**".

No livro de Daniel temos outro relato de onde o dedo de Deus escreveu uma mensagem na parede. Além desses dois episódios, o restante das palavras do Senhor foi posto no papel sob as instruções do Senhor.

- **Os Escritos em Pergaminhos**

> **Jeremias 30:2-3** *"Assim diz o Senhor, o Deus de Israel: Escreva num livro todas as palavras que eu lhe falei. Certamente vêm os dias", diz o Senhor, "em que mudarei a sorte do meu povo, Israel e Judá, e os farei retornar à terra que dei aos seus antepassados, e eles a possuirão", declara o Senhor.*

Agradeço a Deus por aqueles servos obedientes que escreveram as palavras que Ele lhes deu. É nossa responsabilidade manter Suas Palavras e assegurar que não acrescentemos nem diminuamos ao que Ele disse.

- **A Bíblia de Gutenberg**

A Bíblia de Gutenberg de 1450 foi um dos primeiros livros impressos conhecidos no mundo. A impressa revolucionou a multiplicação dos escritos. Além das origens da Bíblia estarem entre os mais antigos e reputados registros do mundo, a Bíblia de Gutenberg nos forneceu a primeira Bíblia impressa da Vulgata Latina original.

Desde seus primórdios, a Bíblia continuou a ser impressa e hoje continua a ser o livro mais vendido no mundo, ano após ano.

Conclusão

Ao longo da próxima sessão, exploraremos formas de aproveitar ao máximo nosso tempo na Palavra.

Folha de Assimilação

A Autoridade da Bíblia

1. Complete a frase: *A autoridade da Bíblia pode ser defendida a partir de uma dimensão arqueológica, <u>histórica</u> e profética.*

2. Complete a frase: *Os <u>Manuscritos</u> do Mar Morto, entre outros manuscritos históricos, corroboram a exatidão dos escritos e a inerrância das Escrituras.*

3. Complete a frase. *Um dos aspectos para confirmar e validar a autoridade das Escrituras é a <u>consistência</u> de sua mensagem através de tantos escritores, ao longo de tantos anos, de tão variadas origens.*

4. Complete a frase: *A Bíblia foi escrita durante um período de <u>1.500</u> anos por mais de 40 autores que escreveram mensagens de Deus inspirados pelo Espírito Santo.*

5. Complete a frase. *Primeiro, temos o <u>**número**</u> de manuscritos que comprovam ser exatamente iguais, e depois, em segundo lugar, temos a <u>**consistência**</u> dos manuscritos, provando sem sombra de dúvida sua confiabilidade.*

6. Complete a frase: *A autoridade da Bíblia como Palavra de Deus é reforçada ainda mais pela forte mensagem consistente, independentemente de ter sido escrita por mais de <u>40</u> escritores, muitos dos quais viveram em épocas e circunstâncias diferentes.*

7. Complete a frase: *O período durante o qual os escritores escreveram, se estende por mais de <u>1.500</u> anos.*

8. Complete a frase: *A introdução da Prensa de <u>Gutenberg</u> também viu a produção em massa da Bíblia como o primeiro livro a ser reproduzido.*

9. Complete a frase: *O primeiro cânone das Escrituras foi a Bíblia <u>**hebraica**</u>, formada pelos escritos do Antigo Testamento, como a conhecemos hoje.*

10. Como era historicamente conhecida a Bíblia hebraica? _Tanah_

11. A Tanah consiste em três partes. Dê o nome das três partes da Tanah:

- _Torá_
- _Nevi'im_
- _Ketuvim_

12. Como foi chamada a primeira tradução da Bíblia hebraica, e para que idioma foi traduzida? _A Septuaginta, e foi uma tradução para o grego._

13. A Torá também era conhecida por qual nome? _Também era conhecida como o Pentateuco._

14. Complete a frase: O Pentateuco consiste nos **cinco** primeiros livros da Bíblia.

15. Complete a frase: Já em **382 d.C.** no Conselho de Roma[10], a incorporação destes 27 livros foi aceita como parte da Bíblia completa.

16. Cite as três principais formas pelas quais a Palavra de Deus nos foi transmitida por escrito.

- _Tábuas de Pedra_
- _Os Escritos em Pergaminho_
- _Manuscritos_
- _A Prensa de Gutenberg_

10

APROVEITANDO AO MÁXIMO MEU MOMENTO NA PALAVRA
SESSÃO TRÊS

Como posso aproveitar ao máximo meu tempo na Palavra de Deus?
    Nesta sessão exploraremos as maneiras pelas quais podemos nos beneficiar mais do nosso tempo na Palavra, e como este tempo na Palavra pode nos ajudar a crescer e amadurecer melhor.

1. Uma boa disciplina para assimilar a Palavra de Deus é:

- **Assuma um compromisso <u>diário</u> com ela.**

Nada afeta tanto as nossas vidas como a prática consistente de disciplinas espirituais. A melhor maneira de crescer em nossa fé é permanecer conectado à Videira. Os domingos não são os únicos nem os melhores momentos para termos uma ingestão da Palavra de Deus, não, nós precisamos de uma ingestão diária da Palavra.
    Sabemos o valor da alimentação diária para nutrir e manter nosso corpo físico saudável, mas também sabemos que o compromisso de ingerir e receber diariamente a Palavra do Senhor susten-

tará e manterá uma conexão saudável com a fonte de tudo o que precisamos.

> **João 15:7** *"Se vocês permanecerem em mim, e as minhas palavras permanecerem em vocês, pedirão o que quiserem, e lhes será concedido."*

- **Reserve um tempo específico e exclusivo para estar a sós com Deus e em Sua <u>Palavra</u>.**

Geralmente desfrutamos do café da manhã, almoço e jantar em horários determinados. Da mesma forma, devemos programar um horário ou mais na Palavra. Reserve uma hora e um lugar onde você possa estar sozinho com Deus e Sua Palavra.

- **Encontre e siga um plano de <u>leitura</u> da Bíblia.**

Um plano de leitura o ajudará a ler a Bíblia inteira anualmente. Ele também nos ajuda a permanecer no caminho certo para ter uma ingestão equilibrada da Palavra de forma consistente. Um bom plano de leitura da Bíblia consiste em uma parte do Antigo Testamento, uma parte do Novo Testamento, um ou dois Salmos e talvez uma parte dos Provérbios.

Você também pode encontrar planos de leitura da Bíblia no aplicativo *YouVersion Bible App*. O mais importante é que você comece seu plano de leitura hoje.

2. O Método EOPO

Ao ler a Bíblia diariamente, aplique o método EOPO para garantir que você não apenas leia a Bíblia como se fosse outro livro qualquer, mas como ela realmente é: a Palavra de Deus para que você e eu a vivamos. Assuma o compromisso de colocá-la em prática.

O método EOPO significa:

- **E – Escrituras** (A leitura específica do dia),
- **O – Observação** (O que Deus está me dizendo através da leitura de hoje?),
- **P – Prática** (Como posso colocá-lo em prática hoje? Como posso fazê-lo? Comprometa-se a fazê-lo), e
- **O – Oração** (Reserve alguns momentos para orar pela prática e compromisso em sua vida.) Exemplo: *Pai Celeste, hoje o Senhor me falou sobre o perdão através de Sua Palavra. Eu escolho perdoar como Você quer que eu perdoe. Comprometo-me a perdoar aqueles que vão fazer coisas das quais eu não gosto. Eu os perdoo. Perdoo aqueles que me prejudicam me causam dor. Ajude-me a ser rápido a perdoar. Obrigado pelo Seu perdão. Amém.*

3. Ouça e Obedeça!

Encontre Deus através de sua leitura diária da Bíblia. Deus fala, e deseja falar conosco, como Seus filhos. Ouça e Obedeça! Você será sempre encorajado e fortalecido através da leitura e meditação da Palavra.

4. Medite na Palavra

Medite sobre a Palavra de Deus. Pause, enquanto lê, e pense sobre ela. Aprenda a Palavra de Deus.

5. Estude a Bíblia

Pegue as Escrituras que se destacam para você, e aquelas sobre as quais você sente que Deus está lhe falando; aprenda-as de cor, medite sobre elas e lembre Deus de Suas promessas a você regularmente.

6. Seja um homem ou uma mulher da Palavra de Deus.

Por onde começar?

Um bom lugar para começar é lendo o evangelho de João. Leia pelo menos três capítulos do Novo e do Antigo Testamento por dia. Leia também 5 Salmos e 1 capítulo em Provérbios. Isto o colocará em uma boa e saudável dieta de disciplina espiritual. Você levará de 15 a 45 minutos para completar este sistema de leitura da Palavra.

A leitura média de um plano de leitura da Bíblia leva cerca de 20 minutos. Combinado com a meditação e a oração, serão necessários cerca de 60 minutos para dar qualquer tipo de credibilidade ao seu esforço.

Uma boa estratégia para seguir:

Sugiro levar em consideração as seguintes diretrizes quando estiver em seu tempo com a Palavra:

- **A <u>mensagem</u> dos livros**

Cada livro tem uma mensagem. Às vezes, ler a introdução de um livro bíblico para verificar os antecedentes históricos e políticos pode ajudar a entender o tempo e o contexto histórico no qual o livro foi escrito. Muitas vezes, há uma forte ligação entre alguns dos profetas e o tempo em que um certo livro se desenrola. Isto ajuda a encontrar o contexto, bem como a construir uma compreensão unificada de como Deus se comunica e como nosso Deus fiel trabalha com aqueles que O obedecem e O seguem.

- **Deus <u>fala</u> conosco por meio de Sua Palavra**

Permita que o Espírito Santo lhe fale toda vez que você captar Sua Palavra. Ele quer falar. Abra seu coração para ouvi-Lo enquanto você lê e medita na Palavra. A razão pela qual Ele falou com Seu povo na Bíblia ainda é a mesma razão pela qual Ele nos fala hoje. As mesmas coisas que Ele tratou com Seu povo na Bíblia ainda são as mesmas coisas que Ele quer tratar conosco hoje.

- **Como Deus falou a Seus Servos através da <u>Palavra</u>.**

O que muitas vezes ajuda é fazermos a conexão entre a forma como Deus falou com Seus servos ao longo do Antigo Testamento, e como Ele continua a falar conosco hoje. Viva com uma expectativa no seu coração de que Deus falará com você também como Ele falou com Seus servos ao longo de toda a Bíblia. Deus falou nos tempos do Antigo Testamento, nos tempos do Evangelho, e nos tempos do Novo Testamento.

- **Ouça Deus falar conosco <u>hoje.</u>**

É essencial saber que Deus nos fala através da Palavra escrita. Deus também nos fala através do Espírito Santo, enquanto lemos e meditamos sobre Sua Palavra. Ouça a voz do Espírito Santo. Deus nos fala através de Seus servos, que trazem Sua Palavra até nós. Em algum momento de sua caminhada com Deus, Ele não só lhe falará através de Sua Palavra, mas também lhe dará Palavras para entregar aos outros. Enquanto você lê e ora, mantenha sempre uma abertura para entender se o Senhor está lhe falando ou se quer que leve encorajamento a outra pessoa.

- **É essencial que <u>vivamos</u> de acordo com cada Palavra que procede da boca de Deus.**

Assuma o compromisso de colocar a Palavra em prática. Aja de acordo com Sua Palavra para você, assim como os homens e mulheres de Deus agiram e responderam às Palavras que Deus lhes falou. Eles buscaram constantemente a orientação do Senhor em cada decisão de vida que tomaram.

- **Precisamos ser <u>guiados</u> pela Palavra de Deus.**

No Antigo Testamento aprendemos sobre o Urim e o Tumim, as duas pedras usadas para determinar as respostas do Senhor.

> **Êxodo 28:30** *"Ponha também o Urim e o Tumim no peitoral das decisões, para que estejam sobre o coração de Arão sempre que ele entrar na presença do Senhor. Assim, Arão levará sempre sobre o coração, na presença do Senhor, os meios para tomar decisões em Israel."*

O sacerdote deveria estabelecer, de antemão, como a resposta do Senhor seria determinada. Uma dessas ocasiões foi quando Saul pediu ao Senhor que lhe dissesse por que Ele nunca lhe respondera.

> **1 Samuel 14:41-42** *E Saul orou ao Senhor, ao Deus de Israel: "Dá-me a resposta certa. A sorte caiu em Jônatas e Saul, e os soldados saíram livres. Saul disse: "Lancem sortes entre mim e meu filho Jônatas". E Jônatas foi indicado.*

Vemos várias ocasiões em que os líderes não iriam em frente antes de consultar o Senhor.

> **Esdras 2:63** *"Por isso o governador os proibiu de comer alimentos sagrados enquanto não houvesse um sacerdote capaz de consultar Deus por meio do Urim e do Tumim."*

Da mesma forma, precisamos consultar o Senhor antes de tomar decisões. Deixemos a Palavra de Deus guiar e dirigir nossos passos.

> **Salmo 119:105** *"A tua palavra é lâmpada que ilumina os meus passos e luz que clareia o meu caminho."*

> **Provérbios 3:5-6** *Confie no Senhor de todo o seu coração e não se*

apóie em seu próprio entendimento; reconheça o Senhor em todos os seus caminhos, e Ele endireitará as suas veredas.

Precisamos construir nossas vidas com base nos conselhos obtidos na Palavra de Deus. Permita que Deus fale com você diariamente, por meio de Sua Palavra.

- **Não <u>acrescente</u> ou diminua nada às Palavras de Deus**

É essencial que não leiamos na Palavra o que ela não diz, nem acrescentemos ao que diz. Algumas pessoas têm o hábito de estender a verdade da Palavra a tal ponto que nem mesmo se parece com o que a Palavra realmente disse. Leia e aplique como uma criança. Aceite-a como nos foi dada.

> **Deuteronômio 4: 2** "*Nada acrescentem às palavras que Eu lhes ordeno e delas nada retirem, mas obedeçam aos mandamentos do Senhor, o seu Deus, que Eu lhes ordeno.*"

> **Apocalipse 22:18-19** "*Declaro a todos os que ouvem as palavras da profecia deste livro: Se alguém lhe acrescentar algo, Deus lhe acrescentará as pragas descritas neste livro. Se alguém tirar alguma palavra deste livro de profecia, Deus tirará dele a sua parte na árvore da vida e na cidade santa, que são descritas neste livro.*"

Conclusão

A Palavra de Deus é viva e ativa. Ela nos ilumina, nos guia e nos orienta pelos caminhos corretos. Cada momento que passamos nela, ativamos seu poder transformador para nos dirigir, renovar, fortalecer, guiar e edificar. Se Sua Palavra permanecer em nós, daremos muitos frutos.

Folha de Assimilação

Aproveitando ao Máximo Meu Momento na Palavra

1. Complete a frase sobre a prática de boas disciplinas: *Assuma o compromisso de fazer isso <u>diariamente</u>.*
2. Complete a frase: *Reserve um tempo específico e exclusivo para estar sozinho com Deus e Sua <u>Palavra</u>.*
3. Complete a frase: *Encontre e siga um plano de <u>leitura</u> da Bíblia.*
4. Diga o que significa o acrônimo EOPO

- E – <u>*Escritura*</u>
- O – <u>*Observação*</u>
- P – <u>*Prática*</u>
- O – <u>*Oração*</u>

5. Ao se tornar um homem ou uma mulher da Palavra, há algumas estratégias a serem seguidas. Complete as seguintes afirmações.

- *A <u>mensagem</u> dos livros*
- *Deus nos <u>fala</u> através de Sua Palavra.*
- *Como Deus falou a Seus Servos através da <u>Palavra.</u>*
- *Ouça Deus falar conosco <u>hoje.</u>*
- *É essencial que <u>vivamos</u> de acordo com cada Palavra que procede da boca de Deus.*
- *Precisamos ser <u>guiados</u> pela Palavra de Deus.*
- *Não diminua nem <u>acrescente</u> nada às Palavras de Deus.*

11

FURTHER STUDY

Since most of our disciples may be new to the faith, we need to help them understand, The Bible, its Message, and how to receive and live by it daily. The best way to do this is through an intensive weekend encounter like this one.

To make this Encounter an enhanced experience we recommend that you also complete the "Survey of the Bible" course of Bruce Wilkinson from Teach every Nation. Dr. Bruce Wilkinson is a prolific Teacher and this encounter will enrich your understanding and appreciation of the Word of God.

His "Survey of the Bible" course will help you to:

- See the Big Picture. You'll be introduced to the structure of your Bible so you can manage its content, purposes and applications throughout your life.
- Discover Your Story in *His*. You will see the plan of God in creation and His desire to redeem His people from the consequences of sin and to offer redemption to all of mankind.

- Find Learning Fun. Utilizing memory pegs, animation and creative staging, difficult content is made mind-easy and memorization become effortless.
- Understand the Historical Timeline. We've broken the historical timeline into 20 different periods – 10 in the Old Testament and 10 in the New Testament.
- Find Out Who, Why and When. You will be able to match 10 key Bible characters with each of those Old and New Testament historical periods.
- Finally, Pinpoint What and Where. You'll explore maps that make sense, to discover where the Garden of Eden was, where Abraham came from, where Jesus walked, Paul was imprisoned and much more.
- Discover Life Change over the Course of Your Lifetime. Consistent review is a crucial element in making this big-picture tool your own. After just a few sessions, you'll be building on this tool for a lifetime of spiritual growth and ministry.

Small Group Curriculum
(Also Great for Classes,
Family & Personal Devotions)

Survey of the Bible Course

You can purchase this material from www.brucewilkinsoncourses.org

PARTE III
COMPARTILHAMENTO DA FÉ

FINAL DE SEMANA TRÊS

PROGRAMAÇÃO

- Sessão 1 - Introdução ao Compartilhamento da Fé
- Sessão 2 - Partilhar a Nossa Fé de Forma Prática
- Sessão 3 - A Mensagem Prática do Evangelho

12

INTRODUÇÃO PARA COMPARTILHAR NOSSA FÉ

Somos todos testemunhas do que Deus tem feito em nossas vidas. Nosso chamado é testemunhar e compartilhar isso com os outros.

Jesus ensinou a Seus discípulos a disciplina espiritual do <u>testemunho</u> quando os ensinou pela primeira vez na montanha. Ele lhes disse que eram *luz e sal* e que deveriam deixar sua *"luz brilhar tanto diante dos outros para que eles pudessem ver suas boas obras e glorificar seu Pai Celestial"*. Esta é uma clara diretriz para sermos testemunhas, para sermos uma luz para o mundo.

Testemunhar Requer o Compromisso de Sermos "Luz" e "Sal".

>Mateus 5:13-16 *"Vocês são o sal da terra. Mas se o sal perder o seu sabor, como restaurá-lo? Não servirá para nada, exceto para ser jogado fora e pisado pelos homens.* **Vocês são a luz do mundo.** *Não se pode esconder uma cidade construída sobre um monte. E, também, ninguém acende uma candeia e a coloca debaixo de uma vasilha. Ao contrário, coloca-a no lugar apropriado, e assim ilumina a todos os que estão na casa. Assim*

brilhe a luz de vocês diante dos homens, para que vejam as suas boas obras e glorifiquem ao Pai de vocês, que está nos céus."

Ser *"luz"* significa que nos comprometemos a nos expormos publicamente, como um exemplo, para que outros possam ver a *luz de Cristo* brilhando em nossas vidas por meio das **boas ações** que observam em e por meio de nossas vidas.

Ser *"sal"* exige que vivamos dignamente, defendendo os valores do Reino de Deus mediante nossa conduta de alto nível. Por outro lado, ser testemunha também exige que compartilhemos a Palavra de Deus oralmente.

Testemunhar requer o compromisso de pregarmos a Boa Nova.

Durante a despedida, antes de Jesus ascender ao Céu, Ele deu a Seus discípulos a *Grande Comissão*. A Grande Comissão exige que *saiamos* pelo mundo inteiro, **preguemos** a Boa Nova sobre Jesus Cristo e que **discipulemos** as pessoas, transformando-as em seguidoras obedientes de Jesus Cristo.

> **Marcos 16:15** *"E disse-lhes: 'Vão pelo mundo todo e preguem o evangelho a todas as pessoas."*

> **Marcos 16:20** *"Então, os discípulos saíram e pregaram por toda parte; e o Senhor cooperava com eles, confirmando-lhes a palavra com os sinais que a acompanhavam."*

Testemunhar requer compromisso tanto com pregar como com discipular.

Jesus não só exige que Seus seguidores *"vão ao mundo inteiro e preguem o Evangelho"*, mas também exige que eles **discipulem** aqueles cujos corações estiverem abertos e que respondam à mensagem evangélica anunciada.

Mateus 11:19-20 *Portanto, vão e façam discípulos de todas as nações, batizando-os em nome do Pai e do Filho e do Espírito Santo, ensinando-os a obedecer a tudo o que Eu lhes ordenei. E eu estarei sempre com vocês, até o fim dos tempos.*

A igreja em Atos fazia exatamente isso; eles pregavam e faziam discípulos. Jesus nos instruiu a **pregar** o Evangelho e a **ensinar** a nossos discípulos o que Ele nos ensinou. A igreja primitiva fez exatamente isso. Foi este acolhimento mais amplo da instrução final que o Senhor deu a Seus discípulos que deu origem para que ela se tornasse a *Grande Comissão*.

Atos 11:19-21 *"Os que tinham sido dispersos por causa da perseguição desencadeada com a morte de Estêvão chegaram até a Fenícia, Chipre e Antioquia, anunciando a mensagem apenas aos judeus. Alguns deles, todavia, cipriotas e cireneus, foram a Antioquia e começaram a falar também aos gregos, contando-lhes as boas novas a respeito do Senhor Jesus. A mão do Senhor estava com eles, e muitos creram e se converteram ao Senhor."*

Atos 11:25-26 *"Então Barnabé foi a Tarso procurar Saulo [26] e, quando o encontrou, levou-o para Antioquia. Assim, durante um ano inteiro Barnabé e Saulo se reuniram com a igreja e ensinaram a muitos. Em Antioquia, os discípulos foram pela primeira vez chamados cristãos."*

Vemos este padrão replicado em muitos relatos nos Atos dos Apóstolos. Não é de se admirar que a igreja primitiva tenha crescido exponencialmente. Acredito, e vejo, que experimentaremos o mesmo impacto e transformação nas nações que os Apóstolos e a igreja primitiva experimentaram, quando abraçarmos novamente, como corpo de Cristo, como crentes, a **Grande Comissão** como nossa missão. Cobriremos a Terra com a Boa Nova de Jesus Cristo.

Como eles crerão sem que alguém lhes diga?

Periodicamente, precisamos nos perguntar: **Como eles crerão, a menos que nós lhes digamos?** A resposta a esta pergunta deve sempre nos mover a um compromisso de agir e compartilhar nossa fé.

> **Romanos 10:14-15** *"Como, pois, invocarão aquele em quem não creram? E como crerão naquele de quem não ouviram falar? E como ouvirão, se não houver quem pregue? E como pregarão, se não forem enviados? Como está escrito: "Como são belos os pés dos que anunciam boas novas!"*

Jesus nos deu o modelo de pregação e discipulado

Jesus começou Seu ministério terrestre fazendo exatamente isso; Ele pregava uma mensagem de arrependimento aonde quer que fosse. João Batista também começou seu ministério pregando. Os apóstolos fizeram o mesmo. Não é de se admirar que eles pudessem alcançar o mundo inteiro com o Evangelho já que saíram, pregaram, deram testemunho e discipularam os novos cristãos.

> **Mateus 3:1-2** *"Naqueles dias surgiu João Batista, pregando no deserto da Judéia. Ele dizia: 'Arrependam-se, pois o Reino dos céus está próximo". ³ Este é aquele que foi anunciado pelo profeta Isaías."*

> **Mateus 4:17** *"Daí em diante Jesus começou a pregar: 'Arrependam-se, pois o Reino dos céus está próximo."*

Como resultado desta pregação, Jesus encontrou Seus primeiros discípulos. Vemos esse processo modelado por Jesus no evangelho de Lucas. Primeiro Ele pregou e depois realizou um milagre, depois Pedro se ajoelhou diante de Jesus e O seguiu, como Seu discípulo.

> **Lucas 5:1** *"Certo dia Jesus estava perto do lago de Genesaré, e uma multidão o comprimia de todos os lados para ouvir a palavra de Deus."*

Jesus pregou a Palavra de Deus ao lado do lago de Genesaré. Foi então que Ele conheceu Pedro, André, Tiago e João, os donos de dois arrastões de pesca.

> **Lucas 5:4-6** *"Tendo acabado de falar, disse a Simão: 'Vá para onde as águas são mais fundas', e a todos: 'Lancem as redes para a pesca'. Simão respondeu: 'Mestre, esforçamo-nos a noite inteira e não pegamos nada. Mas, porque és tu quem está dizendo isto, vou lançar as redes'. Quando o fizeram, pegaram tal quantidade de peixes que as redes começaram a rasgar-se."*

Jesus realizou um milagre que os espantou. Um dos elementos consistentes que testemunhamos no trabalho da igreja primitiva foi sua obediência apaixonada a **pregar** Jesus, **realizar milagres, sinais e maravilhas, e discipular**. Em meio a uma perseguição severa, a igreja avançou e até ganhou o hostil Império Romano.

> **Lucas 5:8-9** *"Quando Simão Pedro viu isso, prostrou-se aos pés de Jesus e disse: 'Afasta-te de mim, Senhor, porque sou um homem pecador!' Pois ele e todos os seus companheiros estavam perplexos com a pesca que haviam feito."*

Em várias ocasiões, vemos este mesmo padrão de ministério replicado também: pregação, milagres, arrependimento e pessoas se tornando seguidoras.

> **Lucas 5: 10-11** *"Jesus disse a Simão: 'Não tenha medo; de agora em diante você será pescador de homens.' Eles então arrastaram seus barcos para a praia, deixaram tudo e O seguiram."*

Estes primeiros discípulos do Senhor testemunham em primeira mão um milagre, que os impactou tanto que Pedro caiu de joelhos e **confessou** que era um pecador. O impacto de **pregarmos** ou *falarmos* a Palavra de Deus deveria fazer com que as pessoas colocassem sua fé em Jesus.

Pedro pregava, operava milagres e discipulava onde quer que fosse.

O Apóstolo Pedro foi um exemplo de prática desta disciplina espiritual desde o início da Fundação da Igreja. Foi ele quem se levantou no Dia de Pentecostes e pregou aquela mensagem que testemunhou a vinda de 3.000 pessoas a Cristo.

> **Atos 2:14** *"Então Pedro levantou-se com os Onze e, em alta voz, dirigiu-se à multidão: 'Homens da Judeia e todos os que vivem em Jerusalém, deixem-me explicar isto! Ouçam com atenção."*

Pedro Pregava Jesus:

> **Atos 2:22** *"Israelitas, ouçam estas palavras: Jesus de Nazaré foi aprovado por Deus diante de vocês por meio de milagres, maravilhas e sinais que Deus fez entre vocês por intermédio Dele, como vocês mesmos sabem.*

Sua mensagem incluía a morte e a ressurreição de Jesus.

> **Atos 2:31-33** *"Prevendo isso, falou da ressurreição do Cristo, que não foi abandonado no sepulcro e cujo corpo não sofreu decomposição. Deus ressuscitou este Jesus, e todos nós somos testemunhas desse fato. Exaltado à direita de Deus, Ele recebeu do Pai o Espírito Santo prometido e derramou o que vocês agora veem e ouvem."*

Nenhuma pregação é completa, a menos que culmine em uma oportunidade ou um chamado ao **arrependimento** e à **aceitação** de

Cristo como Senhor. A mão do Senhor estará sobre os ouvintes para trazer convicção, mas temos que segui-la, levando-os à salvação.

Foi exatamente isso que aconteceu quando Pedro pregou aquela incrível mensagem no Dia de Pentecostes. As pessoas ficaram tão convictas que perguntaram a Pedro: "O que devemos fazer?" Elas queriam ser salvas. Elas queriam se reconciliar com Deus. Queriam receber esse Jesus em suas vidas.

> **Atos 2:36-41** *"Portanto, que todo o Israel fique certo disto: Este Jesus, a quem vocês crucificaram, Deus o fez Senhor e Cristo.' Quando ouviram isso, ficaram aflitos em seu coração, e perguntaram a Pedro e aos outros apóstolos: 'Irmãos, que faremos?' Pedro respondeu: 'Arrependam-se, e cada um de vocês seja batizado em nome de Jesus Cristo para perdão dos seus pecados, e receberão o dom do Espírito Santo. Pois a promessa é para vocês, para os seus filhos e para todos os que estão longe, para todos quantos o Senhor, o nosso Deus, chamar'. Com muitas outras palavras os advertia e insistia com eles: 'Salvem-se desta geração corrompida!' Os que aceitaram a mensagem foram batizados, e naquele dia houve um acréscimo de cerca de três mil pessoas."*

Em muitas outras ocasiões, vemos o mesmo padrão de testemunho ser seguido: milagres, pregações e pessoas depositando sua fé em Jesus Cristo.

Em Atos dos Apóstolos, capítulo três, lemos sobre o mendigo coxo sendo curado, ao que se seguiu uma oportunidade de compartilhar sobre Jesus de Nazaré. Cinco mil pessoas vieram ao Senhor como resultado deste testemunho sobre o Senhor Jesus ser o Cristo e o Messias Ressuscitado.

> **Atos 3:9-10** *"Quando todo o povo o viu andando e louvando a Deus, reconheceu que era ele o mesmo homem que costumava mendigar sentado à porta do templo chamada Formosa. Todos ficaram perplexos e muito admirados com o que lhe tinha acontecido."*

O foco de sua mensagem era claro: arrependam-se, para que seus pecados possam ser apagados e para que os tempos de refrigério possam chegar.

> **Atos 3:19** *"Arrependam-se, pois, e voltem-se para Deus, para que os seus pecados sejam cancelados."*

O impacto do trabalho do Senhor em Pedro ao trazer testemunho do Senhor Jesus foi incrível. Primeiro, os saduceus e professores da lei ficaram tão furiosos com a mensagem de Pedro e João sobre a ressurreição de Jesus Cristo, que os aprisionaram. Contudo, o impacto da mensagem foi tão poderoso que cinco mil pessoas acreditaram na mensagem. Em segundo lugar, Pedro e João, após a prisão, saíram ainda mais fortes e continuaram na obra do Senhor.

> **Atos 4:2** *"Eles estavam muito perturbados porque os apóstolos estavam ensinando o povo e proclamando em Jesus a ressurreição dos mortos."*

> **Atos 4:4** *"Mas muitos dos que tinham ouvido a mensagem creram, chegando o número dos homens que creram a perto de cinco mil."*

O claro impacto era inegável para todos em Jerusalém e além. Cada vez mais pessoas acreditavam no Senhor, tanto como consequência da demonstração do Poder de Deus, como também de ouvir a Mensagem que foi entregue pelos Apóstolos.

> **Atos 5:12** *"Os apóstolos realizavam muitos sinais e maravilhas entre o povo. Todos os que creram costumavam reunir-se no Pórtico de Salomão."*

> **Atos 5:14-15** *"Em número cada vez maior, homens e mulheres criam no Senhor e lhes eram acrescentados, de modo que o povo também levava os doentes às ruas e os colocava em camas e*

> *macas, para que pelo menos a sombra de Pedro se projetasse sobre alguns, enquanto ele passava."*

Os Novos Crentes Também Pregavam Aonde Quer Que Fossem

Os primeiros crentes espalharam a Palavra de Deus por todos os lugares que foram. O Evangelho era pregado em todos os lugares. A pregação traz a mensagem de que Jesus é o Filho de Deus, e pela fé Nele como seu Senhor e Salvador, Ele pode salvá-lo.

> **Atos 8:4** *"Os que haviam sido dispersos pregavam a Palavra por onde quer que fossem."*

Conforme esses crentes caminhavam, eles pregavam, tanto para judeus como para gentios.

> **Atos 11:19-21** *"Os que tinham sido dispersos por causa da perseguição desencadeada com a morte de Estêvão chegaram até a Fenícia, Chipre e Antioquia, anunciando a mensagem apenas aos judeus. Alguns deles, todavia, cipriotas e cireneus, foram a Antioquia e começaram a falar também aos gregos, contando-lhes as boas novas a respeito do Senhor Jesus. A mão do Senhor estava com eles, e muitos creram e se converteram ao Senhor."*

Vemos como as palavras de Jesus se cumpriram através destes crentes, ao se tornarem testemunhas na Judéia, Samaria e até os confins da Terra. Aqui temos um relato deles pregando aos gregos e mais tarde também aos samaritanos.

Felipe Pregou aos Samaritanos

Felipe foi um dos crentes que se dispersou com a perseguição que eclodiu em Jerusalém. Em vez de recuar, eles foram e espalharam o Evangelho por toda parte, até mesmo para os samaritanos, o que era totalmente contracultural para eles naquela época.

> **Atos 8:5** *"Indo Filipe para uma cidade de Samaria, ali lhes anunciava o Cristo."*

> **Atos 8:12** *"No entanto, quando Filipe lhes pregou as boas novas do Reino de Deus e do nome de Jesus Cristo, creram nele, e foram batizados, tanto homens como mulheres."*

> **Atos 8:25** *"Tendo testemunhado e proclamado a palavra do Senhor, Pedro e João voltaram a Jerusalém, pregando o Evangelho em muitos povoados samaritanos."*

Paulo Começou a Pregar Imediatamente Após Receber a Salvação

O Apóstolo Paulo, imediatamente após vir ao Senhor, começou a pregar e a provar que Jesus era o Messias.

> **Atos 9:20** *"Logo começou a pregar nas sinagogas que Jesus é o Filho de Deus."*

Foi esta atuação obediente em relação à **Grande Comissão** que mudou o mundo inteiro para Jesus.

No capítulo dezesseis de Atos vemos outro exemplo do impacto da **pregação** do Evangelho e de **testemunhar** sobre o Senhor Jesus. Depois que Paulo teve sua visão macedônica, ele e seus companheiros partiram para a **Macedônia** a fim de pregar a Boa Nova de Jesus.

> **Atos 16:10** *"Depois que Paulo teve essa visão, preparamo-nos imediatamente para partir para a Macedônia, concluindo que Deus nos tinha chamado para lhes pregar o Evangelho."*

O resultado de Paulo compartilhar a mensagem de Cristo foi que **o Senhor abriu o coração de Lídia para responder à mensagem de Paulo.**

Atos 16:13-14 *"No sábado saímos da cidade e fomos para a beira do rio, onde esperávamos encontrar um lugar de oração. Sentamo-nos e começamos a conversar com as mulheres que haviam se reunido ali. ¹ Uma das que ouviam era uma mulher temente a Deus chamada Lídia, vendedora de tecido de púrpura, da cidade de Tiatira. O Senhor abriu seu coração para tender à mensagem de Paulo."*

O que aprendemos sobre *testemunhar* através da vida dos Apóstolos, e dos crentes em Atos, é que eles *pregaram* por toda parte e que, o Senhor realmente *trabalhou com eles para confirmar a Palavra*.

Conclusão

Portanto, somos obrigados a assumir o compromisso de testemunhar, compartilhar a nossa fé, pregar e testemunhar o que Deus fez por nós.

Folha de Assimilação
Introdução Compartilhamento da Fé

1. Complete a frase: *Testemunhar requer compromisso de ser* <u>*luz e sal*</u>.
2. Qual passagem bíblica nos ensina esse princípio? <u>*Mateus 5:13-16*</u>
3. Complete a frase: *Testemunhar requer compromisso com* <u>*pregar*</u> *as Boas Novas*
4. Qual versículo bíblico nos ensina este princípio? <u>*Marcos 16:15*</u>
5. Complete a frase: *Testemunhar requer compromisso tanto com pregar quanto como* <u>*discipular.*</u>
6. Qual passagem bíblica nos ensina este princípio? <u>*Mateus 28:19-20*</u>
7. Como o Evangelho se espalha? <u>*Com pessoas pregando o Evangelho*</u>.

8. Qual passagem bíblica nos encoraja a fazê-lo? <u>Romanos 10:14-15</u>
9. O que Jesus nos ensinou a respeito de ministrar? <u>Ele pregava e discipulava.</u>
10. Qual versículo bíblico nos ensina este princípio? <u>Mateus 4:17</u>
11. Qual foi um dos resultados da pregação de Jesus no capítulo cinco de Lucas? <u>Ele encontrou Seus discípulos.</u>
12. Quais foram os acontecimentos principais ocorridos quando Jesus pregou em Lucas 5 versículos 1-11? <u>Ele fez um milagre, Pedro confessou seus pecados, e eles se tornaram seus seguidores.</u>
13. O que Pedro fez no Dia de Pentecostes? <u>Ele pregou.</u>
14. Quantas pessoas vieram ao Senhor como resultado desta pregação? <u>3000 pessoas foram salvas.</u>
15. O que Pedro fez em Atos capítulo 3:9 e nos seguintes? <u>Ele curou um aleijado, pregou e 5000 pessoas vieram ao Senhor.</u>
16. Qual foi sua mensagem principal? Cite um versículo. <u>Atos 3:19.</u>
17. Onde os primeiros crentes pregavam? Cite versículos que comprovem. <u>Eles pregavam em todos os lugares. Atos 8:4, Atos 11:19-21.</u>
18. Qual crente pregou aos samaritanos? Cite versículos que comprovem. <u>Filipe. Atos 8: 5, 12.</u>
19. O que Paulo fez quando foi salvo? Cite versículo que comprove. <u>Ele começou a pregar. Atos 9:20.</u>
20. Paulo entregou uma mensagem em Atos capítulo dezesseis na Macedônia. Qual foi o impacto dessa partilha? Cite versículos que comprovem. <u>Lídia e sua casa vieram ao Senhor. Atos 16:13-14.</u>
21. O que o Senhor fez quando eles pregavam a Palavra? <u>O Senhor trabalhou com eles e confirmou a Palavra.</u>

13

COMPARTILHANDO NOSSA FÉ DE MODO PRÁTICO
SESSÃO DOIS

Nesta sessão, analisaremos formas práticas de compartilhar nossa fé.

Como podemos compartilhar a nossa fé de uma maneira prática?

1. Faça da Grande Comissão a missão da sua vida.

Isto significa que você se compromete a abraçar todos os diferentes aspectos da Grande Comissão e a cumpri-los diariamente. Compartilhar sua nova fé em Jesus é a coisa mais natural para os novos crentes. Eu os encorajo a fazer disto uma missão e disciplina de toda uma vida.

Comprometa-se com esta missão. Ela requer:

- O Compromisso de "ir".
- Que preguemos o Evangelho.
- Que batizemos os que aceitarem a Cristo.
- Que ensinemos os novos crentes a obedecerem a tudo o que Jesus nos ensinou.

2. Assuma o compromisso de calçar os sapatos da prontidão para compartilhar a sua fé.

Somos encorajados a colocar diariamente a **armadura completa de Deus**. Uma das partes essenciais da **armadura de Deus** são os **sapatos da prontidão.** Estar preparados traz dentro de nós uma expectativa de manter os olhos abertos para quando a oportunidade surgir.

Estar preparados também nos deixará menos ansiosos quando tivermos a oportunidade de compartilhar. Também nos torna mais ousados e confiantes, pois esperamos ver como o Senhor abrirá os corações para recebê-Lo como seu Senhor e Salvador.

> **Efésios 6:15** *"E tendo os pés calçados com a prontidão do Evangelho da paz."*

> **Efésios 6:15, A21** *"Calçando os pés com a disposição para o Evangelho da paz."*

Nossa preparação para cada dia deve incluir a prontidão para compartilhar a esperança que temos em Jesus, enquanto procuramos manter nosso bom comportamento.

> **1 Pedro 3:15-16** *"Antes, santifiquem Cristo como Senhor em seu coração. Estejam sempre preparados para responder a qualquer pessoa que lhes pedir a razão da esperança que há em vocês. Contudo, façam isso com mansidão e respeito, conservando boa consciência, de forma que os que falam maldosamente contra o bom procedimento de vocês, porque estão em Cristo, fiquem envergonhados de suas calúnias."*

3. Aprenda a Compartilhar o Evangelho Como os Apóstolos Fizeram

Uma das principais razões pelas quais as pessoas não compartilham sua fé, segundo pesquisa de Lesli White da Beliefnet.com, é que *"não se sentem conhecedoras"* para compartilhar o Evangelho. Em nossa próxima sessão, aprenderemos claramente a mensagem do Evangelho.

O Evangelho

A estratégia e o conteúdo que os apóstolos e os primeiros crentes usaram para compartilhar o Evangelho é bem registrada no Novo Testamento. Fundamentados biblicamente, buscavam intencionalmente o poder do Espírito Santo. Usaram a Palavra de Deus em quase todos os relatos de testemunho sobre Jesus, e dependiam fortemente do Espírito Santo para trazer convicção, e do Senhor para confirmar Sua Palavra através de sinais e maravilhas. Eles pediam aos ouvintes que se reconciliassem com Deus, que se arrependessem de seus pecados e que aceitassem Jesus Cristo como Senhor.

O Apóstolo Paulo, quando se dirigiu à Igreja de Corinto, lembrou-lhes a mensagem evangélica pela qual foram salvos:

> **1 Coríntios 15:1-8** *"Irmãos, quero lembrar-lhes o Evangelho que lhes preguei, o qual vocês receberam e no qual estão firmes. Por meio deste Evangelho vocês são salvos, desde que se apeguem firmemente à palavra que lhes preguei; caso contrário, vocês têm crido em vão. Pois o que primeiramente lhes transmiti foi o que recebi: que Cristo morreu pelos nossos pecados, segundo as Escrituras, foi sepultado e ressuscitou no terceiro dia, segundo as Escrituras, e apareceu a Pedro e depois aos Doze. Depois disso apareceu a mais de quinhentos irmãos de uma só vez, a maioria dos quais ainda vive, embora alguns já tenham adormecido. Depois apareceu a Tiago e, então, a todos os apóstolos; depois destes apareceu também a mim, como a um que nasceu fora de tempo."*

O Evangelho é sobre Jesus Cristo, que **morreu** *por nossos pecados, em nosso lugar, para nos salvar, mas depois* **ressuscitou** *dos mortos e está* **vivo***.* Agora servimos ao Deus vivo! A validação das As Escrituras é notável ao longo desta mensagem, ao longo da pregação de Jesus, Seus discípulos e dos numerosos relatos em que lemos sobre a pregação dos crentes.

1. Cristo Morreu por Nossos Pecados, de Acordo Com as Escrituras.

Cristo morreu por nossos pecados quando ainda estávamos mortos em nossos pecados. Todos nós pecamos e precisamos de um Salvador. Cristo é nosso Salvador.

> **Isaías 53:5** *"Mas Ele foi transpassado por causa das nossas transgressões, foi esmagado por causa de nossas iniqüidades; o castigo que nos trouxe paz estava sobre Ele, e pelas Suas feridas fomos curados."*

Ele foi ferido por nossas transgressões. Ele é também o Cordeiro de Deus que tirou nossos pecados tornando-se o cordeiro sacrificial para satisfazer a exigência de Deus para a remissão dos pecados.

> **João 1:29** *"No dia seguinte João viu Jesus aproximando-se e disse: 'Vejam! É o Cordeiro de Deus, que tira o pecado do mundo!*

Cristo, o Justo, morreu em nosso lugar. Nós merecíamos morrer, mas Cristo tomou nosso lugar na cruz.

> **1 Pedro 2:24** *"Ele mesmo levou em seu corpo os nossos pecados sobre o madeiro, a fim de que morrêssemos para os pecados e vivêssemos para a justiça; por Suas feridas vocês foram curados."*

2. Cristo Ressuscitou Para nos Oferecer uma Esperança Viva e Vida Eterna.

Acreditamos que Cristo foi enterrado, e depois ressuscitou. Ele está vivo e oferece vida eterna a todos os que Nele creem. Vivemos esta vida para Ele para que vivamos com Ele pela eternidade.

> **1 Coríntios 15:19-20, 22** *"Se é somente para esta vida que temos esperança em Cristo, somos, de todos os homens, os mais dignos de compaixão. Mas de fato Cristo ressuscitou dentre os mortos, sendo ele as primícias dentre aqueles que dormiram [...] Pois da mesma forma como em Adão todos morrem, em Cristo todos serão vivificados. "*

A vida eterna só pode ser oferecida por Aquele que ressuscitou dos mortos. Cristo ressuscitou dos mortos e, portanto, Ele oferece a vida eterna a todos que acreditam Nele.

> **João 3:16** *"Porque Deus tanto amou o mundo que deu o seu Filho Unigênito, para que todo o que nele crer não pereça, mas tenha a vida eterna".*

> **João 6:40** *"Porque a vontade de meu Pai é que todo aquele que olhar para o Filho e Nele crer tenha a vida eterna, e eu o ressuscitarei no último dia".*

3. Cristo Está Voltando Para nos Levar Para Estarmos Com Ele Para Sempre.

Jesus está voltando! Ele está voltando para nos levar para estarmos com Ele para sempre. Ele também está vindo para nos recompensar por nossa caminhada Nele. Todos nós estaremos diante Dele, alguns para receber recompensa eterna e outros para serem enviados à condenação eterna.

> **Mateus 16:27** *"Pois o Filho do homem virá na glória de seu Pai, com os Seus anjos, e então recompensará a cada um de acordo com o que tenha feito."*

O próprio Jesus disse que Ele está vindo novamente. Na Escritura acima Ele diz que está voltando como o Galardoador. Jesus também ensinou que quando retornar, Ele nos levará com Ele para estarmos juntos para sempre. Vivemos sempre com esta esperança em nossos corações. Temos uma esperança viva.

> **João 14:3** *"E se Eu for e lhes preparar lugar, voltarei e os levarei para Mim, para que vocês estejam onde Eu estiver.*

O apóstolo Paulo disse em sua carta, à igreja de Tessalônica, que quando Jesus voltar, nós, que ainda estamos vivos, O encontraremos no ar e estaremos com Ele para sempre. Isto é algo pelo qual devemos esperar ansiosamente.

> **1 Tessalonicenses 4:16-17** *"Pois, dada a ordem, com a voz do arcanjo e o ressoar da trombeta de Deus, o próprio Senhor descerá dos céus, e os mortos em Cristo ressuscitarão primeiro. Depois nós, os que estivermos vivos seremos arrebatados com eles nas nuvens, para o encontro com o Senhor nos ares. E assim estaremos com o Senhor para sempre."*

4. Nós O Recebemos Como Senhor Confessando Nossos Pecados e lhe Pedindo Para Ser Nosso Senhor.

A Bíblia nos ensina que Seu sangue nos lava e nos purifica. Somos salvos quando confessamos nossos pecados e confessamos Jesus como o Senhor de nossas vidas. A Bíblia nos ensina em 1 João capítulo 1, que recebemos o perdão quando nos arrependemos e confessamos nossos pecados. O Senhor nos purifica de todos os nossos erros.

> **1 João 1:9** *"Se confessarmos os nossos pecados, Ele é fiel e justo para perdoar os nossos pecados e nos purificar de toda injustiça."*

A Bíblia também ensina que quando abertamente **confessamos Jesus como o Senhor** *de nossas vidas* e simultaneamente acreditamos em nossos corações que Deus O ressuscitou dentre os mortos, seremos salvos.

> **Romanos 10:9** *"Se você confessar com a sua boca que Jesus é Senhor e crer em seu coração que Deus o ressuscitou dentre os mortos, será salvo."*

Pedro concluiu sua mensagem no Dia de Pentecostes com um chamado ao arrependimento.

> **Atos 2:38** *"Pedro respondeu: 'Arrependam-se, e cada um de vocês seja batizado em nome de Jesus Cristo para perdão dos seus pecados, e receberão o dom do Espírito Santo.'"*

O próprio Jesus ensinou esta mensagem evangélica a Seus discípulos

> **Lucas 24:46-47** *"E lhes disse: 'Está escrito que o Cristo haveria de sofrer e ressuscitar dos mortos no terceiro dia, e que em seu nome seria pregado o arrependimento para perdão de pecados a todas as nações, começando por Jerusalém.'"*

Ao apresentamos a Mensagem do Evangelho devemos nos lembrar que:

A Mensagem do Evangelho deve estar contida na <u>Palavra</u> de Deus.

Sempre que Jesus pregava, Ele se referia à Palavra de Deus. Quando Pedro se levantou no Dia de Pentecostes e entregou aquela primeira mensagem do Evangelho, ela estava baseada nas Escrituras. Duas vezes em sua primeira mensagem, ele se referiu às Escrituras.

> **Atos 2:14,16.** *"Então Pedro levantou-se com os Onze e, em alta voz, dirigiu-se à multidão: "Homens da Judéia e todos os que vivem em Jerusalém, deixem-me explicar-lhes isto! Ouçam com atenção: [...] Ao contrário, isto é o que foi predito pelo profeta Joel."*

> **Atos 2:25** *"A respeito dele, disse Davi: 'Eu sempre via o Senhor diante de mim. Porque Ele está à minha direita, não serei abalado."*

Quando Pedro e João falaram na Coluna de Salomão por ocasião da cura de Pedro do aleijado, eles inseriram referências a Moisés e aos Profetas.

> **Atos 3:22-23** *"Pois disse Moisés: 'O Senhor Deus lhes levantará dentre seus irmãos um profeta como eu; ouçam-no em tudo o que ele lhes disser. Quem não ouvir esse profeta, será eliminado do meio do seu povo."*

> **Atos 3:24-25** *"De fato, todos os profetas, de Samuel em diante, um por um, falaram e predisseram estes dias. E vocês são herdeiros dos profetas e da aliança que Deus fez com os seus antepassados. Ele disse a Abraão: 'Por meio da sua descendência todos os povos da terra serão abençoados."*

Quando Pedro e João foram levados perante o Sinédrio por causa de sua pregação e do milagre de cura do aleijado, Pedro se referiu às Escrituras.

> **Atos 4:10-14** *"Saibam os senhores e todo o povo de Israel que por meio do nome de Jesus Cristo, o Nazareno, a quem os senhores crucificaram, mas a quem Deus ressuscitou dos mortos, este homem está aí curado diante dos senhores. Este Jesus é 'a pedra*

que vocês, construtores, rejeitaram e que se tornou a pedra angular'. Não há salvação em nenhum outro, pois, debaixo do céu não há nenhum outro nome dado aos homens pelo qual devamos ser salvos."

Quando Estevão falou em Atos 7, ele se referiu à Palavra de Deus ao longo de sua mensagem. Quando Filipe falou ao Eunuco, quando o Espírito Santo o ordenou a ir para lá, a Mensagem foi baseada nas Escrituras.

A palavra de Deus é verdadeiramente _**viva**_ e _**ativa**_ e capaz de trabalhar poderosamente em nós. Quanto mais a permitimos em nossos lábios, mais poderemos destravar seu poder para trazer mudança e transformação nas vidas das pessoas ao nosso redor.

O Evangelho deve ser centrado em Jesus Cristo como o _Filho_ de Deus.

Sempre que os Apóstolos e os primeiros crentes pregavam e compartilhavam o Evangelho, ele estava sempre centrado em Jesus Cristo. Todo o Evangelho se centrava na obra salvadora de Jesus Cristo na cruz do Calvário. Não se trata de você ou de mim; trata-se de Jesus, e de nós colocarmos nossa fé Nele.

> **Atos 2:22-24** *"Israelitas, ouçam estas palavras: Jesus de Nazaré foi aprovado por Deus diante de vocês por meio de milagres, maravilhas e sinais que Deus fez entre vocês por intermédio dele, como vocês mesmos sabem. Este homem lhes foi entregue por propósito determinado e pré-conhecimento de Deus; e vocês, com a ajuda de homens perversos[a], o mataram, pregando-o na cruz. Mas Deus o ressuscitou dos mortos, rompendo os laços da morte, porque era impossível que a morte o retivesse."*

> **Atos 2:32-33** *"Deus ressuscitou este Jesus, e todos nós somos testemunhas desse fato. Exaltado à direita de Deus, ele recebeu do*

Pai o Espírito Santo prometido e derramou o que vocês agora vêem e ouvem."

Em todas as ocasiões Pedro, e os outros crentes, testemunharam sobre Jesus como o Cristo Ressuscitado.

Atos 3:16 *"Pela fé no nome de Jesus, o Nome curou este homem que vocês veem e conhecem. A fé que vem por meio dele lhe deu esta saúde perfeita, como todos podem ver."*

Atos 3: 18-20 *"Mas foi assim que Deus cumpriu o que tinha predito por todos os profetas, dizendo que o seu Cristo haveria de sofrer. Arrependam-se, pois, e voltem-se para Deus, para que os seus pecados sejam cancelados, para que venham tempos de descanso da parte do Senhor, e ele mande o Cristo, o qual lhes foi designado, Jesus."*

A mensagem do Evangelho é recebida colocando nossa fé em Jesus como Senhor

O Evangelho é recebido pela confissão, e pela fé, ao receber Cristo como Senhor.

Romanos 10: 9-10 *"Se você confessar com a sua boca que Jesus é Senhor e crer em seu coração que Deus o ressuscitou dentre os mortos, será salvo. Pois com o coração se crê para justiça, e com a boca se confessa para salvação."*

Romanos 10:13 *"Porque "todo aquele que invocar o nome do Senhor será salvo."*

A pregação do Evangelho sempre foi e sempre deve ser acompanhada de um forte senso de convicção sobre os ouvintes.

Quando Pedro se levantou no meio dos doze e pregou no Dia de

Pentecostes, uma profunda convicção veio sobre todos aqueles que ouviram a Palavra de Deus. Foi esta mesma forte convicção que acompanhou suas mensagens na sinagoga e em todos os lugares onde pregavam a Palavra. A Palavra de Deus é viva e ativa. O Evangelho é o poder de Deus para mudar vidas.

> **Atos 2:37-40** *"Quando ouviram isso, ficaram aflitos em seu coração, e perguntaram a Pedro e aos outros apóstolos: 'Irmãos, que faremos?' Pedro respondeu: 'Arrependam-se, e cada um de vocês seja batizado em nome de Jesus Cristo para perdão dos seus pecados, e receberão o dom do Espírito Santo. Pois a promessa é para vocês, para os seus filhos e para todos os que estão longe, para todos quantos o Senhor, o nosso Deus, chamar.' Com muitas outras palavras os advertia e insistia com eles: 'Salvem-se desta geração corrompida!"*

> **Atos 11:21** *"A mão do Senhor estava com eles, e muitos creram e se converteram ao Senhor."*

Quando Paulo escreveu à Igreja em Tessalônica, ele os lembrou de como haviam recebido o Evangelho; **com profunda convicção.**

> **1 Tessalonicenses 1:4-5** *"Sabemos, irmãos, amados de Deus, que ele os escolheu porque o nosso evangelho não chegou a vocês somente em palavra, mas também em poder, no Espírito Santo e em plena convicção. Vocês sabem como procedemos entre vocês, em seu favor. "*

Conclusão

Quando guardarmos esses elementos essenciais da mensagem do Evangelho na vanguarda de nossos corações, veremos resultados tremendos, já que o Evangelho é o poder de Deus para mudar vidas.

Romanos 1:16 *"Não me envergonho do Evangelho, porque é o poder de Deus para a salvação de todo aquele que crê: primeiro do judeu, depois do grego."*

Faremos bem em transmitir a mensagem do Evangelho com a verdade da Palavra. Faremos bem em centrar sempre nossa mensagem na obra de Cristo na Cruz, e que Ele é o Cristo Ressuscitado que retorna.

Folha de Assimilação
Compartilhando Nossa Fé de Modo Prático

1. **Complete a frase:** *Faça da Grande Comissão a sua missão de vida.*

2. **Complete a frase e cite o versículo que comprove:** *Assuma o compromisso de calçar os "sapatos de prontidão" para compartilhar sua fé. Efésios 6:15.*

3. **Forneça uma base bíblica para que compartilhemos o Evangelho.** *1 Coríntios 15:1-8.*

4. **Compartilhe brevemente a mensagem do Evangelho e forneça as Escrituras que fundamentem cada ponto:**

- *De acordo com as Escrituras, Cristo morreu por nossos pecados. Isaías 53:5, João 1:29, 1 Pedro 2:24.*
- *Cristo ressuscitou dos mortos para nos oferecer uma esperança viva e vida eterna. 1 Coríntios 15:19-20, 22, João 3:16, João 6:40.*
- *Cristo está voltando para nos levar para estarmos com Ele para sempre. Mateus 16:27, João 14:3, 1 Tessalonicenses 4:16-17.*
- *Nós O recebemos como Senhor confessando nossos pecados e Lhe pedindo para ser nosso Senhor. 1 João 1:9, Romanos 10:9, Atos 2:38, Lucas 24:46-47.*

5. **Complete a frase.** *A mensagem do Evangelho deve ser embasada na Palavra de Deus.* **Por que fazemos isto? Dê pelo menos um exemplo.** *Por causa do exemplo que Cristo nos deu, e para seguir o exemplo de Cristo. Atos 2:14, 16, Atos 2:25, Atos 3:22-23, Atos 3:24-25, Atos 4:10-12.*

6. Dê pelo menos um outro motivo para usar a Palavra de Deus na apresentação da mensagem do Evangelho. *A Palavra de Deus é viva e ativa e capaz de trabalhar poderosamente em nós.*

7. Complete a frase. *O Evangelho deve ser centrado em Jesus Cristo como o <u>Filho</u> de Deus.*

8. Qual passagem das Escrituras mais o exorta mais a apresentar o Evangelho dessa maneira? <u>Atos 2:22-24, Atos 2:32-33, Atos 3:16, Atos 3:18-20.</u>

9. Como recebemos Cristo em nossos corações? Forneça um versículo que embase sua resposta. <u>Recebemos Cristo confessando-O como Senhor e colocando nossa fé em Jesus como Senhor. Romanos 10:9-10.</u>

10. Complete a frase e forneça pelo menos uma referência bíblica que a sustente. *A pregação do Evangelho sempre foi, e sempre deve ser acompanhada de um forte senso de <u>convicção</u> sobre os ouvintes.* <u>Atos 2:37-40, Atos 11:21, 1 Tessalonicenses 1:4-5.</u>

11. O que a mensagem em Romanos 1: 16 diz? <u>O Evangelho é o poder de Deus que traz salvação a todo aquele que crê.</u>

14
A MENSAGEM PRÁTICA DO EVANGELHO
SESSÃO TRÊS

Aqui está uma maneira fácil de se lembrar de compartilhar o Evangelho:

"Toda conversa começa com uma introdução. Dizemos: "Olá, como vai?" Ou "Tudo bem?" ou, fazemos declarações sobre o tempo ou assuntos atuais para iniciar uma conversa. Não é diferente quando iniciamos a apresentação da mensagem do Evangelho. Ela começa com uma introdução, assumindo, é claro, que você já tenha estabelecido uma base a partir da qual você engajou a pessoa e agora esteja pronto para compartilhar o Cristo com ela."

1. Introdução

Olá, como vai? Tudo bem? Você conhece Jesus Cristo? Posso lhe falar sobre Ele?

"Lembre-se, o Evangelho tem tudo a ver com as pessoas colocarem sua fé em Jesus Cristo. Não se trata delas, ou de nós, mas de Jesus. Desejamos reconciliá-las com Deus através da fé em Jesus. No momento em que começamos a testemunhar sobre Cristo, o poder de Deus para salvar as pessoas é ativado, e Deus começa a trabalhar conosco para abrir seus corações para salvá-las. Deus precisa de um mensageiro e quando nos tornamos Seus *mensageiros, o Espírito Santo e Jesus começam a fazer a parte Deles para trazer convicção para salvar nossos ouvintes. Nós entregamos esta mensagem para implorar às pessoas em nome de Cristo que se reconciliem com Deus."*

> **2 Coríntios 5:18-20** *"Tudo isso provém de Deus, que nos reconciliou consigo mesmo por meio de Cristo e nos **deu o ministério da reconciliação**, ou seja, que Deus em Cristo estava reconciliando consigo o mundo, não levando em conta os pecados dos homens, e nos **confiou a mensagem da reconciliação**. Portanto, somos embaixadores de Cristo, como se Deus estivesse fazendo o seu apelo por nosso intermédio. Por amor a Cristo **lhes suplicamos: Reconciliem-se com Deus**."*

A mensagem da Bíblia é clara: **Reconciliem-se com Deus.**

Como podemos nos **reconciliar** com Deus?

Temos que nos reconciliar para entrar em um relacionamento com Jesus, mas precisamos primeiro entender nossa posição e nosso relacionamento com Deus. A maioria de nós não sabia sequer que estava perdida sem Ele.

2. A Humanidade

A humanidade pode ser comparada a um rebanho sem Pastor. A humanidade se encontra presa em seus pecados. Muitos perseguem coisas que os fazem se sentir vivos, mas na verdade tentam lidar com a sensação de estarem vazios, procurando encontrar o propósito de sua existência.

É como amar alguém: até encontrar um lugar em seu coração, a relação permanece sem sentido ou propósito. Fomos criados para viver em comunhão com Deus, entretanto, nossos pecados nos separaram de Deus.

Isaías 59: 1-4 *"Vejam! O braço do Senhor não está tão encolhido que não possa salvar, e o seu ouvido tão surdo que não possa ouvir.* **Mas as suas maldades separaram vocês do seu Deus;** *os seus pecados esconderam de vocês o rosto dele, e por isso ele não os ouvirá. Pois as suas mãos estão manchadas de sangue, e os seus dedos, de culpa. Os seus lábios falam mentiras, e a sua língua murmura palavras ímpias. Ninguém pleiteia sua causa com justiça, ninguém faz defesa com integridade. Apóiam-se em argumentos vazios e falam mentiras; concebem maldade e geram iniqüidade."*

Muitas pessoas vivem vidas não realizadas, sentindo-se vazias por dentro, mesmo que aparentem ser bem-sucedidas e realizadas para os outros. A razão para isto se encontra na Bíblia: **Nossas vidas pecaminosas nos privam da gloriosa presença e da Glória de Deus.** Até que demos a Jesus seu legítimo lugar em nossas vidas, sempre teremos um vazio que só poderá ser preenchido por Ele. Cada pessoa no planeta vive com este vazio e separação dentro de si.

Romanos 3:23 *"Pois todos pecaram e estão destituídos da glória de Deus."*

Todos nós pecamos e estamos mortos em nossos pecados. Adão e Eva pecaram no Éden. Através de seu pecado, o pecado e a morte espiritual vieram para toda a humanidade. Todos nós somos pecadores e precisamos de um Salvador que possa nos salvar de nosso pecado e nos dar a vida eterna.

1 Coríntios 15:22 *"Pois da mesma forma como em Adão todos morrem, em Cristo todos serão vivificados. "*

Até aceitarmos a graciosa obra de Cristo, que já fez provisões para lidar com nossos pecados, o vazio permanece em nós. Isto mudará quando reconhecermos Deus e Seu amor por nós.

3. Deus

Deus nos ama tanto que enviou Seu Filho para pagar o preço de nos redimir de nossos pecados. Ele agora oferece Salvação a todos que aceitam e acreditam em Seu Filho.

> **João 3:16** *"Porque Deus tanto amou o mundo que deu o seu Filho Unigênito, para que todo o que nele crer não pereça, mas tenha a vida eterna".*

Deus é um Deus amoroso que não que ninguém se perca ou pereça em seu pecado. Ele deseja ter um relacionamento restaurado conosco.

> **1 Timóteo 2:3-4** *"Isso é bom e agradável perante Deus, nosso Salvador, que deseja que todos os homens sejam salvos e cheguem ao conhecimento da verdade."*

Deus não quer ver ninguém morrer em seus pecados. Ele prefere que nos arrependamos, que nos voltemos para Ele e vivamos.

> **Ezequiel 18:32** *"Pois não me agrada a morte de ninguém. Palavra do Soberano, o SENHOR. Arrependam-se e vivam!"*

> **Ezequiel 33:11** *"Diga-lhes: Juro pela minha vida, palavra do Soberano, o Senhor, que não tenho prazer na morte dos ímpios, antes tenho prazer em que eles se desviem dos seus caminhos e vivam. Voltem! Voltem-se dos seus maus caminhos! Por que o seu povo haveria de morrer, ó nação de Israel?"*

O que o nosso Deus amoroso quer é que toda a humanidade venha a se arrepender de seus pecados e seja salva pelo sangue de Jesus.

> **2 Pedro 3:9** *"O Senhor não demora em cumprir a sua promessa,*

como julgam alguns. Ao contrário, ele é paciente com vocês, não querendo que ninguém pereça, mas que todos cheguem ao arrependimento."

Isso só é possível por meio de Seu Filho, Jesus Cristo.

4. Jesus Cristo

Quem é Jesus Cristo?

Jesus Cristo é o Filho de Deus, que foi concebido pelo Espírito Santo, e nasceu da Virgem Maria. Ele foi crucificado, morreu por nossos pecados e foi sepultado. No terceiro dia Ele ressuscitou, venceu a morte, para dar a vida eterna a todos que Nele acreditem.

Isaías 53:5 *"Mas Ele foi transpassado por causa das nossas transgressões, foi esmagado por causa de nossas iniqüidades; o castigo que nos trouxe paz estava sobre Ele, e pelas Suas feridas fomos curados."*

João 1:29 *"No dia seguinte João viu Jesus aproximando-se e disse: `Vejam! É o Cordeiro de Deus, que tira o pecado do mundo!`"*

Nós nos apropriamos desta graciosa obra de Cristo, colocando nossa fé em Jesus Cristo para nos salvar.

5. No Que Cremos

"Lembrem-se, estamos pedindo a eles que depositem sua fé em Jesus pela maneira como estamos apresentando o Evangelho. Para que isto permaneça autêntico, precisamos compartilhar com eles a razão de termos colocado nossa fé em Jesus, assim como declarar no que acreditamos. Precisamos fazer uma confissão do que cremos."

Nós cremos que:

- Jesus é o Filho de Deus
- Ele morreu na Cruz por nossos pecados
- Ele ressuscitou no terceiro dia e está vivo
- O perdão por nossos pecados só é encontrado Nele
- Somente Jesus pode nos salvar e nos levar de volta a uma relação restaurada com o Pai.

"É valioso declararmos nossa fé e aquilo em que acreditamos. Estamos compartilhando nossa fé quando declaramos aquilo em que acreditamos. Estamos testemunhando quando declaramos nossa fé."

Aqui está uma versão do Credo Apostólico que adotamos. Aprenda isto de cor e declare sua fé:

Credo Apostólico

Creio em Deus pai todo poderoso, criador do céu e da terra, e em Jesus cristo seu único filho, nosso senhor que foi concebido, pelo poder do Espírito Santo, nasceu da virgem Maria, padeceu sob pôncio Pilatos, foi crucificado, morto e sepultado, desceu a mansão dos mortos, ressuscitou ao terceiro dia subiu aos céus e está sentado a direita de Deus pai todo poderoso donde há de vir e julgar os vivos e os mortos.
Creio no Espírito Santo, em uma única Santa Igreja Cristã e Apostólica, na comunhão dos santos, na remissão dos pecados na ressurreição da carne e na vida eterna. Amém[1]

Eles podem lhe perguntar: *O que devo fazer para acreditar em Jesus? Como posso ser salvo de meus pecados?* Ou, podemos perguntar a eles: *Você acredita em Jesus?* De qualquer forma, se eles não perguntarem, você pode fazer a pergunta e depois passar para o próximo ponto.

. . .

6. Confissão e Fé

Somos salvos quando confessamos nossos pecados e confessamos nossa fé em Jesus Cristo como Senhor e Salvador. Deus ofereceu a vida eterna a todos os que acreditassem em Seu Filho, Jesus Cristo. Quando nos arrependemos de nossos pecados, Ele nos perdoa e restabelece um relacionamento correto com Deus.

> **Romanos 10:9-10** *"Se você confessar com a sua boca que Jesus é Senhor e crer em seu coração que Deus o ressuscitou dentre os mortos, será salvo. Pois com o coração se crê para justiça, e com a boca se confessa para salvação."*

Este versículo da Bíblia realmente tudo resume muito bem: *se confessarmos Jesus como Senhor e acreditarmos em nossos corações que Deus O ressuscitou dentre os mortos"*, seremos salvos. Esta promessa está disponível para todos os que invocam Jesus como seu Senhor.

> **Romanos 10:13** *"Porque todo aquele que invocar o nome do Senhor será salvo."*

A única coisa que precisamos fazer é nos arrepender de nossos pecados, pedir-Lhe que seja nosso Senhor e depositar nossa fé Nele.

> **Atos 2:38** *"Pedro respondeu: 'Arrependam-se, e cada um de vocês seja batizado em nome de Jesus Cristo para perdão dos seus pecados, e receberão o dom do Espírito Santo."*

Jesus deu Sua Vida para nos salvar. Ele está à porta de nossos corações, e bate. Ele quer entrar em nossas vidas.

> **Apocalipse 3:20** *"Eis que estou à porta e bato. Se alguém ouvir a Minha voz e abrir a porta, entrarei e cearei com ele, e ele comigo."*

Acredito que Ele está aqui agora mesmo batendo à porta do seu coração.

" Uma vez tendo partilhado com as pessoas sobre como receber Jesus como seu Senhor e Salvador, você pode perguntar-lhes se querem aceitar Jesus, e depois, perguntar-lhes se você poderia conduzi-las em uma oração pela Salvação."

Temos esta incrível promessa da Bíblia no primeiro capítulo de João, que diz assim: Podemos nos tornar filhos de Deus quando recebemos Jesus em nossas vidas.

João 1:12-13 *"Contudo, aos que o receberam, aos que creram em seu nome, deu-lhes o direito de se tornarem filhos de Deus, os quais não nasceram por descendência natural[d], nem pela vontade da carne nem pela vontade de algum homem, mas nasceram de Deus."*

7. Pergunte

" Depois de compartilhar a sua fé, você precisa lhes dar uma oportunidade para que reajam ao que foi compartilhado com eles. Esta oportunidade é apresentada através de uma ou duas perguntas. Às vezes, como no Livro de Atos quando Pedro testemunhou, as pessoas farão uma pausa para perguntar como podem receber Jesus. Se elas não perguntarem por conta própria, então lhes dê a oportunidade de receber Jesus, perguntando:"

Você quer abrir seu coração e pedir a Jesus que entre em sua vida? Posso guiá-lo em uma oração de confissão para que você aceite Jesus como seu Senhor e Salvador?

" Agora, conduza-os na seguinte oração de confissão. Peça-lhes que repitam a oração depois de você. Faça a oração, frase por frase, e deixe-os repeti-la depois de você."

8. Oração

Deus e Pai Celestial, confesso que sou um pecador. Arrependo-me de meus pecados e peço Teu perdão. Por favor, perdoa-me, salva-me de meus pecados e faze-me hoje Teu filho. Lava-me com o Teu Sangue, purifica-me pelo poder do Teu Espírito Santo. Peço-Te agora que sejas meu Senhor e Salvador. Eu Te peço que entre em minha vida. Peço em nome de Jesus. Amém.

9. Felicitações
Felicite-os por decidirem receber Jesus como o Senhor de suas vidas.

- Afirme que Jesus aceitou a confissão de pecados, de acordo com 1 João 1:9, e que
- Ele perdoou seus pecados.
- Ele os lavou com Seu Sangue.
- Afirme que agora eles são filhos de Deus.

"*A parte final e essencial de quando as pessoas recebem Jesus como seu Senhor e Salvador é a garantia que precisam receber de que não estão sozinhas, que você continuará esta jornada com elas para ajudá-las em seus caminhos como seguidoras de Jesus. É por isto que temos orado e confiado: almas a serem salvas. Agora que vemos nossas orações atendidas, podemos iniciar a segunda fase, fazendo com que sejam batizados e discipulados.*"

Folha de Assimilação
A Mensagem Prática do Evangelho

1. O que usamos no início de nossa apresentação? Dê um exemplo. <u>A. Usamos uma introdução. B. Como você está? Você conhece Jesus Cristo? Posso lhe falar sobre Ele?</u>
2. Qual é o segundo ponto de nossa Mensagem Prática do Evangelho? <u>Começamos a discutir a Humanidade.</u>
3. Que mensagem desejamos transmitir sobre a humanidade? Que passagem da Bíblia você pode usar para fundamentar seu ponto de vista? <u>A humanidade é</u>

como um rebanho sem Pastor. A humanidade se vê presa em seus pecados. Todos nós pecamos e estamos mortos em nossos pecados. Romanos 3:23, 1 Coríntios 15:22.

4. **Qual é o terceiro ponto de nossa Mensagem Prática do Evangelho?** Forneça um versículo para fundamentar sua resposta. *Falamos sobre o amor de Deus. João 3:16.*

5. **Qual é o quarto ponto de nossa Mensagem Prática do Evangelho?** Forneça uma passagem bíblica para fundamentar sua resposta. *Compartilhamos sobre a obra de Jesus Cristo. Ele foi crucificado, morreu por nossos pecados, e foi sepultado. No terceiro dia Ele ressuscitou e venceu a morte, para dar a vida eterna a todos aqueles que acreditassem Nele. Isaías 53:5, João 1:29.*

6. **Qual é o quinto ponto de nossa Mensagem Prática do Evangelho?** *Compartilhamos aquilo em que acreditamos. Compartilhamos também nossa declaração de fé.*

7. **Como podemos concluir o quinto ponto?** *Podemos lhes perguntar: Você acredita em Jesus?*

8. **Qual é o sexto ponto de nossa Mensagem Prática do Evangelho?** Forneça uma passagem bíblica para fundamentar sua resposta. *Compartilhamos a importância de colocar nossa fé em Jesus, confessando-O como Senhor e confessando que acreditamos que Ele é o Filho de Deus. Também confessamos nossos pecados e pedimos Seu perdão. Romanos 10:9-10, Romanos 10:13, Atos 2:38.*

9. **Como podemos concluir o sétimo ponto?** *Fazendo perguntas para concluir: Você quer abrir seu coração e pedir a Jesus que entre em sua vida hoje? Posso conduzi-lo em uma oração para aceitar Jesus como seu Senhor e Salvador?*

10. **Escreva a oração de Salvação.** *Deus e Pai Celestial, confesso que sou um pecador. Arrependo-me de meus pecados e peço Teu perdão. Por favor, perdoa-me, salva-me de meus pecados e faze-me hoje Teu filho. Lava-me com o Teu Sangue, purifica-me pelo poder do Teu Espírito Santo. Peço-Te agora que sejas meu*

Senhor e Salvador. Eu Te peço que entre em minha vida. Peço em nome de Jesus. Amém.

11. **Como podemos encerrar nossa conversa?** *Podemos concluir a mensagem prática do Evangelho felicitando-os por sua decisão, assim como afirmando que Jesus aceitou suas confissões de pecados, segundo 1 João 1 versículo 9, e que Ele perdoou seus pecados e os lavou com Seu Sangue. Devemos afirmar também que eles são agora filhos de Deus.*

PARTE IV
VENCENDO

FINAL DE SEMANA QUATRO

PROGRAMAÇÃO

- Sessão 1 Introdução
- Sessão 2 Preocupações do Mundo
- Sessão 3 Medo
- Sessão 4 Falta de Perdão
- Sessão 5 Luxúria
- Sessão 6 Fé e Obediência

INTRODUÇÃO
SESSÃO UM

Cristo pagou um alto preço para que pudéssemos nos ver livres da escravidão ao pecado. Para garantir que cresçamos, desenvolvamos e frutifiquemos o trabalho gracioso do Espírito Santo em nós, precisamos eliminar aqueles ônus que poderiam nos impedir de ver nossa colheita completa. Cristo nos libertou do pecado e da escravidão. Ele quebrou o jugo da escravidão do pecado; contudo, aprendemos de João que os jovens crentes superam o maligno aplicando o sangue do Cordeiro e apoiando-se na verdade da Palavra de Deus.

O estudo deste final de semana é sobre a superação do maligno. É sobre tirar o jugo e ir embora com a liberdade que Cristo nos trouxe.

> **Gálatas 5:1** *"Foi para a liberdade que Cristo nos libertou. Portanto, permaneçam firmes e não se deixem submeter novamente a um jugo de escravidão."*

> **1 João 2:13-14** *"Pais, eu lhes escrevo porque vocês conhecem aquele que é desde o princípio. Jovens, eu lhes escrevo **porque venceram o Maligno**. Filhinhos, eu lhes escrevi porque vocês conhecem o Pai. Pais, eu lhes escrevi porque vocês conhecem aquele que é*

desde o princípio. Jovens, eu lhes escrevi, porque vocês são fortes, e em vocês a **Palavra de Deus permanece e vocês venceram o Maligno.**"

Apocalipse 12:11 *"Eles o venceram pelo sangue do Cordeiro e pela palavra do testemunho que deram; diante da morte, não amaram a própria vida."*

Cada vez que lemos a Palavra, cada vez que oramos, cada vez que semeamos sementes do Evangelho compartilhando nosso testemunho, cada vez que semeamos sementes financeiras, plantamos em direção a uma colheita espiritual. Jesus prometeu que poderíamos esperar uma colheita de 30, 60 ou 100 vezes mais se plantarmos na terra certa, criarmos raízes e tirarmos de nossas vidas aquilo que poderiam sufocar o fruto de nossa colheita.

Mateus 13:22 *"Quanto ao que foi semeado entre os espinhos, este é aquele que ouve a palavra, mas a preocupação desta vida e o engano das riquezas a sufocam, tornando-a infrutífera."*

Este curso é projetado para remover aqueles hábitos, aptidões, perseguições e práticas evidentes (mas por vezes nem tanto) e invasivos que podem inibir nosso crescimento e gozo da colheita, do nosso serviço ao Senhor.

Os <u>cuidados</u> do mundo, o engano das <u>riquezas</u> e o <u>orgulho</u> muitas vezes consomem o alimento necessário que teria feito com que nossa colheita e o resultado esperado se realizassem. Atitudes persistentes, como mágoa não revelada, medo, falta de perdão, rejeição e ressentimentos, muitas vezes nos impedem de alcançar nossa Terra Prometida.

Podemos vir a observar coisas assim permanecendo na vida de nossos discípulos; então, reservamos um tempo durante este encontro de fim de semana para lidar com isso de forma decisiva. Este curso também foi planejado para direcionar nossas afeições para as coisas certas. Fixar suas afeições nas coisas erradas certamente o distrairá dos propósitos de Deus.

A Bíblia descreve como tais coisas nos afetam na Parábola do Semeador, em Mateus 13. Curiosamente, os espinhos só exigiam a remoção nesta fase do crescimento da semente, pois representava uma ameaça quando ela estava para se reproduzir. Portanto, faz sentido que, depois de desenvolver valores e disciplinas espirituais, que você se livre desses "espinhos" que podem impedi-lo de ser frutífero.

A Bíblia também descreve o que impediu Israel de alcançar sua terra prometida: **a incredulidade e a desobediência**. Estes dois espinhos ainda hoje mantêm boas pessoas fora de sua terra prometida. Ao longo dos anos vimos o terrível impacto que **o medo, a dúvida e a descrença** têm sobre as pessoas, mas também a devastação para aqueles que continuaram com **falta de perdão e amargura**.

Finalmente, consideraremos a **fé e a obediência** como princípios seguros para garantir o nosso sucesso na posse da Colheita Completa e da Boa Terra que Deus nos prometeu.

16

PREOCUPAÇÕES DO MUNDO, ENGANO DAS RIQUEZAS E ORGULHO
SESSÃO DUAS

nalisemos cada uma dessas áreas individualmente durante esta sessão.

Preocupações do Mundo

Desde o início de Seus ensinamentos, Jesus tratou as *"preocupações do mundo"* como uma erva daninha, das quais precisamos nos proteger, as quais devemos erradicar, colocando nossa total confiança e fé em Deus. Em sua essência, as *"preocupações do mundo"* desafiam a Fonte da nossa **Provisão**. e Sua capacidade de nos **proteger**.

> Mateus 13:22 *"Quanto ao que foi semeado entre os espinhos, este é aquele que ouve a palavra, mas a **preocupação desta vida** e o engano das riquezas a sufocam, tornando-a infrutífera."*

Algumas pessoas são conhecidas como **"preocupadas"**. Elas se preocupam com tudo. O que Jesus disse nessa parábola era que as preocupações da vida, ou do mundo, nos impedem de ver nossa esperada *colheita*, e até mesmo podem nos fazer ficar *infrutíferos*. Isso nos desafia muito quando trabalhamos por algo e depois não conseguimos ver o resultado final, ou ver o projeto até a sua conclusão, ou apreciar o fruto de nosso árduo trabalho ou de nosso investimento.

Com o que o mundo se preocupa? Ele se preocupa com o que nós comemos, bebemos e vestimos. Ele se preocupa com a posição, com bens e seu orgulho os impulsiona a ter mais, a manter mais e a pensar mais em si próprio.

> **Mateus 6:25-34** *"Portanto Eu lhes digo: Não se preocupem com sua própria vida, quanto ao que comer ou beber; nem com seu próprio corpo, quanto ao que vestir. Não é a vida mais importante que a comida, e o corpo mais importante que a roupa? Observem as aves do céu: não semeiam nem colhem nem armazenam em celeiros; contudo, o Pai celestial as alimenta. Não têm vocês muito mais valor do que elas? Quem de vocês, por mais que se preocupe, pode acrescentar uma hora que seja à sua vida? Por que vocês se preocupam com roupas? Vejam como crescem os lírios do campo. Eles não trabalham nem tecem. Contudo, Eu lhes digo que nem Salomão, em todo o seu esplendor, vestiu-se como um deles. Se Deus veste assim a erva do campo, que hoje existe e amanhã é lançada ao fogo, não vestirá muito mais a vocês, homens de pequena fé? Portanto, não se preocupem, dizendo: 'Que vamos comer?' ou 'Que vamos beber?' ou 'Que vamos vestir?' Pois os pagãos é que correm atrás dessas coisas; mas o Pai celestial sabe que vocês precisam delas. Busquem, pois, em primeiro lugar o Reino de Deus e a sua justiça, e todas essas coisas lhes serão acrescentadas. Portanto, não se preocupem com o amanhã, pois o amanhã trará as suas próprias preocupações. Basta a cada dia o seu próprio mal."*

De um modo geral, as coisas com que as pessoas se preocupam são tratadas nesta mensagem de Jesus. Deus é nossa fonte. É Aquele que nos alimenta, nos veste e nos protege.

Israel, a certa altura, pensou que era sua própria força que lhes trazia as vitórias, as provisões e a segurança que eles tanto valorizavam, mas o Senhor os lembrou severamente que era o Seu poder que realizava tudo isso por eles. A mensagem resume a essência dos cuidados e preocupações que as pessoas carregam consigo no dia a dia, exatamente o que o Senhor nos ensina a não fazer.

> **Deuteronômio 8:10-18** *"Depois que tiverem comido até ficarem satisfeitos, louvem o Senhor, o seu Deus, pela boa terra que lhes deu. Tenham o cuidado de não se esquecer do Senhor, o seu Deus, deixando de obedecer aos seus mandamentos, às suas ordenanças e aos seus decretos que hoje lhes ordeno. Não aconteça que, depois de terem comido até ficarem satisfeitos, de terem construído boas casas e nelas morado, de aumentarem os seus rebanhos, a sua prata e o seu ouro, e todos os seus bens, o seu coração fique orgulhoso e vocês se esqueçam do Senhor, o seu Deus, que os tirou do Egito, da terra da escravidão. Ele os conduziu pelo imenso e pavoroso deserto, por aquela terra seca e sem água, de serpentes e escorpiões venenosos. Ele tirou água da rocha para vocês, e os sustentou no deserto com maná, que os seus antepassados não conheciam, para humilhá-los e prová-los, a fim de que tudo fosse bem com vocês. Não digam, pois, em seu coração: 'A minha capacidade e a força das minhas mãos ajuntaram para mim toda esta riqueza'. Mas, lembrem-se do Senhor, o seu Deus, pois é ele que lhes dá a capacidade de produzir riqueza, confirmando a aliança que jurou aos seus antepassados, conforme hoje se vê."*

Somos encorajados a não ficar ansiosos por nada, já que Deus é nosso provedor, protetor e Aquele que nos abençoa.

> **1 Pedro 5:7** *"Lancem sobre Ele toda a sua ansiedade, porque Ele tem cuidado de vocês."*

> **Salmo 55:22** *"Entregue suas preocupações ao SENHOR, e Ele o susterá; jamais permitirá que o justo venha a cair."*

Hoje nós declaramos que Deus é nossa força, é Ele quem nos dá a capacidade de produzir riqueza! Também declaramos que foi Ele quem nos salvou e nos trouxe para uma boa terra, onde flui leite e mel. É Ele quem nos dá as vitórias. É Ele que nos permite construir casas, estudar e ter sucesso nos negócios. É Ele que nos permite ter os privilégios dos quais desfrutamos atualmente. Declaramos nossa gratidão a Ele pelas roupas que usamos, pelos alimentos que comemos e pelas bebidas que bebemos.

Tire um momento e declare sua total gratidão e confiança Nele como a fonte de sua vida!

O Engano da Riquezas

Agora, esta parte também aborda a questão do joio que nos rouba de nossa colheita prevista e esperada, **o *engano das riquezas*****.** Os israelitas foram avisados de que quando seu ouro e sua prata aumentassem, precisariam lembrar a si mesmos de que, na realidade, foi o Senhor quem lhes proporcionou essas riquezas e não sua própria bondade ou habilidade.

As pessoas frequentemente têm uma falsa sensação de segurança construída em torno de suas *riquezas e* **tesouros**.

Elas pensam que sua *riqueza* as protege de pandemias, infortúnios ou mesmo da pobreza. No entanto, somos advertidos contra esse falso pensamento.

> **Deuteronômio 8:17-18** *"Não digam, pois, em seu coração: 'A minha capacidade e a força das minhas mãos ajuntaram para mim toda esta riqueza'. Mas, lembrem-se do Senhor, o seu Deus, pois é Ele que lhes dá a capacidade de produzir riqueza, confirmando a aliança que jurou aos seus antepassados, conforme hoje se vê."*

Estas palavras representam um eterno aviso e orientação para todos aqueles que depositam sua confiança em sua riqueza.

O Senhor é Aquele que nos dá <u>riqueza</u>, é Aquele que nos permite <u>prosperar</u>.

Devemos ser eternamente gratos quando Ele nos concede tais bênçãos para serem desfrutadas.

> **1 Samuel 2:7** *"O SENHOR é quem dá pobreza e riqueza; Ele humilha e exalta."*

> **Provérbios 8:18** *"Comigo estão riquezas e honra, prosperidade e justiça duradouras."*

Deus é a fonte de todos os bens, riqueza e prosperidade. Seremos sábios se sempre nos lembrarmos de quem nos concedeu tais bênçãos. O ponto principal é permanecermos gratos e não nos tornarmos orgulhosos e arrogantes, e esquecer o Senhor. Temos o que temos por causa de Sua grande Graça. A Bíblia nos ensina que é através de Sua bênção que aumentamos nossa riqueza.

> **Provérbio 10:22** *"A bênção do Senhor traz riqueza, e não inclui dor alguma."*

O apóstolo Paulo instruiu Timóteo a *"ensinar aqueles que são ricos"* a não colocar sua esperança em suas riquezas, mas a colocar sua esperança em Deus. Se permanecermos dependentes de Deus, mesmo que Ele nos tenha dado grande riqueza, então certamente veremos a boa semente semeada em nossas vidas vir a produzir uma colheita multiplicada. É esta autoconfiança, autossuficiência e independência que nos engana, e acaba sufocando os frutos, impedindo-os de produzirem e de se multiplicarem.

> **1 Timóteo 6:17-19** *"Ordene aos que são ricos no presente mundo que não sejam arrogantes, nem ponham sua esperança na incerteza da riqueza, mas em Deus, que de tudo nos provê ricamente, para a nossa satisfação. Ordene-lhes que pratiquem o bem,*

sejam ricos em boas obras, generosos e prontos a repartir. Dessa forma, eles acumularão um tesouro para si mesmos, um firme fundamento para a era que há de vir, e assim alcançarão a verdadeira vida."

O apóstolo Paulo também ensinou que as pessoas que enriquecem muitas vezes se deixam seduzir por desejos tolos e prejudiciais que as mergulham na ruína e na destruição. Muitas pessoas se desviam de sua fé e se traspassam com muitas tristezas, como resultado da busca desses desejos e prazeres malignos. Nossa atenção é atraída pelo "**engano das riquezas**", na medida em que elas podem nos fazer esquecer quem nos concedeu as bênçãos e nos levar a uma falsa sensação de segurança.

> **1 Timóteo 6:9-10** *Os que querem ficar ricos caem em tentação, em armadilhas e em muitos desejos descontrolados e nocivos, que levam os homens a mergulharem na ruína e na destruição, pois o amor ao dinheiro é a raiz de todos os males. Algumas pessoas, por cobiçarem o dinheiro, desviaram-se da fé e se atormentaram com muitos sofrimentos.*

O desejo e o sonho que Deus tem para nós são conhecidos: Ele deseja nos dar um fim esperado. As mesmas coisas pelas quais trabalhamos em nossa fé, esse é o fruto que Deus deseja que produzamos. O Senhor deseja que sejamos frutíferos e nos multipliquemos muito e vejamos o fim esperado do que buscamos em fé.

As riquezas trazem consigo uma falsa sensação de segurança de que estaremos <u>bem</u> mesmo que nos aconteçam coisas ruins.

Esta falsa segurança nos impede de atingir a fecundidade, enquanto a gratidão, a confiança e a dependência de Deus mantêm viva a expectativa de ver os frutos do nosso trabalho. É exatamente nessa direção que Deus nos exorta e nos encoraja constantemente a seguir.

Jeremias 29:11 *"Porque sou eu que conheço os planos que tenho para vocês', diz o Senhor, 'planos de fazê-los prosperar e não de lhes causar dano, planos de dar-lhes esperança e um futuro."*

Gálatas 6:9 *"E não nos cansemos de fazer o bem, pois no tempo próprio colheremos, se não desanimarmos."*

Orgulho

Outra área que sufoca nossa capacidade de gerar frutos é o orgulho.

- **Orgulho é aquela atitude de autoestima de um <u>egoísmo</u> veemente.**
- Orgulho pode ser descrito como o valor presunçoso e superestimado da importância de uma pessoa.
- Orgulho é a preocupação excessiva com o autocuidado, preocupando-se apenas com você mesmo e com seus próprios interesses.

Desde a época em que Satanás foi expulso da presença de Deus por causa de seu orgulho, as pessoas se tornaram vítimas do orgulho, e isso também os impediu de atingirem uma multiplicação frutífera.

Ezequiel 28:2 *"Filho do homem, diga ao governante de Tiro: Assim diz o Soberano, o Senhor:* **No orgulho do seu coração você diz:** *'Sou um deus; sento-me no trono de um deus no coração dos mares'. Mas você é um homem, e não um deus, embora se considere tão sábio quanto Deus."*

Ezequiel 28:4 *"Mediante a sua sabedoria e o seu entendimento, você granjeou riquezas e acumulou ouro e prata em seus tesouros."*

Ezequiel 28:17 *"**Seu coração tornou-se orgulhoso** por causa da sua* *beleza, e você corrompeu a sua sabedoria por causa do seu esplendor. **Por isso eu o atirei à terra;** fiz de você um espetáculo para os reis."*

O orgulho de Satanás custou-lhe sua posição privilegiada no céu. A Bíblia nos ensina a nos proteger contra o orgulho.

Provérbios 16:18 *"O orgulho vem antes da destruição; o espírito altivo, antes da queda."*

O orgulho certamente nos manterá longe da fecundidade. Se o orgulho não vem do Pai, então ele não deve habitar em nós, se desejarmos obter frutificação. O apóstolo João, em sua primeira carta pastoral, faz um esboço das coisas que são do mundo, mas mais importante, nos mostra aquelas que não são do pai. Como pessoas enxertadas na **"videira"**, extraímos nossa seiva da natureza do nosso Pai Celestial.

A Nova Versão Transformadora define este orgulho como **a ostentação do que temos ou fazemos**. Você pode passar alguns minutos com alguém e saber rapidamente quanto orgulho há nesta pessoa.

1 João 2:16-17, NVT, grifo do autor. *"Porque o mundo oferece apenas o desejo do prazer físico, o desejo intenso por tudo o que vemos e **o orgulho de nossas realizações e bens**. Isso não provém do Pai, mas do mundo. E este mundo passa, e com ele tudo o que as pessoas tanto desejam. Mas quem faz o que agrada a Deus vive para sempre."*

Na mensagem de Jesus em João 15 sobre a videira, os ramos e o fruto, aprendemos que há uma correlação direta entre nossa conexão com Cristo, como a videira, e o fruto que produzimos. Se o orgulho não vem do Pai, extrair nossa seiva do orgulho não produzirá o fruto que desejamos dar em nossas vidas.

E se o orgulho expulsou Satanás do céu, imagine o quanto ele pode nos manter longe da presença de Deus!

Conclusão

Procure em seu coração e exponha todo e qualquer orgulho em sua vida. O que buscamos com este curso é ajudar você a transformar a boa semente da Palavra, semeada em sua vida, em uma colheita frutífera. O que aprendemos nesta sessão é como os cuidados deste mundo, o engano das riquezas e o orgulho são aquelas aptidões que sufocam a semente e a impedem de se tornar e produzir uma colheita multiplicada.

Folha de Assimilação

A Mensagem Prática do Evangelho

1. Complete a frase: *Em sua essência, as "preocupações do mundo" desafiam a Fonte de nossa provisão e Sua capacidade de nos proteger.*
2. Como as preocupações do mundo nos deixarão em relação às nossas expectativas? *Nos deixarão com a sensação de estarmos sendo roubados e infrutíferos.*
3. O que são as preocupações do mundo? *As preocupações do mundo estão tipicamente relacionadas ao que comemos, bebemos ou vestimos. Também nos preocupamos com nossa posição, posses e nosso orgulho.*
4. Em sua opinião, quais passagens das escrituras melhor definem e lidam com as preocupações do mundo? *Mateus 6: 25-34; Deuteronômio 8: 10-18; 1 Pedro 5: 7; e Salmos 55:22.*
5. Complete a frase: *As pessoas pensam que suas riquezas as protegem de pandemias, infortúnios ou mesmo pobreza, porém, somos advertidos contra esse falso pensamento.*

6. Complete a frase: *As pessoas geralmente têm uma falsa sensação de segurança construída em torno de suas riquezas e <u>bens</u>.*
7. Complete a frase: *O Senhor é quem nos dá <u>riquezas</u> e quem nos permite <u>prosperar</u>.*
8. Quais textos bíblicos melhor nos orientam a pensar profundamente sobre tesouros, riquezas e bens? <u>Deuteronômio 8:17; 1 Samuel 2: 7; Provérbios 8:18; Provérbios 10:22; 1 Timóteo 6: 17-19.</u>
9. Complete a frase: *Orgulho é aquela atitude de autoestima de um <u>egoísmo</u> veemente.*
10. Que impacto o orgulho teve sobre Satanás? Fundamente sua resposta com trechos das Escrituras. <u>Satanás foi expulso da presença de Deus. Ele perdeu seu lugar e posição no céu. Ezequiel 28: 2, 4, 17.</u>
11. Quais versículos bíblicos nos alertam contra o impacto do orgulho? <u>Provérbios 16:18, 1 João 2: 16-17.</u>
12. Complete a frase: *O orgulho certamente nos impedirá de sermos <u>fecundos</u>.*

17

MEDO E INCREDULIDADE
SESSÃO TRÊS

O medo e a <u>incredulidade</u> são dois inimigos que podem nos impedir de ver o fruto de nosso trabalho. Estas duas guerreiam contra a boa semente semeada em nós. Esta sessão trata de identificar o **medo e a incredulidade** em nossos corações e de deslocá-los com **fé e obediência**, para que possamos colher nossa colheita.

Medo

O medo é um cardo e um espinho que impedem muitos crentes de colher sua colheita tão esperada. O medo pode nos manter fora de nossa terra prometida. Somos constantemente confrontados com circunstâncias que nos convidam a temer ou a enfrentar pela fé. O Novo Testamento nos ensina um poderoso princípio a ser lembrado: que Deus não nos deu um Espírito de medo.

> **2Timóteo 1:7, grifo do autor.** *"Pois Deus não nos deu **espírito de <u>covardia</u>**, mas de poder, de amor e de equilíbrio."*

O Espírito do Senhor é um Espírito de amor, poder e uma mente sadia, mas muitos, mesmo crentes, lutam com um espírito de medo que os atormenta. **Viver com medo não é de Deus.** Eu oro para que vocês conheçam a verdade e permitam que a verdade da Palavra de Deus inunde suas almas hoje, para que vocês possam se livrar do medo e se encherem de fé e esperança.

> **João 8:32** *"E conhecerão a verdade, e a verdade os libertará."*

A Bíblia King James registra **63 casos** em que o Senhor ordenou a Seus seguidores que *não temessem*. A NVI registra **107 ocasiões** em que o Senhor diz: *"Não temas"*.

A Bíblia nos desafia a não ceder ao medo, mas a viver pela fé.

Sempre que estamos diante de um desafio, **temos uma escolha** a fazer: ou ceder ao espírito de medo ou enfrentá-lo pela fé.

Incredulidade

A <u>incredulidade</u> é o ato de abraçar os medos e as dúvidas ao invés das promessas de Deus. A dúvida e a descrença mantiveram os israelitas, que Deus libertou das mãos dos poderosos governantes egípcios, fora de sua terra prometida.

> **Hebreus 3:19** *"Vemos, assim, que por causa da incredulidade não puderam entrar."*

A incredulidade está presente em tantas pessoas, não é de admirar que tão poucas cheguem à terra prometida. Pode-se detectar rapidamente a incredulidade quando as escutamos. Não é raro ouvi-las dizendo: *Eu não acredito nisso*. Embora possam estar falando sobre coisas do cotidiano, elas se acostumaram a afirmar constantemente o que não acreditam, lugar de afirmar aquilo em que acreditam. Isto se torna o sistema de como agem e respondem à vida em geral. Como crentes, somos chamados a viver pela fé, em outras palavras, pelo que acreditamos.

O Antigo Testamento nos apresenta uma série de exemplos maravilhosos com os quais muitos de nós podemos nos identificar em nossas circunstâncias atuais.

Hagar

O primeiro deles é Hagar, uma serva, sem direitos ou acesso à justiça em sua situação precária. Ela teve um filho com seu amo, e agora a esposa do amo a expulsou para cuidar de si e de seu filho. Embora Sarai tivesse sido parte interessada neste arranjo original de Hagar ter um filho com Abrão, a situação ficou fora de controle após o nascimento de Ismael.

> Gênesis 16:2,4 *"Disse a Abrão: `Já que o Senhor me impediu de ter filhos, possua a minha serva; talvez eu possa formar família por meio dela.` Abrão atendeu à proposta de Sarai. . [...] Ele possuiu Hagar, e ela engravidou.*

A gravidez e o desprezo de Hagar tanto enfureceram Sarai que ela se livrou dela, com o consentimento de Abrão.

> Gênesis 16:6 *"Respondeu Abrão a Sarai: `Sua serva está em suas mãos. Faça com ela o que achar melhor.` Então Sarai tanto maltratou Hagar que esta acabou fugindo."*

Depois que o Anjo do Senhor a encontrou, ela voltou àquela situação hostil, mas 14 anos depois, quando Isaque nasceu, ela foi finalmente expulsa de casa.

> Gênesis 21:8-11 *"O menino cresceu e foi desmamado. No dia em que Isaque foi desmamado, Abraão deu uma grande festa. Sara, porém, viu que o filho que Hagar, a egípcia, dera a Abraão*

> estava rindo de^a Isaque, e disse a Abraão: `Livre-se daquela escrava e do seu filho, porque ele jamais será herdeiro com o meu filho Isaque.` Isso perturbou demais Abraão, pois envolvia um filho seu. "

Este assunto angustiou muito Abraão, e com razão. Ele teve que mandar seu filho, Ismael, e a mãe dele embora. Tenho certeza de que ele também estava ansioso com o bem-estar deles. O que me abençoou nesta parte é que Deus viu sua angústia e o consolou antes que ele os enviasse. Deus tem um bom plano para cada um de nós, mesmo que em nossa angústia talvez não o vejamos, Ele tem um plano para cada uma de nossas vidas.

> **Gênesis 21:12-13** "Mas Deus lhe disse: `Não se perturbe por causa do menino e da escrava. Atenda a tudo o que Sara lhe pedir, porque será por meio de Isaque que a sua descendência há de ser considerada. Mas também do filho da escrava farei um povo; pois ele é seu descendente.`"

Hagar foi embora com seu filho e ficou vagando sem rumo até que suas provisões acabassem. Em seu desespero, ela colocou seu filho em um lugar onde não pudesse ouvir seus gritos, sentou-se e chorou de pura angústia e miséria.

> **Gênesis 21:12-13** Deus ouviu o choro do menino, e o anjo de Deus, do céu, chamou Hagar e lhe disse: "O que a aflige, Hagar? Não tenha medo; Deus ouviu o menino chorar, lá onde você o deixou."

> **Gênesis 21:17** "Deus ouviu o choro do menino, e o anjo de Deus, do céu, chamou Hagar e lhe disse: `O que a aflige, Hagar? Não tenha medo; Deus ouviu o menino chorar, lá onde você o deixou.`"

Cada vez que Hagar se encontrava em tal desespero, a Palavra de Deus nos diz que Deus a viu e ouviu.

"O medo domina nossos corações porque pensamos que Deus <u>não vê nem ouve</u> o desespero de nossas circunstâncias".

Antes que o Senhor lhe desse uma resposta ao seu desespero, Ele primeiro exigiu que ela desse um passo em obediência e fé. Ela teve que levantar seu filho e levantá-lo pela mão. Uma vez que o fez, a Palavra de Deus nos diz que Deus lhe abriu os olhos e ela viu o poço de água. Deus também lhe deu uma promessa maravilhosa do bem-estar futuro de seu filho.

> **Gênesis 21:18-20** "`Levante o menino e tome-o pela mão, porque dele farei um grande povo.` Então Deus lhe abriu os olhos, e ela viu uma fonte. Foi até lá, encheu de água a vasilha e deu de beber ao menino. Deus estava com o menino. Ele cresceu, viveu no deserto e tornou-se flecheiro. "

Esta situação se apresenta diariamente na sociedade moderna: meninas engravidam dos filhos de seus empregadores, chefes ou simplesmente de pessoas mais poderosas e de posição social mais alta do que a delas, e então, quando sua gravidez se torna conhecida, são jogadas fora para cuidarem de si próprias. Só de mencionar isso, me dá calafrios na coluna. Só de pensar no desespero, na injustiça e na crueldade já dá para fazer com que até mesmo os mais pacatos cidadãos se tornem ativistas dos direitos humanos.

A verdade é que aqueles que sofrem tais injustiças são frequentemente pessoas cheias de medo e ansiedade, e com razão, não é verdade? Eu quase posso sentir o medo e a ansiedade de Hagar. O desespero da situação em que ela se encontrava. *O que vai acontecer comigo? O que vai acontecer com meu filho? Como eu vou viver? O que vamos comer? Para onde podemos ir? Onde vamos morar? O que as pessoas vão dizer?* Estas são apenas algumas das muitas perguntas que eu acho que quem se encontra na mesma situação de desespero se faz.

O que é importante saber numa situação de desespero é que **Deus ouve, Deus vê, e abrirá um caminho** onde parece não haver saída ou solução.

> **Gênesis 21:17, grifo do autor.** *"Deus ouviu o choro do menino, e o anjo de Deus, do céu, chamou Hagar e lhe disse: `O que a aflige, Hagar? **Não tenha medo**; Deus ouviu o menino chorar, lá onde você o deixou.`"*

O Senhor respondeu a ela com estas palavras tremendamente consoladoras: **"Não tenha medo!"** O medo se apodera até dos mais durões de nós. Que possamos extrair coragem do modo como o Senhor interveio no desespero de Hagar.

Isaque

Durante as viagens de Isaque, houve uma grande fome na terra.

> **Gênesis 26:1** *"Houve fome naquela terra, como tinha acontecido no tempo de Abraão. Por isso Isaque foi para Gerar, onde Abimeleque era o rei dos filisteus."*

Isaque era um pastor com muitos animais, portanto o início de uma fome traria para ele ansiedade e medo pelo que o futuro reservava para ele e seu gado. O espantoso é que tão logo a consideração foi feita no coração de Isaque, Deus lhe deu, não apenas orientação e instrução sobre o que fazer, mas também uma maravilhosa confirmação da promessa que Ele dera pela primeira vez a seu Pai Abraão. Essa promessa de Deus não apenas garantiu orientação para o desafio que então enfrentavam, mas também garantiu esperança para o futuro. A resposta chave de Isaque para sua aflição, se vê no versículo 6, onde a Palavra diz: **"Isaque ficou"**. Ele superou uma terrível situação de medo obedecendo à diretriz do Senhor.

> **Gênesis 26:2-6** *"O Senhor apareceu a Isaque e disse: `Não desça ao*

*Egito; procure estabelecer-se na terra que Eu lhe
indicar. Permaneça nesta terra mais um pouco, e Eu estarei
com você e o abençoarei. Porque a você e a seus descendentes
darei todas estas terras e confirmarei o juramento que fiz a seu
pai, Abraão. Tornarei seus descendentes tão numerosos como as
estrelas do céu e lhes darei todas estas terras; e por meio da sua
descendência todos os povos da terra serão abençoados, porque
Abraão Me obedeceu e guardou Meus preceitos, Meus manda-
mentos, Meus decretos e Minhas leis.` Assim Isaque ficou em
Gerar."*

Isaque então enfrentou um desafio com Abimeleque, uma vez que temia por sua vida, pois previa que os homens da cidade poderiam matá-lo por sua bela esposa, Rebeca. Em seu medo, ele disse a todos que ela era sua irmã, quando na verdade ela era sua esposa. Quando foi descoberto pelo rei, ele temeu ainda mais por sua vida, mas em seu medo, Deus veio e o consolou novamente.

Gênesis 26:9 *"Então Abimeleque chamou Isaque e lhe disse: 'Na
verdade ela é tua mulher! Por que me disseste que ela era tua
irmã?' Isaque respondeu: 'Porque pensei que eu poderia ser
morto por causa dela.''*

Permanecer em obediência, ainda que as circunstâncias parecessem se empilhar contra ele, manteve Isaque em uma posição na qual Deus poderia trazer grandes bênçãos sobre ele. **O lugar onde ele temeu por sua vida é o mesmo lugar em que Deus trouxe grande abundância para Isaque.** Gênesis 26, versículos 12 em diante, nos diz como Deus o fez prosperar.

Gênesis 26:12-13 *"Isaque formou lavoura naquela terra e no mesmo
ano colheu a cem por um, porque o Senhor o abençoou. O
homem enriqueceu, e a sua riqueza continuou a aumentar, até
que ficou riquíssimo.'*

Sua obediência em ter ficado onde Deus queria, mesmo que as circunstâncias naturais o chamassem para sair, mesmo sendo confrontado pelo medo por sua vida, foi recompensada por Deus. O Senhor recompensou sua fé e obediência, fazendo-o prosperar muito.

Ele se tornou tão próspero que o rei Abimeleque lhe pediu que partisse. Quanto aos lugares por onde viajou, ele abriu velhos poços, porém, o pastor local continuava ou fechando ou tirando-lhe a posse dos poços. Esta deve ter sido uma experiência muito temerosa e desafiadora.

> **Gênesis 26:16** *"Então Abimeleque pediu a Isaque: 'Sai de nossa terra, pois já és poderoso demais para nós."*

Depois de uma série de expropriações, ninguém discutiu por causa de um dos poços que ele chamou de Reobote. Perseverança e persistência sempre compensam quando permanecemos obedientes a Deus e confiamos nele em todas as coisas. Quando Isaque finalmente mudou-se para Berseba, Deus apareceu a ele à noite e novamente o confortou com uma promessa, mas não antes de primeiro assegurá-lo de Sua Presença: **"Não tenha medo, porque Eu estou com você"**.

> **Gênesis 26:22** *"Isaque mudou-se dali e cavou outro poço, e ninguém discutiu por causa dele. Deu-lhe o nome de Reobote, dizendo: 'Agora o Senhor nos abriu espaço e prosperaremos na terra."*

> **Gênesis 26:23-25**, grifo do autor. *"Dali Isaque foi para Berseba. Naquela noite, o Senhor lhe apareceu e disse: 'Eu sou o Deus de seu pai Abraão.* **Não tema, porque estou com você;** *eu o abençoarei e multiplicarei os seus descendentes por amor ao meu servo Abraão.' Isaque construiu nesse lugar um altar e invocou o nome do Senhor. Ali armou acampamento, e* **os seus servos cavaram outro poço."**

Isaque enfrentou a fome, temendo por sua vida enquanto vivia entre pessoas que poderiam matá-lo por causa de sua esposa, mas no meio de todas essas situações de medo, ele seguiu as orientações do Senhor.

Muitas pessoas se encontram em situações de fome repentina. Algumas vivem em circunstâncias em que temem por suas próprias vidas. Alguns temem que possam perder seus cônjuges. Encontrar conforto nas instruções de Deus, em meio ao medo, sempre traz consigo uma rica recompensa do Senhor. Isaque superou seu medo ficando quando Deus disse para ficar. Ele ter permanecido na terra não apenas o sustentou, mas também o levou a um lugar de abundância.

Moisés

Quando penso em Moisés, penso nas muitas vezes em que ele enfrentou situações assustadoras, até mesmo impossíveis. **Primeiro**, quando Deus o chamou para ir ao Faraó para exigir a libertação de Seu povo, e depois, ao enfrentar todas aquelas pragas. Em **segundo** lugar, há o tempo em que deixaram o Egito e se viram entre o Mar Vermelho e a fúria do Faraó, que se aproximava com seu exército que descia. O que parecia ser uma situação de morte certa acabou sendo um dos momentos mais vitoriosos para Israel, mas não antes de Moisés enfrentar a raiva de seu próprio povo que murmurava, vendo de um lado a aproximação do Exército egípcio e, do outro, o Mar Vermelho. A Bíblia nos diz que foi a fé de Moisés que o levou pelas muitas e temíveis circunstâncias.

> **Hebreus 11:24-29** *"Pela fé Moisés, já adulto, recusou ser chamado filho da filha do faraó, preferindo ser maltratado com o povo de Deus a desfrutar os prazeres do pecado durante algum tempo. Por amor de Cristo, considerou sua desonra uma riqueza maior do que os tesouros do Egito, porque contemplava a sua recompensa. Pela fé saiu do Egito, não temendo a ira do rei, e perseverou, porque via aquele que é invisível. Pela fé celebrou a*

> *Páscoa e fez a aspersão do sangue, para que o destruidor não tocasse nos filhos mais velhos dos israelitas. Pela fé o povo atravessou o mar Vermelho como em terra seca; mas, quando os egípcios tentaram fazê-lo, morreram afogados."*

Moisés falou aos israelitas quando eles estavam presos entre o deserto e o Mar Vermelho. Sua mensagem era clara: "**Não tenham medo. Fiquem firmes**". Ele chegou a dizer-lhes palavras de esperança e confiança: "**Vocês verão a libertação que o Senhor trará hoje**". Estas foram palavras tão encorajadoras para os corações daqueles israelitas, e continuam a encorajar muitos de nós hoje, pois enfrentamos situações de sobrecarga em nossas vidas.

> **Êxodo 14:13-14** *"Moisés respondeu ao povo: 'Não tenham medo. Fiquem firmes e vejam o livramento que o Senhor lhes trará hoje, porque vocês nunca mais verão os egípcios que hoje vêem. O Senhor lutará por vocês; tão-somente acalmem-se."*

Quando Israel enfrentava seus inimigos, Moisés os lembrava e os confortava com as palavras que Deus lhe falava quando enfrentavam situações intransponíveis.

> **Deuteronômio 20:1-4** *"Quando vocês forem à guerra contra os seus inimigos e virem cavalos e carros, e um exército maior do que o seu, não tenham medo, pois o Senhor, o seu Deus, que os tirou do Egito, estará com vocês. Quando chegar a hora da batalha, o sacerdote virá à frente e dirá ao exército: 'Ouça, ó Israel. Hoje vocês vão lutar contra os seus inimigos. Não desanimem nem tenham medo; não fiquem apavorados nem aterrorizados por causa deles, pois o Senhor, o seu Deus, os acompanhará e lutará por vocês contra os seus inimigos, para lhes dar a vitória'."*

Josué

O Senhor instruiu Josué e os israelitas que não temessem quando se preparavam para possuir a terra prometida.

> **Josué 1:9** *"Não fui Eu que lhe ordenei? Seja forte e corajoso!* **Não se apavore, nem desanime,** *pois o Senhor, o seu Deus, estará com você por onde você andar."*

Logo após Israel ter se escondido em uma batalha com o povo de Ai, o Senhor os encorajou novamente a não temer.

> **Josué 8:1** *"E disse o Senhor a Josué: 'Não tenha medo! Não desanime! Leve todo o exército com você e avance contra Ai. Eu entreguei nas suas mãos o rei de Ai, seu povo, sua cidade e sua terra."*

É fácil para nós ler esses encorajamentos hoje, mas o mesmo encorajamento nos é dado quando enfrentamos nossos mares vermelhos, nossos inimigos, nossas circunstâncias terríveis e desafiadoras.

Davi

Davi uma vez enfrentou um gigante, Golias. *Um* homem instilou medo em todo um exército. Eles temiam por suas vidas. Esta situação se estendeu por 40 dias. A Bíblia nos fala da magnitude da ameaça e de como ela os afetou.

> **1 Samuel 17:10-11** *"E [Golias] acrescentou:* **'Eu desafio hoje as tropas de Israel!** *Mandem-me um homem para lutar sozinho comigo". Ao ouvirem as palavras do filisteu,* **Saul e todos os israelitas ficaram atônitos e apavorados.**"

> **1 Samuel 17:16** *"Durante* **quarenta dias** *o filisteu aproximou-se, de manhã e de tarde, e tomou posição."*

Davi veio trazer provisões para seus irmãos, mas enquanto ainda falava com eles, ouviu a voz estrondosa de Golias, e viu todo o exército fugir de Golias com grande medo.

> **1 Samuel 17:23-24**, grifo do autor *"Enquanto conversava com eles, Golias, o guerreiro filisteu de Gate, avançou e lançou seu desafio habitual; e Davi o ouviu. **Quando os israelitas viram o homem, todos fugiram cheios de medo.**"*

Davi estava cheio de fé, apesar de estar vendo e enfrentando o mesmo inimigo. Ele escolheu agir com fé e não com medo. Ele falou de sua fé e não de seu medo.

> **1 Samuel 17:32-36** *"Davi disse a Saul: 'Ninguém deve ficar com o coração abatido por causa desse filisteu; teu servo irá e lutará com ele'. Respondeu Saul: 'Você não tem condições de lutar contra esse filisteu; você é apenas um rapaz, e ele é um guerreiro desde a mocidade.' Davi, entretanto, disse a Saul: 'Teu servo toma conta das ovelhas de seu pai. Quando aparece um leão ou um urso e leva uma ovelha do rebanho, eu vou atrás dele, dou-lhe golpes e livro a ovelha de sua boca. Quando se vira contra mim, eu o pego pela juba e lhe dou golpes até matá-lo. Teu servo pôde matar um leão e um urso; esse filisteu incircunciso será como um deles, pois desafiou os exércitos do Deus vivo."*

Quando o medo aperta seu coração, ele o leva a um discurso mundano e infiel, Davi, porém, fez frente à ocasião, se levantou com fé para ir e combater aquele inimigo de Israel. Seus superiores não pensaram que ele tinha o que era preciso para enfrentar um guerreiro tão experiente, mas **Davi estava confiante, não em suas próprias forças, mas no Deus a quem ele servia.** Este é um exemplo tão maravilhoso para nós, que enfrentamos gigantes muito mais fortes e poderosos do que somos.

> **1 Samuel 17:37** *"O Senhor que me livrou das garras do leão e das*

garras do urso me livrará das mãos desse filisteu.' Diante disso Saul disse a Davi: 'Vá, e que o SENHOR esteja com você."

Davi falou pela fé, não em sua própria força ou habilidade, mas pela fé no Deus vivo.

> **1 Samuel 17:37** *"Davi, porém, disse ao filisteu: 'Você vem contra mim com espada, com lança e com dardos, mas eu vou contra você em nome do Senhor dos Exércitos, o Deus dos exércitos de Israel, a quem você desafiou. Hoje mesmo o Senhor o entregará nas minhas mãos, eu o matarei e cortarei a sua cabeça. Hoje mesmo darei os cadáveres do exército filisteu às aves do céu e aos animais selvagens, e toda a terra saberá que há Deus em Israel."*

A Viúva de Sarepta

A viúva de Sarepta enfrentou devedores que ameaçavam tomar seus filhos como escravos. Quando Elias soube de sua situação, ele lhe falou de esperança.

> **1 Reis 17:14-16** *"Pois assim diz o SENHOR, o Deus de Israel: 'A farinha na vasilha não se acabará e o azeite na botija não se secará até o dia em que o SENHOR fizer chover sobre a terra.' Ela foi e fez conforme Elias lhe dissera. E aconteceu que a comida durou muito tempo, para Elias e para a mulher e sua família. Pois a farinha na vasilha não se acabou e o azeite na botija não se secou, conforme a palavra do SENHOR proferida por Elias."*

Isaías

Uma palavra profética veio através do profeta Isaías para nos encorajar sobre como lidar com situações de medo.

Isaías 41:10-14 *"Por isso não tema, pois estou com você; não tenha medo, pois sou o seu Deus, Eu o fortalecerei e o ajudarei; Eu o segurarei com a minha mão direita vitoriosa. Todos os que o odeiam certamente serão humilhados e constrangidos; aqueles que se opõem a você serão como nada e perecerão. Ainda que você procure os seus inimigos, você não os encontrará. Os que guerreiam contra você serão reduzidos a nada. Pois Eu sou o Senhor, o seu Deus, que o segura pela mão direita e lhe diz: Não tema; Eu o ajudarei. Não tenha medo, ó verme Jacó, ó pequeno Israel, pois Eu mesmo o ajudarei", declara o SENHOR, seu Redentor, o Santo de Israel."*

Você pode viver pela fé ou pode viver pelo medo. Nossos sentidos abrem a porta para o medo ou para a fé. Podemos olhar para a mesma situação através dos olhos do medo, ou podemos olhar para ela com os olhos da fé.

Eliseu

O Rei de Aram estava em guerra com Israel e decidiu montar acampamento contra eles. No entanto, Eliseu enviou uma mensagem ao Rei de Israel para avisá-lo do iminente ataque e emboscada. Quando o Rei de Aram descobriu que o homem de Deus havia frustrado seus planos declarando-os ao Rei de Israel, ele se propôs a matar Eliseu. Durante a noite, o exército arameu cercou a cidade onde Eliseu e seu companheiro passavam a noite. De manhã cedo, quando Geazi acordou, ele viu que toda a cidade estava cercada por este exército, e teve medo. Sim, ele teve medo, porém, quando contou ao homem de Deus que eles estavam cercados, o homem de Deus saiu e disse: "por que você tem medo? Aqueles que são a nosso favor, são mais do que aqueles que são contra nós". Eliseu orou para que os olhos do rapaz fossem abertos. Quando o Senhor abriu seus olhos, ele viu os Anjos de Deus, em carruagens de fogo, por toda parte. Geazi viu que aqueles que eram a favor deles eram mais do que aqueles que eram contra eles. Eles viram a mesma coisa no natural, porém, Eliseu também viu o sobrenatural, e isso fez toda a diferença. Que Deus abra nossos olhos para ver, em todas as situações, que aqueles que são a nosso favor são mais do que aqueles que são contra nós.

> **2 Reis 6:15-17** *"O servo do homem de Deus levantou-se bem cedo pela manhã e, quando saía, viu que uma tropa com cavalos e carros de guerra havia cercado a cidade. Então ele exclamou: `Ah, meu senhor! O que faremos?` O profeta respondeu: `Não tenha medo. Aqueles que estão conosco são mais numerosos do que eles.` E Eliseu orou: `Senhor, abre os olhos dele para que veja.` Então o Senhor abriu os olhos do rapaz, que olhou e viu as colinas cheias de cavalos e carros de fogo ao redor de Eliseu."*

Como Vencer o Medo?

Vencemos o Medo pela Fé.

A **fé** abre as portas para a proteção, provisão e orientação de Deus. A Palavra de Deus nos ensina que podemos viver por vistas ou podemos viver pela **fé**. O medo é muitas vezes, e principalmente, movido pelos nossos sentidos. Quanto mais nos permitimos ser guiados pelo que vemos, ouvimos e sentimos, mais alimentaremos o medo em nós. Entretanto, quanto mais alimentarmos nossas decisões pela fé no que Deus diz em Sua Palavra, e agirmos de acordo, pela fé, estaremos alimentando a esperança e a positividade.

> **2 Coríntios 5:7** *"Porque vivemos por fé, e não pelo que vemos."*

> **2 Coríntios 4:18** *"Assim, fixamos os olhos, não naquilo que se vê, mas no que não se vê, pois o que se vê é transitório, mas o que não se vê é eterno."*

> **2 Coríntios 4:13** *"Está escrito: `Cri, por isso falei.` Com esse mesmo espírito de fé nós também cremos e, por isso, falamos."*

Vencemos o medo por meio de nossas palavras.

Ativamos o espírito de fé através de nossas palavras e concentrando nossa atenção no que vemos no espírito e não no que vemos no natural.

O medo é um espírito, e precisamos nos encarregar dele, pois sabemos **que não é de Deus**, e que Deus não nos deu um espírito de medo.

2 Timóteo 1:7 *Pois Deus não nos deu **espírito**[a] **de covardia**, mas de poder, de amor e de equilíbrio.*

Nossas línguas têm o poder da vida e a morte. Precisamos aprender a falar pela fé. Fale com sua montanha. Fale com seu medo. Fale com suas circunstâncias. Fale e declare sua fé.

> **Provérbios 18:21** *"A língua tem poder sobre a vida e sobre a morte; os que gostam de usá-la comerão do seu fruto."*
>
> **Romanos 10:17** *"Consequentemente, a fé vem por se ouvir a mensagem, e a mensagem é ouvida mediante a palavra de Cristo."*
>
> **Marcos 11:22-23** *"Respondeu Jesus: `Tenham fé em Deus. Eu lhes asseguro que se alguém disser a este monte: Levante-se e atire-se no mar, e não duvidar em seu coração, mas crer que acontecerá o que diz, assim lhe será feito.`"*
>
> **2 Coríntios 4:13** *"Está escrito: `Cri, por isso falei`. Com esse mesmo espírito de fé nós também cremos e, por isso, falamos."*

Fale o que você <u>acredita</u>, não o que você teme. Fé é falar o que você acredita, não o que você teme. Ative o espírito de fé com suas palavras e depois aja com base em sua fé, não com base em seu medo.

Superamos o medo pensando corretamente.

Nossos pensamentos definem o caminho que nossa fé deve seguir. **A fé segue os nossos <u>pensamentos</u>.**

> **Provérbios 23:7**, KJV, grifo do autor. *"Porque como ele pensa em seu coração, assim é ele. `Coma e bebe`, te diz ele, mas o seu coração não está contigo."*

Ative o espírito de fé com os seus pensamentos. Coloque a sua mente nas coisas que do alto. Fixar nossos pensamentos em coisas que estão acima de nós, é pensar sobre as promessas de Deus. É pensar sobre a bondade e a grandeza de Deus.

Se pensarmos nas coisas que tememos, são essas as coisas que virão sobre nós, mas se pensarmos no Deus que é maior, mais forte, e mais poderoso, então Seu poder será destravado sobre a nossa situação.

> **Jó 3:25** *"O que eu temia veio sobre mim; o que eu receava me aconteceu."*

O medo é ativado quando lhe damos precedência em nossos pensamentos, no entanto, o mesmo se aplica à fé. Precisamos ativar nossa fé em Deus de todas as maneiras possíveis. Ative sua fé sobre seus medos em sua dimensão de pensamento, através de suas palavras e ações.

Superamos o medo pela fé.

Aja por fé e não segundo o que você teme. **Superamos nossos medos professando a nossa fé.** Vencemos o medo agindo com a nossa fé em Deus, em Sua Palavra e em Suas promessas.

> **Hebreus 11:1** *"Ora, a fé é a certeza daquilo que esperamos e a prova das coisas que não vemos."*

> **Hebreus 11:6** *"Sem fé é impossível agradar a Deus, pois quem Dele se aproxima precisa crer que Ele existe e que recompensa aqueles que O buscam."*

Os homens e mulheres sobre quem lemos no capítulo 11 foram todos elogiados por sua fé. Diante do medo, eles caminharam, falaram, agiram, continuaram pela fé, e essa caminhada pela fé foi ricamente recompensada.

Há homens e mulheres passando por esta sessão hoje que podem estar enfrentando dificuldades, batalhas, gigantes, enfermidades, dívidas, tempestades e inimigos. Vocês podem estar enfrentando fome ou qualquer outro tipo de circunstâncias desesperadoras. O Senhor quer que eu lhes diga: **"Não tenham <u>medo</u>. Tenham <u>fé</u> em Deus"**.

Há pessoas hoje que estão no meio da tempestade, que descobriram que o **inimigo já montou acampamento ao seu redor**. O Senhor quer que eu lhes diga: **"Não tenham medo. Tenham fé em Deus"**.

Acredito que precisamos orar contra esse espírito de medo. Acredito que precisamos falar e fazer declarações de fé. Acredito que precisamos nos concentrar nas coisas do alto e não nas de baixo. Acredito que precisamos viver pela fé e não por vista. Precisamos guerrear contra esse espírito de medo, de acordo com a Palavra de Deus.

Declaração final

> *2 Timóteo 1:7* "Pois Deus não nos deu espírito de covardia, mas de poder, de amor e de equilíbrio."

Deus não me deu um espírito de medo, mas um espírito de <u>amor</u> e poder; e uma <u>mente</u> sã.

Folha de Assimilação
Mensagem Prática do Evangelho

1. Complete a frase: *Medo e <u>**incredulidade**</u> são dois inimigos que podem nos impedir de colher os frutos de nosso trabalho.*
2. De acordo com 2 Timóteo 2:7, que espírito recebemos de Deus? *Um espírito de amor e poder e uma mente sã.*
3. Complete a frase: *<u>Incredulidade</u> é o ato de acatar os medos e as dúvidas ao invés das promessas de Deus.*
4. Complete a frase: *O medo domina os nossos corações porque pensamos que Deus não <u>**vê**</u> nem <u>**ouve**</u> o desespero de nossas circunstâncias.*
5. Qual é uma das principais mensagens que aprendemos com o relato de Hagar? <u>*Aprendemos que Deus vê e ouve nossos clamores, e que Ele nos responde em todos os nossos momentos de desespero.*</u>
6. Isaque enfrentou a fome, sofreu fraudes e com sua família enfrentou muitas batalhas e inimigos que obstruíam seu trabalho. Cite pelo menos duas porções das Escrituras de como Deus o ajudou e encorajou a lidar com seu desânimo, medo e descrença. <u>*Deus lhe disse para não ter medo. Gênesis 26 versículos 1-25.*</u>
7. Moisés enfrentou muitos desafios. Cite pelo menos duas ocasiões em que Moisés enfrentou situações que geralmente fariam as pessoas sucumbirem ao medo e à

incredulidade: *Ele se aproximou do Faraó para pedir que deixasse que os israelitas fossem embora. Ele foi pego entre a fúria do Exército egípcio e o Mar Vermelho. Eles precisavam alimentar e encontrar água pra uma nação inteira no deserto.*

8. Moisés tinha duas mensagens para os israelitas. Complete as duas frases. Forneça também a referência bíblica. **"Não tenham medo. Fiquem firmes"**. *Ele até lhes disse palavras de esperança e confiança: "Vocês verão a libertação que o SENHOR trará hoje". Êxodo 14 versículos 13-14.*

9. Cite qualquer outro personagem bíblico que discutimos nesta sessão, e que situação temível eles superaram. Forneça suporte bíblico para sua resposta. *David venceu Golias. 1 Samuel 17. A Viúva de Sarepta tinha dívidas. 1 Reis 17. Isaías encorajou os israelitas no cativeiro e na escravidão. Isaías 41. Eliseu foi perseguido pelo Exército de Aram. Eles cercaram a cidade. 2 Reis 6.*

10. Complete a frase: *Vencemos o medo pela* **fé**.

11. Complete a frase: *Vencemos o medo por meio de nossas* **palavras**.

12. Forneça ao menos um versículo bíblico que comprove essas duas estratégias. *Provérbios 18:21, Romanos 10:17, Marcos 11: 22-23 e 2 Coríntios 4:13* .

13. Complete a frase: *Vencemos o* **medo pensando** *corretamente. A fé segue nossos* **pensamentos**.

14. Complete a frase: *Deus não me deu um espírito de medo, mas um espírito de* **amor**, *poder; e uma mente* **sã.**

18

FALTA DE PERDAO
SESSÃO 4

A falta de perdão é uma das coisas mais devastadoras que alguém pode abraçar ou se agarrar, tanto para o ofendido quanto para o ofensor. Coisas ruins acontecem com pessoas de todas as idades, posições ou status.

As coisas ruins que nos acontecem podem ser o **resultado de ferimentos ou insultos causados de forma intencional**, ou por vezes, os **ferimentos e a dor foram resultado de uma ação não intencional**, porém, mal orientada. Para a maioria, no entanto, como vítimas, muitas vezes sentimos que fomos feridos de propósito.Este sentimento percebido, esta experiência, dor, injustiça ou rejeição dispara em nós uma comunicação interna que pode ser direcionada tanto para perdoar quanto para não perdoar a ofensa. Os efeitos sobre aqueles que optam por não perdoar, especialmente se a decisão for mantida por um longo tempo, são devastadores. Todos nós fomos feridos, ofendidos, mal-entendidos, rejeitados e afetados pela injustiça, no entanto, a forma como perdoamos acaba por determinar como lidamos com este tipo de desafio hoje.

Esta sessão não vai ser uma sessão para abrir todas as feridas ou dissecar todas as injustiças; no entanto, vamos tentar aprender maneiras pelas quais possamos lidar com isso de uma forma mais inteligente, de maneira justa e que honre a Deus, perdoando.

Um dos ensinamentos mais marcantes de Jesus é sobre o perdão. Ele o repetiu em várias ocasiões, através de uma variedade de mensagens, para demonstrar o poder de perdoar os outros, bem como para conectá-lo à nossa própria necessidade constante de perdão. Todos nós desejamos ser perdoados quando cometemos um erro, mas um número muito menor de pessoas está disposto a retribuir e perdoar quando são elas as injustiçadas. A medida em que desejamos ser perdoados é a medida em que precisamos compreender e liberar o perdão em nossas vidas.

Definição de perdão:

Perdão é a renúncia ou interrupção do <u>ressentimento</u>, da indignação ou da raiva como resultado de uma ofensa, desacordo ou erro percebido, ou a interrupção da exigência <u>de punição</u> ou restituição.

Balança do Perdão

O objetivo desta sessão é nos ajudar a superar a falta de perdão com os efeitos de mais peso do perdão, da graça e da misericórdia.

Jesus é o nosso exemplo.

Jesus é o nosso maior exemplo de alguém que praticou o perdão. Ele deu o exemplo quando vivenciou o ápice da traição, da dor, do insulto e da injustiça intencionais e, ainda assim, escolheu perdoar. Então, para lidarmos com a falta de perdão, vamos explorar o perdão a partir da perspectiva da PALAVRA DE DEUS.

> **Lucas 23:34** *"Jesus disse: 'Pai, perdoa-lhes, pois não sabem o que estão fazendo.' Então eles dividiram as roupas Dele, tirando sortes."*

Um dos pilares da nossa fé é o valor que damos ao PERDÃO. O *perdão, junto com o amor, a fé, a santidade, a humildade, a fidelidade, a honestidade, a submissão, a obediência, a coragem, a compaixão, a disposição para servir, a mansidão* e muitos mais, formam a base de nosso modo de viver e, em última análise, do modo que deveremos morrer.

> PERDÃO *é a habilidade de perdoarmos uma ofensa sem abrigarmos ressentimentos.*
> **Hendrik J. Vorster**

Harold S. Kushner escreveu em seu livro *"Quando Coisas Ruins Acontecem Com Pessoas Boas" (When Bad Things Happen to Good Peoople):*

"O perdão sempre parece tão fácil quando precisamos dele, e tão difícil quando precisamos liberá-lo."

"A habilidade de perdoar e a habilidade de amar são as armas que Deus nos Deus para vivermos de uma forma completa, corajosa e significativa neste mundo longe de ser perfeito."

Uma das grandes necessidades de nossos dias é a de sermos perdoados e de recebermos uma nova chance!

Proporções Pandêmicas

A necessidade de perdão é tão grande que atingiu proporções **pandêmicas**, sendo uma das principais razões para depressões, problemas de saúde, términos de relacionamentos, disfunções de comportamento de filhos e muitos outros desafios de nossas sociedades.

Deus em Sua graça e compaixão fez provisão infinita para atender a nossa necessidade de perdão.

Definindo Perdão

Existem duas palavras em grego para o perdão:

- **Aphiemi** – que significa mandar embora, deixar em paz, ou **abandonar**.
- **Charizomai** – que significa mostrar favor, dar livremente, perdoar graciosamente, perdoar.

O fundamento para darmos e recebermos perdão se encontra em Deus. Hoje vamos explorar os requerimentos bíblicos para o perdão. Iremos também olhar a provisão de perdão em Cristo, e Sua mensagem para cada um de nós hoje.

O Fundamento do Perdão se Encontra em Deus.

Deus é um Deus de perdão. Por toda a Bíblia vemos que Deus é um "Deus perdoador".

> **Número 14:18**, grifo do autor *"O SENHOR é muito paciente e grande em fidelidade **e perdoa** a iniquidade e a rebelião, se bem que não deixa sem punição e castiga os filhos pela iniquidade dos pais até a terceira e quartas gerações."*

> **Daniel 9:9**, grifo do autor *"O Senhor nosso Deus é misericordioso **e perdoador**, apesar de termos sido rebeldes."*

> **Neemias 9:17**, grifo do autor *"Eles se recusaram a ouvir-Te e esqueceram-se dos milagres que realizaste entre eles. Tornaram-se obstinados e, na sua rebeldia, escolheram um líder a fim de voltarem à sua escravidão. **Mas Tu és um Deus perdoador, um Deus bondoso e misericordioso, muito paciente e cheio de amor**. Por isso não os abandonaste."*

Essa é a natureza de Deus, Ele é um Deus perdoador, gracioso e compassivo. Os salmistas nos lembram dessa verdade.

> **Salmo 86:5**, grifo do autor *"**Tu és bondoso e perdoador**, Senhor, rico em graça para com todos os que te invocam."*

Salmo 130:4 *"Mas Contigo está o perdão, para que sejas temido."*

Há Perdão em Deus

O Deus que servimos é um Deus perdoador. Qualquer um que buscá-Lo verá que Ele é o mais perdoador, compreensivo e compassivo Deus que poderíamos desejar para lidar com nossas falhas, nossas faltas, nossos erros, nossos pecados intencionais e não intencionais.

REQUERIMENTOS BÍBLICOS PARA O PERDÃO

Quando Deus deu a lei a Moisés, Ele também deu instruções para sacrifícios a serem feitos para a redenção e o perdão dos pecados. O sacrifício tinha que ser consistente com a ofensa para a qual o perdão era solicitado. Quanto "maior o pecado", maior o sacrifício necessário.

> **Levítico 4:19-20** *"Então retirará toda a gordura do animal e a queimará no altar, e fará com este novilho como se faz com o novilho da oferta pelo pecado. Assim o sacerdote fará propiciação por eles, e serão perdoados."*

A. A oferta de sacrifícios é a primeira parte na busca do perdão.

Dependendo da transgressão, o pecador trazia ofertas pelo pecado sob a lei do Antigo Testamento. Assim, quando você pecava, e queria ser perdoado por seu pecado, deveria trazer ao sacerdote um sacrifício para ser oferecido, para ser morto, para dar sua vida, como uma oferta pelo seu pecado. O sacerdote, depois de ouvir sua confissão, matava a pomba, o cordeiro ou o touro e depois o perdoava. O sacrifício pagava pelos seus pecados e você ficava livre da culpa e da punição. O sangue derramado satisfazia as exigências de Deus para perdoar os pecadores. A Bíblia ensina que **"sem derramamento de sangue não há perdão"**.

> **Hebreus 9:22** *"De fato, segundo a Lei, quase todas as coisas são*

purificadas com sangue, e sem derramamento de sangue não há perdão."

Nós, crentes do Novo Testamento, somos abençoados, pois Cristo se tornou nosso Cordeiro Sacrificial que tirou os pecados do mundo e pagou por nossos pecados derramando **Seu Sangue** e sendo nosso sacrifício expiatório.

> **Efésios 1:7,** grifo do autor *"Nele temos a redenção por meio de Seu sangue, o perdão dos pecados, de acordo com as riquezas da graça de Deus."*

> **Hebreus 9:13-14,** grifo do autor *"Ora, se o sangue de bodes e touros e as cinzas de uma novilha espalhadas sobre os que estão cerimonialmente impuros **os santificam, de forma que se tornam exteriormente puros,** quanto mais o sangue de Cristo, que pelo Espírito eterno se ofereceu de forma imaculada a Deus, **purificará a nossa consciência de atos que levam à morte, para que sirvamos ao Deus vivo!"***

B. A segunda parte deste processo redentor foi que o sacrifício, ou oferta, tinha que ser aceitável a Deus antes que o perdão fosse dado.

Logo, desde quando as primeiras ofertas foram trazidas a Deus por Caim e Abel, vemos que uma foi aceita e a outra não. Quando Adão e Eva pecaram no Jardim, a cobertura que Deus fez para cobrir o pecado e a vergonha foi feita de pele. Um animal perdeu sua vida para encobrir o pecado de Adão e Eva.

Somente o sacrifício de um animal poderia apaziguar o Pai pelos pecados cometidos. Esta ação do Pai estabeleceu um princípio aceitável para perdoar o pecado: o derramamento de sangue era o que traria cobertura e perdão pelo pecado. O sacrifício precisava ser **imaculado para ser aceitável**. Nenhum sacrifício deformado, aleijado ou manchado seria suficiente.

Gênesis 3:21, grifo do autor *"O Senhor Deus fez roupas de pele e com elas vestiu Adão e sua mulher."*

Gênesis 4:4, grifo do autor *"Abel, por sua vez, trouxe as partes gordas das primeiras crias do seu rebanho. **O Senhor aceitou com agrado Abel e sua oferta**, mas não aceitou Caim e sua oferta. Por isso Caim se enfureceu e o seu rosto se transtornou."*

Levítico 1: 3-4, grifo do autor *"Se o holocausto for de gado, oferecerá um macho sem defeito. Ele o apresentará à entrada da Tenda do Encontro, **para que seja aceito pelo Senhor**, e porá a mão sobre a cabeça do animal do holocausto para que seja aceito como propiciação em seu lugar."*

Era essencial trazer sacrifícios que fossem aceitáveis a Deus a fim de receber o perdão dos pecados. Quando Cristo se tornou nosso Cordeiro Sacrificial, Seu sacrifício foi aceito. Vemos em Romanos que: **"Deus apresentou Jesus como um sacrifício de expiação"**. Nas Palavras de João: **"Deus amou tanto o mundo que deu Seu único Filho"**. Este nível e este tipo de doação, de um Redentor, estão além de nossa razão ou compreensão. Deus realmente nos ama.

Romanos 3:25, grifo do autor *"**Deus o ofereceu como sacrifício para propiciação** mediante a fé, pelo seu sangue, demonstrando a sua justiça. Em sua tolerância, havia deixado impunes os pecados anteriormente cometidos."*

1 João 2:2, grifo do autor *"**Ele é a propiciação pelos nossos pecados**, e não somente pelos nossos, mas também pelos pecados de todo o mundo."*

João 1:29, grifo do autor *"No dia seguinte João viu Jesus aproximando-se e disse: 'Vejam! É **o Cordeiro de Deus, que tira o pecado do mundo!**'"*

. . .

<u>Cristo</u> se tornou nosso Cordeiro Sacrificial, que tirou nossos pecados. É através de Cristo cumprindo os requisitos para pagar o preço por nossos pecados que o perdão é oferecido a todos que Nele acreditam e confiam para receber o perdão. Se o sangue dos animais trouxe perdão aos ofensores, quanto mais o Sangue de Cristo o trouxe para aqueles que confessam, se arrependem e acreditam em Seu gracioso perdão.

É verdade o que a Palavra nos diz em Hebreus: "**Quanto mais, então, o sangue de Cristo limpará nossas consciências de atos que levam à morte**". O sacrifício de Cristo, que ofereceu o Seu Sangue, nos purifica de todo pecado e injustiça.

> **Hebreus 9: 13-14,** grifo do autor *"Ora, se o sangue de bodes e touros e as cinzas de uma novilha espalhadas sobre os que estão cerimonialmente **impuros os santificam, de forma que se tornam exteriormente puros,** quanto mais o sangue de Cristo, que pelo Espírito eterno se ofereceu de forma imaculada a Deus, **purificará a nossa consciência de atos que levam à morte,** para que sirvamos ao Deus vivo!"*

> **1 Pedro 18:19,** grifo do autor *"Pois vocês sabem que não foi por meio de coisas perecíveis como prata ou ouro que **vocês foram redimidos** da sua maneira vazia de viver, transmitida por seus antepassados, mas **pelo precioso sangue de Cristo,** como de um cordeiro sem mancha e sem defeito."*

Fomos redimidos pelo Sangue que Jesus Cristo derramou. Ele pagou o preço por nossos pecados. Através de Seu sacrifício e do derramamento de Seu Sangue, temos o perdão de nossos pecados. **Esse perdão é estendido a todos os que Nele <u>creem</u>.** Este perdão cobre todos os pecados. Este perdão é para todos.

C. A Terceira parte é que aceitemos Seu Perdão.

Precisamos aceitar Seu perdão. O Novo Testamento proclamou a mesma mensagem que: **"sem derramamento de sangue não há perdão"**. Por outro lado, com o Sangue de Cristo existe perdão. Cristo derramou Seu sangue pelos seus e pelos meus pecados. Nós somos perdoados por causa de Seu grande sacrifício.

Se Deus aceitou o sacrifício de Cristo e Seu sangue oferecido para a remissão de nossos pecados, **então nós também devemos aceitar Seu sacrifício e perdão de nossos pecados.** Há uma conexão direta entre o derramamento do sangue de Cristo e o nosso perdão.

> **Hebreus 9:22,** grifo do autor *"De fato, segundo a Lei, quase todas as coisas são purificadas com sangue, **e sem derramamento de sangue não há perdão."***

> **Hebreus 9:12,** grifo do autor *"Não por meio de sangue de bodes e novilhos, mas **pelo Seu próprio sangue,** Ele entrou no Santo dos Santos, de uma vez por todas, e **obteve eterna redenção.** "*

> **Colossenses 2:13,** grifo do autor *"Quando vocês estavam mortos em pecados e na incircuncisão da sua carne, Deus os vivificou com Cristo. **Ele nos perdoou todas as transgressões.** "*

> **Atos 10:43,** grifo do autor *"Todos os profetas dão testemunho Dele, de que **todo o que Nele crê recebe o perdão dos pecados mediante o Seu nome."***

Toda vez que participamos da mesa do Senhor celebramos e aceitamos Seu perdão de nossos pecados.

> **Mateus 26:28,** grifo do autor *"Isto é o **Meu sangue da aliança, que é derramado em favor de muitos, para perdão de pecados."***

Todos nós agradecemos a Deus por Sua graça e misericórdia para nos perdoar de nossos pecados. Porém, há um aspecto extremamente importante para recebermos este perdão que, se falharmos em aplicá-lo, poderemos continuar na mesma situação miserável de antes, como se nunca houvéssemos confessado nosso pecado ou buscado o perdão: Deus exige que estendamos o perdão àqueles que "pecaram" contra nós.

O Perdão de Deus é Condicional.

Cristo nos oferece o perdão sem reservas, mas há uma condição ligada a ele: **precisamos também perdoar.** Jesus nos ensinou, na oração do "Pai Nosso", a **"perdoar as nossas dívidas como nós perdoamos os nossos devedores".**

> **Mateus 6:12-15** *"Perdoa as nossas dívidas, assim como perdoamos aos nossos devedores. E não nos deixes cair em tentação, mas livra-nos do mal, porque Teu é o Reino, o poder e a glória para sempre. Amém. Pois se perdoarem as ofensas uns dos outros, o Pai celestial também lhes perdoará. Mas se não perdoarem uns aos outros, o Pai celestial não lhes perdoará as ofensas."*

Perdoar aos outros é tão importante para Deus quanto receber Dele o perdão por nossos pecados. Jesus contou várias parábolas para enfatizar a importância do perdão. Ele nos lembra de praticar o perdão através de parábolas. Em duas parábolas, Jesus nos orienta a perdoar como Deus e não como o homem.

O Servo Incompassivo

Jesus precede esta parábola, ensinando o princípio do perdão.

> **Mateus 18:21-22** *"Então Pedro aproximou-se de Jesus e perguntou: 'Senhor, quantas vezes deverei perdoar a meu irmão quando ele*

pecar contra mim? Até sete vezes?` Jesus respondeu: `Eu lhe digo: Não até sete, mas até setenta vezes sete.`"

Nessa parábola, Jesus ensinou que o Reino dos Céus é como um senhor que queria acertar as contas, ou dívidas, que seus servos tinham com ele. Quando um dos servos foi trazido a ele por causa de sua grande dívida, na casa dos milhões nos valores de hoje, ele implorou por misericórdia quando seu amo ordenou que tudo o que ele possuía, incluindo ele e toda sua família, fossem vendidos para cobrir as dívidas. Seu senhor teve pena dele, perdoou-lhe o que devia e o deixou ficar livre. No entanto, quando aquele servo perdoado saiu, ele viu outro servo que lhe devia apenas uma pequena quantia, mas em vez de perdoá-lo, ele o colocou na prisão até que sua dívida fosse paga. Quando o senhor soube desse comportamento ingrato e inconsistente de alguém a quem tanto foi perdoado, ele o chamou a prestar contas em razão de seu comportamento impiedoso.

> **Mateus 18: 32-35**, grifo do autor *"Então o senhor chamou o servo e disse: 'Servo mau, cancelei toda a sua dívida porque você me implorou. Você não devia ter tido misericórdia do seu conservo como eu tive de você?' Irado, seu senhor entregou-o aos torturadores, até que pagasse tudo o que devia.* **"Assim também lhes fará meu Pai celestial, se cada um de vocês não perdoar de coração a seu irmão".**

Essa parábola resume nossa resposta em muitos aspectos: pedimos perdão diariamente pelas coisas em que transgredimos, mas ao mesmo tempo, quase sem consideração, recusamos o pensamento de indulgência, graça, ou perdão para com aqueles que nos ofenderam, feriram ou transgrediram contra nós.

Embora possamos ver isso claramente explicado e compreendido nesta parábola, muitas vezes deixamos de conectar esta parábola à realidade de nossas ações e como praticamos o perdão. As palavras finais do Senhor Jesus devem servir como um severo aviso e lembrete de que nosso "**Pai Celestial tratará cada um de nós**" com a mesma medida, a menos que "**perdoemos, de coração, ao nosso irmão**".

Esta conversa não seria completa se não revisássemos o "padrão" ou "**regra prática**" para praticar o perdão: "**Eu te digo, não sete vezes, mas setenta e sete vezes**".

A Pedra De Moinho

O ensinamento de Jesus sobre o pecado e a pedra de moinho serve como mais um lembrete para observarmos, para que não causemos que os outros incorram em pecado, e também para vivermos com uma certa preparação para perdoar aqueles que "pecam" contra nós, sem reservas. Aqui aprendemos novamente o mesmo princípio sobre o perdão: "Se seu irmão pecar, repreenda-o, e **se ele se arrepender, perdoe-o**. Se ele pecar contra você sete vezes em um dia, e sete vezes voltar para você e disser: '**Eu me arrependo**', perdoe-o"

.Alguém já disse: "**Em momento algum somos tão parecidos com Deus do que quando conseguimos perdoar aos outros**".

Vamos tirar alguns momentos para explorar esta conexão entre receber perdão por nossos pecados e o perdão que estamos dispostos a oferecer aos outros. Ao longo das Escrituras nos são ensinados quatro princípios básicos de perdão.

Primeiro Princípio: Deus perdoa pecados.

> **Mateus 6:12-13**, grifo do autor *"Perdoa as nossas dívidas, assim como perdoamos aos nossos devedores. E não nos deixes cair em tentação, mas livra-nos do mal."*

O primeiro princípio é que **Deus é o autor do perdão**. Ele deseja ser misericordioso para com todos aqueles que buscam o perdão Dele para seus pecados. A razão de orarmos: "**Perdoa as nossas dívidas**" está enraizada no desejo mais profundo do homem de viver sem culpa, rejeição ou remorsos, e o reconhecimento de que o perdão verdadeiro só se encontra Nele.

- **Marcos 2:7,** grifo do autor *"Por que esse homem fala assim? Está blasfemando!* **Quem pode perdoar pecados, a não ser somente Deus?"**

Muitas vezes, as pessoas lutam com falta de perdão, pois não conseguem aceitar o perdão do Pai, mesmo depois de repetidas ofertas de arrependimento. Resolva isso hoje: **O perdão Dele está garantido para todos os que confessam e se arrependem de seus pecados.**

Segundo Princípio: Perdoe Aqueles que Pecaram Contra Você

Mateus 6:12 *"Perdoa as nossas dívidas, assim como perdoamos aos nossos devedores."*

Mateus 18:21 *"Então Pedro aproximou-se de Jesus e perguntou: 'Senhor, quantas vezes deverei perdoar a meu irmão quando ele pecar contra mim? Até sete vezes?"*

Perdoar completamente requer um dos ajustes mais difíceis de todos, mas Jesus o descreve de forma muito simples: **"Assim como precisamos de perdão, também nós devemos perdoar aos outros."**

Terceiro Princípio: Perdoe Para Ser Perdoado.

Se perdoarmos, Deus nos <u>perdoará</u>.

Mateus 6:14, grifo do autor *"Pois se perdoarem as ofensas uns dos outros, o **Pai celestial também lhes perdoará.**"*

Lucas 6:37, grifo do autor *"Não julguem, e vocês não serão julga-*

> dos. *Não condenem, e não serão condenados. Perdoem, e serão perdoados.*"

Tudo depende de nós. Conforme nós perdoarmos, seremos perdoados. Ao demonstrarmos misericórdia, a misericórdia nos será mostrada.

> "Não precisamos subir ao céu para ver se nossos pecados são perdoados. É só olhar em nossos corações e ver se conseguimos perdoar aos outros."
> - Thomas Watson

Quarto Princípio: Se Nós Não Perdoarmos, Nós Não Seremos Perdoados.

Jesus deu este aviso sobre o perdão: Se nos recusarmos a perdoar os outros, Deus também se recusará a nos perdoar.

> **Mateus 6:15** *"Mas se não perdoarem uns aos outros, o Pai celestial não lhes perdoará as ofensas."*

> **Marcos 11:25** *"E quando estiverem orando, se tiverem alguma coisa contra alguém, perdoem-no, para que também o Pai celestial lhes perdoe os seus pecados."*

Este é o choque de realidade para quem quer se agarrar à falta de perdão. Se recuarmos ou nos recusarmos a perdoar os homens por suas ofensas contra nós, nosso Pai Celestial também se recusará a perdoar nossos pecados. Fomos advertidos contra o pecado de um coração que não perdoa, que geralmente resulta em um espírito amargo que nos rouba as bênçãos que Deus reservou para nós.

> **Hebreus 12:15** *"Cuidem que ninguém se exclua da graça de Deus;*

que nenhuma raiz de amargura brote e cause perturbação, contaminando muitos."

Em certo sentido, recusar-se a perdoar os outros revela falta de apreço pela misericórdia recebida de Deus.

Considerações Finais

Como seguidores de Jesus Cristo, **nos vestimos com a paciência** para sermos misericordiosos e perdoar qualquer reclamação que possamos ter dos outros.

> **Efésios 4:32** *"Sejam bondosos e compassivos uns para com os outros, perdoando-se mutuamente, assim como Deus os perdoou em Cristo."*

> **Colossenses 3:12-13** *"Portanto, como povo escolhido de Deus, santo e amado, revistam-se de profunda compaixão, bondade, humildade, mansidão e paciência. Suportem-se uns aos outros e perdoem as queixas que tiverem uns contra os outros. Perdoem como o Senhor lhes perdoou."*

Quase nada mostra o amor que temos uns pelos outros tanto como a forma de sermos misericordiosos, clementes e tolerantes com os outros.

Exemplos Bíblicos

Todo crente deve colocar em prática o espírito de perdão destes exemplos:

JOSÉ

José sofreu um tratamento injusto e a traição extrema de sua família, ao ser vendido como escravo a uma nação estrangeira. Seus irmãos, quando o venderam, basicamente garantiram que ele estivesse, para todos os efeitos, morto. José sofreu uma falsa acusação da esposa de Potifar que o colocou na prisão. Seus companheiros na prisão também o decepcionaram por não cumprir com a palavra deles. Ele praticamente suportou uma vida inteira de traição, falsas acusações e rejeições, mas perdoou seus agressores.

> **Gênesis 50: 19-21** *"José, porém, lhes disse: "Não tenham medo. Estaria eu no lugar de Deus? Vocês planejaram o mal contra mim, mas Deus o tornou em bem, para que hoje fosse preservada a vida de muitos. Por isso, não tenham medo. Eu sustentarei vocês e seus filhos". E assim os tranqüilizou e lhes falou amavelmente."*

Sua bondade não se limitou apenas a perdoá-los, mas ele também cuidou deles e de suas famílias. Muitas pessoas vivem uma vida bastante **semelhante a de José:** foram traídas, rejeitadas e experimentaram falsas acusações levantadas contra elas. Como José descobriu em seu coração um modo de perdoar aqueles que o sujeitaram a uma vida de abuso e de degradações, nós também devemos perdoar aqueles que intencional e propositalmente nos feriram e abusaram de nós.

Estêvão

Estêvão foi uma poderosa testemunha de Jesus Cristo que, em meio à pregação e defesa de sua fé, foi apedrejado até a morte. Ele não se defendeu de seus agressores, nem retaliou com ameaças e acusações, mas escolheu continuar a testemunhar e orar por seus opressores para que Deus os perdoasse e não os responsabilizasse por seus pecados. Que exemplo de teste final para praticar o perdão! Estêvão fez assim: Ele perdoou aqueles que o apedrejaram até a morte por pregar e testificar de Jesus Cristo.

Atos 7:60 *"Então caiu de joelhos e bradou: 'Senhor, não os consideres culpados deste pecado.' E, tendo dito isso, adormeceu."*

Como pessoas de princípios, somos repetidamente chamados a perdoar. Os princípios do perdão têm prioridade ao longo das Escrituras para serem colocados em prática.

Jesus

Jesus nos deu o exemplo de perdão, mesmo quando enfrentou a mais desafiadora das circunstâncias. Às vezes pensamos assim: "**Se apenas eu estivesse em uma situação melhor**", ou "**Se eu não estivesse passando por tanta dor e sofrimento, então talvez perdoasse mais facilmente**", no entanto, Cristo nos deu um exemplo a seguir.

Lucas 23: 34 *"Jesus disse: 'Pai, perdoa-lhes, pois não sabem o que estão fazendo.' Então eles dividiram as roupas Dele, tirando sortes."*

Jesus continua sendo nosso exemplo maior de alguém que suportou os maus tratos mais severos que qualquer ser humano jamais suportou, mas que optou por perdoar.

Comunhão

É através de nossa participação na comunhão que afirmamos o perdão de nossos pecados. Cada vez que tomamos do cálice, participamos do sangue de Jesus Cristo. Seu sangue nos lava e nos purifica de todo pecado e vergonha. Uma das formas mais rápidas de lidar com o perdão é participando conscientemente do sangue de Jesus. Quando bebemos da taça, depois de nos examinarmos, perdoamos os outros de suas ofensas contra nós e recebemos e aceitamos nosso perdão do Senhor.

Mateus 26:28 *"Isto é o meu sangue da aliança, que é derramado em favor de muitos, para perdão de pecados."*

Como lidar com a falta de perdão?

- Afirme o Deus todo poderoso como o perdoador de pecados
- Afirme que Ele fez uma provisão significativa e completa para a remissão de todos os pecados do mundo, incluindo o seu.
- Reserve um tempo para considerar todas as pessoas que lhe ofenderam e perdoe-as. Uma vez que as tenha realmente perdoado, e pedindo a Deus que as perdoe, então, lide com as suas próprias necessidades de perdão.
- Confesse os seus pecados e peça a Deus que o perdoe.
- Afirme que você busca e aceita o perdão Dele para todos os seus pecados.

Folha de Assimilação
A Mensagem Prática do Evangelho

1. Complete a frase: *Um dos ensinamentos mais marcantes de Jesus é sobre o <u>perdão</u>.*
2. Complete a definição de perdão: *Perdão é a renúncia ou interrupção do <u>ressentimento</u>, indignação ou raiva como resultado de uma ofensa, desacordo ou erro percebido, ou a interrupção da exigência <u>de punição</u> ou restituição.*
3. Complete a frase: *"A habilidade de <u>perdoar</u> e a habilidade de <u>amar</u> são as armas que Deus nos Deus para vivermos de uma forma completa, corajosa e significativa neste mundo longe de ser perfeito.*
4. Quais versículos bíblicos nos ensinam que Deus é um Deus perdoador? <u>*Números 14 versículo 18, Daniel 9 versículo 9, Neemias 9 versículo 17, Salmo 86 versículo 5 e Salmo 130 versículo 4.*</u>

5. Quais versículos bíblicos comprovam que: "**sem derramamento de sangue não há perdão**"? _Hebreus 9:22, Efésios 1: 7 e Hebreus 9: 13-14._
6. Quais versículos bíblicos comprovam que: "Jesus é o Cordeiro de Deus"? _João 1:29, 1 João 2: 2, Romanos 3: 25, Hebreus 9: 13-14, 1 Pedro 1: 18-19._
7. Jesus nos ensinou uma condição que Deus estabeleceu para perdoar nossos pecados. Qual é essa condição? Cite versículos bíblicos que comprovem sua resposta. _Jesus ensinou que Deus nos perdoaria nossos pecados assim como nós perdoamos aqueles que pecarem contra nós. Mateus 6: 12-15, Mateus 18: 32-35, e Lucas 6: 37._
8. Analisamos os quatro princípios do perdão. Dê nome aos quatro e forneça pelo menos um versículo bíblico para cada um.

- _Princípio 1: Deus perdoa os pecados. Mateus 6 versículo 12, Marcos 2 versículo 7._
- _Princípio 2: Perdoe aqueles que pecam contra você. Mateus 6 versículo 12, Mateus 18 versículo 21._
- _Princípio 3: Perdoar e ser perdoado. Mateus 6, versículo 14, Lucas 6, versículo 37._
- _Princípio 4: Se não perdoarmos, não seremos perdoados. Mateus 6:15, Marcos 11: 25, Colossenses 3: 12-13._

9. Complete a frase. *Como seguidores de Jesus Cristo, nos* _vestimos_ *com a paciência para sermos misericordiosos e perdoar qualquer reclamação que possamos ter dos outros.*

19

LUXÚRIA A COBIÇA DA CARNE E A COBIÇA DOS OLHOS
SESSÃO 5

1 João 2: 15-17, grifo do autor *"Não amem o mundo nem o que nele há. Se alguém ama o mundo, o amor do Pai não está nele. Pois tudo o que há no mundo — **a cobiça da carne, a cobiça dos olhos e a ostentação dos bens** — não provém do Pai, mas do mundo. O mundo e a sua cobiça passam, mas aquele que faz a vontade de Deus permanece para sempre."*

A luxúria é uma <u>raiz</u> **terrível do mal** na vida de muitas pessoas. Ele se manifesta de várias maneiras. Muitos negarão ter essa característica até que a convicção do Espírito Santo retire as máscaras atrás das quais eles se escondem para tentar disfarçá-la.

Quando Jesus nos ensinou por meio da Parábola do Semeador, Ele enfatizou como os cardos e os espinhos sufocariam a semente e a tornariam infrutífera.

Sufocar algo significa bloquear sua capacidade de respiração e lhe impor uma morte cruel.

Isto é exatamente o que a luxúria faz na vida; ela priva a boa semente que há em você de permanecer viva. Basicamente, ela a mata e faz com que todo o potencial para o bem seja eliminado e se torne infrutífero.

> **Marcos 4: 18-19**, grifo do autor *"Outras ainda, como a semente lançada entre espinhos, ouvem a palavra; mas, quando chegam as preocupações desta vida, o engano das riquezas e **os anseios por outras coisas sufocam a palavra, tornando-a infrutífera**."*

> **Lucas 8:13-14**, grifo do autor *"As que caíram sobre as pedras são os que recebem a palavra com alegria quando a ouvem, mas não têm raiz. Crêem durante algum tempo, mas desistem na hora da provação. As que caíram entre espinhos são os que ouvem, mas, ao seguirem seu caminho, **são sufocados** pelas preocupações, pelas riquezas e **pelos prazeres desta vida, e não amadurecem**."*

É este *desejo* por outras coisas e por *prazeres* que sufoca a boa semente da Palavra em nossas vidas e acaba por nos tornar infrutíferos e nos impede de amadurecer em nossa fé. Hoje em dia, não se pode ver televisão sem ser bombardeado com prazeres. É a *extensão* abrangente e o resultado desses *prazeres* que não é revelado abertamente.

A Bíblia nos ensina quais são esses atos que respondem à natureza pecaminosa, bem como os resultados para aqueles que neles persistem. Que o Senhor nos conceda sobriedade para nos avaliarmos à luz das Escrituras.

O capítulo 5 de Gálatas revela quais são esses atos de natureza pecaminosa que acabam por nos "sufocar" e nos levar a um ponto em que perderemos a herança do Reino de Deus.

> **Gálatas 5: 19-21**, grifo do autor *"Ora, as obras da carne são manifestas: imoralidade sexual, impureza e libertinagem; idolatria e feitiçaria; ódio, discórdia, ciúmes, ira, egoísmo, dissensões, facções e inveja; embriaguez, orgias e coisas semelhantes. **Eu os***

> *advirto, como antes já os adverti: **Aqueles que praticam essas coisas não herdarão o Reino de Deus.***"

Quando nos deixamos atrair pela "**cobiça de nossos olhos**", ou a "**cobiça da carne**", encontramos essas mesmas coisas presentes: "imoralidade sexual, impureza e libertinagem; idolatria e bruxaria; ódio, discórdia, ciúmes, acessos de raiva, ambição egoísta, dissensões, facções e inveja; embriaguez, orgias e coisas semelhantes".

Esses versículos não se dirigem àqueles que ainda vivem sob a venda de sua antiga natureza, não, eles se dirigem àqueles que vivem na Igreja. Eles nos exortam a abordar estas aptidões carnais em uma profunda submissão ao trabalho de santificação do Espírito Santo. Não é para estragar nossa diversão ou para nos privar de viver com um sentimento de gratificação, mas para nos levar a um lugar de realização verdadeira e duradoura.

> **Romanos 13:14**, grifo do autor *"Ao contrário, revistam-se do Senhor Jesus Cristo, e não fiquem premeditando como satisfazer os **desejos** da carne."*

A partir deste trecho das Escrituras, parece ser essencial que façamos um esforço intencional para satisfazer os desejos do Espírito Santo dentro de nós, ao invés de agradar os sussurros insaciáveis da carne. O resultado de continuarmos a viver para as gratificações da carne nos deixará vazios, insatisfeitos e incompletos. Eles também o privarão de ver a semente de seus esforços dando frutos duradouros.

> *Gálatas 5:16-17 "Por isso digo: Vivam pelo Espírito, e de modo nenhum satisfarão os desejos da carne. Pois a carne deseja o que é contrário ao Espírito; e o Espírito, o que é contrário à carne. Eles estão em conflito um com o outro, de modo que vocês não fazem o que desejam. "*

> *Gálatas 5:24 "Os que pertencem a Cristo Jesus crucificaram a carne, com as suas paixões e os seus desejos."*

> **Efésios 2:3,** grifo do autor *"Anteriormente, todos nós também viviámos entre eles, **satisfazendo as vontades da nossa carne, seguindo os seus desejos e pensamentos.** Como os outros, éramos por natureza merecedores da ira."*

Em resumo, se você sucumbir às gratificações da carne, isso o impedirá de ver os frutos de seu trabalho no Senhor. Quando semearmos para agradar ao Espírito Santo, colheremos benefícios eternos, no entanto, se continuarmos a semear para satisfazer as gratificações da carne, isso só trará uma colheita de pecado.

Como crucificar a concupiscência da carne?

Jejum e Oração

Nada quebra mais os desejos carnais como o jejum e a oração. Uma vez Jesus disse que: "esta espécie só sai com jejum e oração". Isso continua sendo verdade para cada crente. Quando nos submetemos a um tempo de jejum e oração, crucificamos ativamente a concupiscência e os desejos da carne.

> **Marcos 9:29** *"Ele respondeu: 'Essa espécie só sai pela oração e pelo jejum."*

No conhecido capítulo sobre jejum, Isaías descreve exatamente as coisas que precisamos crucificar em nossas vidas por meio do jejum.

> **Isaías 58:6-9** "O jejum que desejo não é este: soltar as correntes da injustiça, desatar as cordas do jugo, pôr em liberdade os oprimidos e romper todo jugo? Não é partilhar sua comida com o faminto, abrigar o pobre desamparado, vestir o nu que você encontrou e não recusar ajuda ao próximo? Aí sim, a sua luz irromper como a alvorada, e prontamente surgirá a sua cura; a sua retidão irá adiante de você, e a glória do Senhor estará na sua retaguarda. Aí

sim, você clamará ao Senhor, e ele responderá; você gritará por socorro, e ele dirá: Aqui estou."

Aceite um desafio espiritual alimentar de 21 dias

Aceite um desafio espiritual alimentar de 21 dias. O propósito é simplesmente se encher de mais de Deus, pois acreditamos que Deus o livrará do espírito da luxúria neste fim de semana. O aviso de Jesus em Lucas capítulo 11 nos compele a agir dessa forma para nos certificarmos de que substituiremos qualquer área que esteja ocupada pela luxúria e a encheremos com a Palavra de Deus e o Espírito Santo.

> **Lucas 11:24-26** *"Quando um espírito imundo sai de um homem, passa por lugares áridos procurando descanso, e, não o encontrando, diz: 'Voltarei para a casa de onde saí'. Quando chega, encontra a casa varrida e em ordem. Então vai e traz outros sete espíritos piores do que ele, e entrando passam a viver ali. E o estado final daquele homem torna-se pior do que o primeiro".*

Aceite o desafio de por, 21 dias, antes de ingerir qualquer alimento físico, alimentar-se apenas com a Palavra de Deus. Ore e leia os 21 Livros do Novo Testamento, começando por Apocalipse. Alguns dias vão lhe tomar 90 minutos, mas outros apenas alguns poucos minutos. No entanto, reserve um tempo para pedir ao Espírito Santo que o ajude e o livre da luxúria. Conforme nos alimentarmos e enchermos nossa mente com a Palavra de Deus, seremos ajudados a superar tudo o que nos atormenta e nos escraviza.

Confesse o seu livramento

Faça confissões do que você está confiando que Deus realizará em sua vida. Vencemos o maligno pela aplicação do <u>sangue</u> de Jesus e pelo que <u>confessamos</u> com nossas bocas.

> **Apocalipse 12:11**, grifo do autor *"Eles o venceram pelo <u>sangue</u> do*

Cordeiro e pela **palavra** do testemunho que deram; diante da
morte, não amaram a própria vida."

Encontre um parceiro a quem prestar contas

A Bíblia ensina que devemos confessar nossos pecados **uns aos outros** para que possamos ser curados. Estar livre da luxúria trará cura para sua vida. Muitas vezes, quando as pessoas confessam seus pecados, especialmente para aqueles que são considerados anciãos, eles nos ajudam, **responsabilizando**-nos. Suas orações têm um poder tremendo e são eficazes para nos libertar.

> **Tiago 5:16**, grifo do autor *"Portanto, **confessem os seus pecados uns aos outros** e orem uns pelos outros para serem curados. A oração de um justo é poderosa e eficaz."*

Encha-se, e permaneça cheio, do Espírito.

Nada nos dá uma proteção tão segura contra os ataques do inimigo quanto permanecermos cheio do Espírito Santo. Quanto mais permanecermos cheios do Espírito Santo, mais conseguiremos suprimir os desejos malignos da carne. Lembre-se de que a carne e o espírito estão em competição e oposição um ao outro. Aquele a quem você alimenta e dá preeminência é o que reinará e dará frutos em sua vida.

> **Gálatas 5: 16:17**, grifo do autor *"Por isso digo: Vivam pelo **Espírito**, e de modo nenhum satisfarão os **desejos** da carne. Pois a carne deseja o que é contrário ao Espírito; e o Espírito, o que é contrário à carne. Eles estão em conflito um com o outro, de modo que vocês não fazem o que desejam."*

> **Gálatas 5: 24-25** *"Os que pertencem a Cristo Jesus crucificaram a carne, com as suas paixões e os seus desejos. Se vivemos pelo Espírito, andemos também pelo Espírito."*

Oro para que você encontre a verdadeira liberdade em Cristo Jesus. A próxima parte é dedicada a manter a liberdade que Cristo trouxe para nossas vidas.

Folha de Assimilação
A Mensagem Prática do Evangelho

1. Complete a frase: *A luxúria é uma <u>**raiz** terrível do mal na vida de muitas pessoas</u>*
2. De acordo com 1 João 2:15-17, que coisas não vêm do Pai? <u>As coisas que não vem do Pai são o amor pelo mundo e os anseios do homem pecador, a concupiscência dos olhos e a ostentação do que ele tem e faz.</u>
3. Quais são as duas coisas que os espinhos fazem em nossas vidas, de acordo com Marcos 4:18-19? *Os espinhos sufocam a semente da Palavra, tornando-a infrutífera.*
4. Escreva o que está descrito no quinto capítulo de Gálatas como "atos de natureza pecaminosa". <u>Eles são imoralidade sexual, impureza e libertinagem; idolatria e feitiçaria; ódio, discórdia, ciúmes, ira, egoísmo, dissensões, facções e inveja; embriaguez, orgias e coisas semelhantes.</u>
5. Escreva as cinco coisas que podemos fazer para lidar com a luxúria em nossas vidas. <u>1. Podemos jejuar e orar; 2. Podemos aceitar um desafio espiritual de alimentos de 21 dias; 3. Podemos vencer a luxúria aplicando o sangue de Jesus e confessando com nossas bocas; 4. Podemos encontrar um parceiro a quem prestar contas e fazer confissão a ele ou ela; e 5. Podemos garantir que permaneceremos cheios do Espírito Santo.</u>
6. Cite uma passagem bíblica para comprovar as duas primeiras abordagens de como lidar com a luxúria. <u>Marcos 9: 29; Isaías 58: 6-9; Lucas 11: 24-26.</u>
7. Complete a frase. *Vencemos o maligno pela aplicação do* **sangue** *de Jesus e pelo que* **confessamos** *com nossas bocas.*

8. Por que é importante confessar nossos pecados uns aos outros? Em que trecho das escrituras você se baseia para crer assim? *Confessamos nossos pecados para que possamos ser curados. Tiago 5:16.*
9. Complete a frase: *Vivam pelo Espírito, e de modo nenhum satisfarão os desejos da carne.*

20
FÉ E OBEDIENCIA
SESSÃO 6

Lucas 11:24-26 *"Quando um espírito imundo sai de um homem, passa por lugares áridos procurando descanso, e, não o encontrando, diz: 'Voltarei para a casa de onde saí'. Quando chega, encontra a casa varrida e em ordem. Então vai e traz outros sete espíritos piores do que ele, e entrando passam a viver ali. E o estado final daquele homem torna-se pior do que o primeiro".*

A última coisa que qualquer um de nós deseja é ver toda a boa obra que Deus realizou em sua vida, neste fim de semana, ser desfeita nas próximas semanas.

- Como podemos permanecer livres?
- Como podemos reter a boa medida que Deus derramou em nossas vidas neste fim de semana?

Nossa **primeira defesa** é permanecermos cheios do **Espírito Santo**. A **segunda defesa** é **estar em contato** com aqueles que nos encorajam e nos impulsionam nesta caminhada com Cristo. A **terceira, é permanecer na Palavra e orar** junto com outros crentes tão frequentemente quanto possível.

Acredito que faremos bem em seguir os conselhos e as medidas que tomarmos ao longo deste fim de semana para lidar decisivamente com as áreas afetadas de nossas vidas; no entanto, há outro aspecto que requer nossa atenção, que é a **fé para obedecer**. O capítulo 4 de Hebreus relata as razões pelas quais toda uma geração de israelitas não entrou na terra que lhes foi prometida, bem como porque apenas duas pessoas, de uma geração inteira, conseguiram entrar.

Fé para Obedecer

> **Hebreus 4: 1-2,** grifo do autor *"Visto que nos foi deixada a promessa de entrarmos no descanso de Deus, que nenhum de vocês pense que falhou. Pois as boas novas foram pregadas também a nós, tanto quanto a eles; **mas a mensagem que eles ouviram de nada lhes valeu, pois não foi acompanhada de fé por aqueles que a ouviram.**"*

Nesta sessão, quero falar sobre **fé para obedecer**. Certa manhã, enquanto lia a Palavra de Deus, o Senhor falou comigo por meio de Sua Palavra. Permita-me compartilhar este pensamento com você.

> **Hebreus 4:1-2,** grifo do autor *"Pois as boas novas foram pregadas também a nós, tanto quanto a eles; **mas a mensagem que eles ouviram de nada lhes valeu, pois não foi acompanhada de fé por aqueles que a ouviram.**"*

A última parte deste versículo fala sobre **a fé dos que obedecem**. A Palavra de Deus é poderosa e cheia de benefícios, porém esses benefícios são reservados para aqueles que **combinam sua fé com obediência**.

Uma nação inteira recebeu a promessa de uma Terra Prometida; no entanto, apenas Josué e Calebe entraram na Terra Prometida. A promessa estava ligada à fé para obedecer. A Bíblia Amplificada afirma isso de uma forma belíssima:

> **Hebreus 4:2, AMP**, tradução livre *"Pois, de fato, as boas novas [Evangelho de Deus] nos foram proclamadas tão verdadeiramente quanto [os israelitas da antiguidade tiveram quando as boas novas de libertação da escravidão lhes chegaram]; mas a mensagem que ouviram não os beneficiou, porque não foi misturada com fé (com a inclinação de toda a personalidade para Deus com absoluta confiança em Seu poder, sabedoria e bondade) por aqueles que a ouviram; nem foram eles unidos na fé com aqueles [Josué e Calebe] que ouviram e creram."*

Eu estive pensando sobre a fé de Josué e Calebe. Eles eram homens notáveis. Eles faziam parte dos 12 espias que Moisés selecionou para ir sondar a terra prometida. Apenas Josué e Calebe voltaram acreditando que poderiam conquistar e possuir a terra prometida. <u>**Dois**</u> **entre doze** tornaram-se os dois únicos de uma nação inteira a possuir a promessa. 12 espiões saíram, 10 voltaram com um relato negativo, um relato de incredulidade, um relato de impossibilidade, um relato de medo e rebelião, e dois voltaram com um relato de esperança, fé, obediência e possibilidade. A Bíblia diz que os doze relataram e confirmaram que era uma "terra que mana leite e mel", mas a ênfase principal de dez deles foi na impossibilidade de conquistar os poderosos possuidores da terra.

> **Números 13:27-28**, grifo do autor *"E deram o seguinte relatório a Moisés: 'Entramos na terra à qual você nos enviou, onde manam leite e mel! Aqui estão alguns frutos dela.* **Mas o povo que lá vive é poderoso, e as cidades são fortificadas e muito grandes.** *Também vimos descendentes de Enaque. "*

Entre os mesmos 12 espias estavam Josué e Calebe, que silenciaram o povo revoltado e disseram que eles **"deveriam subir e tomar posse da terra"**.

> **Números 13:30,** grifo do autor *"Então Calebe fez o povo calar-se perante Moisés e disse: '**Subamos e tomemos posse da terra. É certo que venceremos!**'"*

Calebe e Josué se encontravam entre os descrentes que não acreditavam que o Deus que milagrosamente os libertou das mãos do poderoso Faraó poderia dar-lhes a terra que Ele lhes havia prometido. Dez dos doze espias continuaram desencorajando os israelitas a ponto de eles ficarem cheios de medo e incredulidade

> **Números 13:31-33** *"Mas os homens que tinham ido com ele disseram: 'Não podemos atacar aquele povo; é mais forte do que nós'. E espalharam entre os israelitas um relatório negativo acerca daquela terra. Disseram: 'A terra para a qual fomos em missão de reconhecimento devora os que nela vivem. Todos os que vimos são de grande estatura. Vimos também os gigantes, os descendentes de Enaque, diante de quem parecíamos gafanhotos, a nós e a eles.'"*

Essa luta, esse vai para frente e vai para trás, continuou. Acontecerá o mesmo em sua caminhada cristã, muitos continuarão a ecoar as impossibilidades. Muitos podem lhe dizer que as promessas de Deus têm condições impossíveis associadas a elas. Muitos lhe dirão que você não será capaz de realizar o que era impossível para as gerações anteriores. Muitos podem dizer que você deve simplesmente se contentar com o "seu quinhão". Não há muitos Josués e Calebes que resolvem dar ouvidos à voz da fé dentro deles e confiar no Deus que é capaz de tornar o impossível, possível.

> **Números 14: 6-9,** grifo do autor *"**Josué**, filho de Num, e **Calebe**, filho de Jefoné, dentre os que haviam observado a terra, **rasgaram as suas vestes** e disseram a toda a comunidade dos israelitas: 'A terra **que** percorremos em missão de reconhecimento é excelente. Se o Senhor se agradar de nós, ele nos fará entrar nessa terra, onde manam leite e mel, e a dará a*

> nós. *Somente não sejam rebeldes contra o Senhor. E não tenham medo do povo da terra, porque **nós os devoraremos como se fossem pão**. A proteção deles se foi, mas o Senhor está conosco. Não tenham medo deles!"*

Finalmente, o Senhor expressou Seu desânimo com a resposta de rebelião e medo do povo. Não fosse por *Moisés intercedendo* perante o Senhor pelo povo, toda a nação teria sido exterminada. Que o Pai encontre em nós um "Moisés" que se coloca na brecha em nome de nossa nação, cidade, família e até mesmo igreja, para orar para que a incredulidade seja substituída por fé e obediência.

> **Números 14:30-31**, grifo do autor *"O Senhor respondeu: 'Eu o perdoei, conforme você pediu. No entanto, juro pela glória do Senhor que enche toda a terra, que **nenhum dos que viram a Minha glória e os sinais miraculosos que realizei no Egito e no deserto, e Me puseram à prova e Me desobedeceram dez vezes** — nenhum deles chegará a ver a terra que prometi com juramento aos seus antepassados. Ninguém que Me tratou com desprezo a verá. Mas, como o Meu servo Calebe tem outro espírito e Me segue com integridade, Eu o farei entrar na terra que foi observar, e seus descendentes a herdarão."*

> **Números 14:30-31**, grifo do autor *"Nenhum de vocês entrará na terra que, com mão levantada, jurei dar-lhes para sua habitação, **exceto Calebe**, filho de Jefoné, **e Josué**, filho de Num. Mas, quanto aos seus filhos, sobre os quais vocês disseram que seriam tomados como despojo de guerra, Eu os farei entrar para desfrutarem a terra que vocês rejeitaram."*

Dois homens <u>acreditaram</u> que, independentemente dos gigantes na terra, independentemente de suas cidades fortificadas, o **Senhor era capaz de fazer o que disse que faria.** Eles tiveram fé para obedecer a Deus. Eles acrescentaram obediência à sua fé em Deus. 40 anos depois, nós os vemos entrando na terra que lhes fora prometida.

> **Números 26:64-65**, grifo do autor *"Nenhum deles estava entre os que foram contados por Moisés e pelo sacerdote Arão quando contaram os israelitas no deserto do Sinai.* **Pois o Senhor tinha dito àqueles israelitas que eles iriam morrer no deserto, e nenhum deles sobreviveu, exceto Calebe,** *filho de Jefoné, e Josué, filho de Num."*

Oro para que Deus encha nossos corações de fé para obedecê-Lo, para fazermos tudo o que Ele quer que façamos por Ele, para que possamos ver o cumprimento de tudo o que Ele nos prometeu.

Como podemos ver as boas promessas se cumprirem em nossas vidas?

Precisamos aprender com a mulher persistente que nunca desistiu de apresentar seus pedidos, até que recebesse justiça por seu caso.

> **Lucas 8: 1-8**, *grifo do autor* "Então Jesus contou aos Seus discípulos uma parábola, para mostrar-lhes que eles deviam orar sempre e nunca desanimar. Ele disse: `Em certa cidade havia um juiz que não temia a Deus nem se importava com os homens. E havia naquela cidade uma viúva que se dirigia continuamente a ele, suplicando-lhe: **'Faze-me justiça contra o meu adversário'**. Por algum tempo ele se recusou. Mas finalmente disse a si mesmo: 'Embora eu não tema a Deus e nem me importe com os homens, esta viúva está me aborrecendo; vou fazer-lhe justiça para que ela não venha mais me importunar'. E o Senhor continuou: `Ouçam o que diz o juiz injusto. **Acaso Deus não fará justiça aos Seus escolhidos, que clamam a Ele dia e noite? Continuará fazendo-os esperar? Eu lhes digo: Ele lhes fará justiça, e depressa. Contudo, quando o Filho do homem vier, encontrará fé na terra?**"

Que tipo de fé é necessária?

Fé para confiar em Deus para o impossível.

Cada um de nós sabe que Deus nos chamou com um propósito. Nunca seremos pessoas realizadas até que cumpramos Seu propósito em nossas vidas.

Quantos realmente levam a sério esse chamado para obedecer?

> **Romanos 8:28** *"Sabemos que Deus age em todas as coisas para o bem daqueles que O amam, dos que foram chamados de acordo com o Seu propósito."*

Há uma quantidade cada vez maior de regras de trânsito, mas ninguém fica atrás do volante de um carro e reclama de ter que pegar a estrada e obedecer a todas as regras de trânsito e todos os sinais na estrada, mesmo que possam ser muitos. Você não reclama toda vez que vê um semáforo ou sinal de pare e diz: *"Olha só, outro! Eu tenho que parar em cada semáforo, me submeter a cada sinal de parar, obedecer a cada sinal de trânsito, mesmo quando ninguém está olhando?"* Não, sabemos que é do nosso interesse obedecer às regras.

Em nossa fé, em nossa caminhada com Deus, é a mesma coisa. **Precisamos acrescentar ao que declaramos, obediência e fé para obedecer!** Quer seja em confiar em Deus quanto à **Sua provisão**, quer seja pela fé para darmos o dízimo. Seja para confiar em Deus para a **salvação** da vida de alguém, quando saímos para compartilhar com eles sobre o amor de Deus por eles e que Ele morreu por eles, quer se trate de confiar em Deus por **justiça**, ou **favor**, ou **libertação**, ou um **progresso**, ou **reconciliação** ou **restauração**, aplicamos fé à nossa obediência.

Tudo o que Ele lhe pedir para fazer, seja obediente e faça.

- **Gideão** fez o que Deus lhe pediu para fazer. Juízes, capítulos 6 a 9.

- **A viúva de Sarepta** agiu de acordo com a Palavra quando o profeta falou com ela. Ela recebeu seu milagre e nunca mais passou fome. Todas as suas dívidas foram pagas. 1 Reis 17 versículos 9 a 16.
- **Naamã** fez o que o profeta lhe disse para fazer. Ele acrescentou obediência à sua fé e recebeu seu **milagre**. Foi curado da lepra. 2 Reis capítulo 6.

Conclusão

Para encerrar, vamos hoje tomar a decisão de **confiar** em Deus e **obedecê**-Lo. Isso garantirá que a boa obra que Deus começou em nossas vidas será realizada.

Advertência contra a Incredulidade

> **Hebreus 3:7-14** *"Assim, como diz o Espírito Santo: 'Hoje, se vocês ouvirem a Sua voz, não endureçam o coração, como na rebelião durante o tempo da provação no deserto, onde os seus antepassados Me tentaram, pondo-Me à prova, apesar de, durante quarenta anos, terem visto o que Eu fiz. Por isso fiquei irado contra aquela geração e disse: O seu coração está sempre se desviando e eles não reconheceram os Meus caminhos. Assim jurei na Minha ira: Jamais entrarão no Meu descanso".*
> *Cuidado, irmãos, para que nenhum de vocês tenha coração perverso e incrédulo, que se afaste do Deus vivo. Ao contrário, encorajem-se uns aos outros todos os dias, durante o tempo que se chama "hoje", de modo que nenhum de vocês seja endurecido pelo engano do pecado, pois passamos a ser participantes de Cristo, desde que, de fato, nos apeguemos até o fim à confiança que tivemos no princípio."*

Tenhamos Fé para Obedecer a Palavra de Deus!

Sejamos uma geração que se beneficia da Palavra falada em nossas vidas. Que nossa obediência corresponda à fé que professamos.

Folha de Assimilação
A Mensagem Prática do Evangelho

1. Complete a frase: *Nossa primeira defesa é permanecermos cheios do <u>Espírito Santo.</u>*
2. Qual a principal mensagem que podemos aprender em Hebreus 4:1-2? <u>Aprendemos nesses dois versículos que, se quisermos alcançar nossa terra prometida, precisamos aplicar a obediência à nossa fé.</u>
3. Complete a frase: *A Palavra de Deus é poderosa e cheia de benefícios, porém esses benefícios são reservados para aqueles que adicionam <u>obediência</u> à sua fé.*
4. Qual foi o relatório de Josué e Calebe quando eles voltaram de sondar a Terra Prometida? Cite passagens bíblicas que comprovem sua resposta. <u>Eles relataram que era "uma terra em que mana leite e mel" e que eles "deveriam subir e tomar posse da terra". Números 13: 27- 28, 30.</u>
5. Josué e Calebe imploraram ao povo que fosse e tomasse posse da terra e não se rebelasse contra o Senhor. Onde encontramos esta súplica de Josué e Calebe? <u>Números 14: 6- 9.</u>
6. Quantos dos Doze Espiões e quantas pessoas finalmente entraram na Terra Prometida? Cite passagens bíblicas que comprovem sua resposta. <u>Apenas Josué e Calebe foram para a Terra Prometida. Números 26: 64 -65.</u>
7. Cite três outras pessoas que receberam o milagre porque combinaram obediência com fé. <u>Cite passagens bíblicas que comprovem sua resposta. Gideão, Juízes:6- 9; A Viúva de Sarepta, 1 Reis 17: 9-16; Naamã, 2 Reis 6.</u>
8. Complete a frase: *Vamos hoje tomar a decisão de <u>confiar</u> em Deus e <u>obedecê-Lo.</u>*

PARTE V
ENCONTRO DE LÍDERES PASTORAIS

FINAL DE SEMANA V

Curso de Treinamento de Líder Pastor

PROGRAMAÇÃO

- Introdução
- Sessão 1 – O Pastor Bíblico
- Sessão 2 – O Coração de um Pastor
- Sessão 3 – O Propósito de um Pastor
- Sessão 4 – Desenvolvendo relacionamentos profundos e significativos
- Sessão 5 – Chaves Práticas
- Sessão 6 – Aplicação Prática
- Sessão 7 – Consagração

INTRODUÇÃO

Uma vez que você tenha levado duas ou mais pessoas a Cristo, precisará reuni-las para **ensiná**-las, como Jesus fez com Seus discípulos. A maneira mais eficiente de **discipular** novos crentes é em **grupo**.

> **Atos 20:28** *"Cuidem de vocês mesmos e de todo o rebanho sobre o qual o Espírito Santo os colocou como bispos, para pastorearem a igreja de Deus, que Ele comprou com o Seu próprio sangue."*

Como este versículo destaca, ser pastor **ou supervisor** do rebanho de Deus é uma nomeação honrosa do **Espírito Santo**. É uma grande responsabilidade e uma honra ser encarregado do bem-estar da vida dos filhos de Deus.

Este encontro de fim de semana nos ensinará **como** cuidar de nossos discípulos e nos equipará com habilidades que nos ajudarão a fazer isso com excelência.

Exploraremos as seguintes áreas:

Sessão 1 – O Pastor Bíblico

Sessão 2 – O Coração de um Pastor

Sessão 3 – O Propósito de um Pastor

Sessão 4 – Desenvolvendo relacionamentos profundos e significativos

Sessão 5 – Chaves Práticas

Sessão 6 – Aplicação Prática

Sessão 7 – Consagração

SESSÃO 1 : O PASTOR BÍBLICO

Este fim de semana é sobre aprender a ser um **bom pastor**. Tenho certeza de que a maioria de vocês, neste ponto de sua jornada, já começou a compartilhar sua fé, com resultados positivos.

Neste fim de semana, responderemos à pergunta que muitos de vocês podem ter:

"Agora que já conduzi alguém ao Senhor, o que faço com essa pessoa?"

Durante este fim de semana, exploraremos como pastorear aqueles que foram confiados aos nossos cuidados – as ovelhas confiadas aos nossos cuidados. Os pastores geralmente cuidam de suas ovelhas em um **rebanho**. Aprenderemos como reunir o rebanho e como ajudá-los a se tornarem parte do Corpo de Cristo em pleno funcionamento.

Nos Atos dos Apóstolos, lemos uma instrução clara aos pastores, que tentaremos abordar de maneira responsável ao longo deste curso de fim de semana.

Atos 20:28 *"Cuidem de vocês mesmos e de todo o rebanho sobre o qual o Espírito Santo os colocou como bispos, para pastorearem a igreja de Deus, que ele comprou com o seu próprio sangue."*

Foi-nos oferecido o privilégio extraordinário de sermos encarregados de cuidar daqueles a quem temos o privilégio de levar a Cristo. Nas próximas horas juntos, aprenderemos tudo sobre como ser um bom pastor.

Vamos Começar Olhando para os Pastores da Bíblia

<u>Abel</u> foi o primeiro pastor sobre o qual lemos na Bíblia. A Bíblia diz que: **"Abel criava rebanhos."** Ele cuidava de seus rebanhos.

Gênesis 4:2, grifo do autor *"Voltou a dar à luz, desta vez a Abel, irmão dele.* **Abel tornou-se pastor** *de ovelhas, e Caim, agricultor."*

<u>Raquel</u> é a segunda pastora sobre a qual lemos na Bíblia, pois cuidava das ovelhas de seu pai.

Gênesis 29:9 *"Ele ainda estava conversando, quando chegou* **Raquel com as ovelhas de seu pai, pois ela era pastora."**

Por meio do casamento de Jacó com Raquel, ele, no início, também se tornou um pastor que cuidava das ovelhas de seu sogro, mas depois passou a supervisionar um enorme rebanho de vários milhares de ovelhas.

Gênesis 30:29-30, grifo do autor *"Jacó lhe respondeu: 'Você sabe quanto* **trabalhei para você e como os seus rebanhos cresceram sob os meus cuidados.** *O pouco que você possuía antes da minha chegada aumentou muito, pois o Senhor o abençoou depois que vim para cá. Contudo, quando farei algo em favor da minha própria família?'"*

Quando Jacó ficou velho, antes de entregar seu espírito, ele abençoou José, e aqui o vemos referindo-se a nosso Pai Celestial como seu **Pastor**. Ele aprendeu sobre Deus como sendo seu pastor.

> **Gênesis 48:15–16**, grifo do autor *"E abençoou a José, dizendo: 'Que o Deus, a quem serviram meus pais Abraão e Isaque, **o Deus que tem sido o meu pastor em toda a minha vida até o dia de hoje**, o Anjo que me redimiu de todo o mal, abençoe estes meninos. Sejam eles chamados pelo meu nome e pelos nomes de meus pais, Abraão e Isaque, e cresçam muito na terra".*

<u>Moisés</u> estava cuidando das ovelhas de seu sogro quando Deus o chamou para ser Seu servo para libertar Israel.

> **Êxodo 3:2**, grifo do autor *"**Moisés pastoreava o rebanho de seu sogro Jetro**, que era sacerdote de Midiã. Um dia levou o rebanho para o outro lado do deserto e chegou a Horebe, o monte de Deus."*

<u>Davi</u> estava cuidando das ovelhas de seu Pai quando Deus o chamou e ungiu para ser o próximo Rei de Israel.

> **1 Samuel 16:11**, grifo do autor *"Então perguntou a Jessé: 'Estes são todos os filhos que você tem?' Jessé respondeu: 'Ainda tenho o caçula, mas **ele está cuidando das ovelhas.**' Samuel disse: 'Traga-o aqui; não nos sentaremos para comer enquanto ele não chegar".*

Davi aprendeu a cuidar das ovelhas de seu Pai antes que o Senhor o usasse para se tornar o <u>**pastor**</u> de Seu povo, Israel. A Bíblia ensina que ele cuidava delas com integridade de coração e grande habilidade.

> **Salmos 78:70-72** *"Escolheu o seu servo Davi e o tirou do aprisco*

das ovelhas, do pastoreio de ovelhas, para ser o pastor de Jacó, seu povo, de Israel, sua herança. E de coração íntegro Davi os pastoreou; com mãos experientes os conduziu."

Amós era um pastor antes de Deus o chamar e ungir para ser um profeta para Seu povo.

Amós 7:15, grifo do autor *"Mas o Senhor me tirou do serviço junto ao rebanho e me disse: 'Vá, profetize a Israel, o meu povo.'"*

Neste grande salmo, Davi nos apresenta o verdadeiro coração de um **pastor**.

Salmo 23, grifo do autor *"O Senhor é o meu pastor; **de nada terei falta**. Em verdes pastagens me faz repousar e **me conduz a águas tranqüilas; restaura-me o vigor. Guia-me** nas veredas da justiça por amor do seu nome. Mesmo quando eu andar por um vale de trevas e morte, não temerei perigo algum, **pois tu estás comigo**; a tua vara e o teu cajado **me protegem. Preparas um banquete para mim** à vista dos meus inimigos. Tu me honras, **ungindo a minha cabeça com óleo** e fazendo transbordar meu cálice. Sei que a bondade e a fidelidade me acompanharão todos os dias da minha vida, e voltarei à casa do Senhor enquanto eu viver."*

Davi apresenta o Bom Pastor como **provedor**, um guia, um protetor, como aquele que unge e uma presença sempre presente em todas as circunstâncias da vida.

Jesus se apresentou a nós como o Bom Pastor.

João 10:11, grifo do autor *"**Eu sou o bom pastor**. O bom pastor dá a sua vida pelas ovelhas".*

Muitas vezes, e por meio de muitos dos profetas, Deus falou sobre levantar "<u>**um pastor**</u>" para salvar Seu povo, resgatá-los e cuidar deles adequadamente. Uma das passagens mais notáveis das Escrituras, em relação ao papel bíblico e à expectativa de um pastor, é encontrada no livro de Ezequiel. Deus estava procurando um pastor que cuidasse de Suas ovelhas com o coração.

> **Ezequiel 34:15-16,** grifo do autor *Eu mesmo tomarei conta das Minhas ovelhas e as farei deitar-se e repousar. Palavra do Soberano, o Senhor. Procurarei as perdidas e trarei de volta as desviadas. Enfaixarei a que estiver ferida e fortalecerei a fraca, mas a rebelde e forte Eu destruirei. Apascentarei o rebanho com justiça.*

> **Ezequiel 34:31,** grifo do autor *Vocês, Minhas <u>ovelhas</u>, ovelhas da Minha pastagem, são o Meu povo, e Eu sou o seu Deus. Palavra do Soberano, o Senhor".*

O pastor é a personificação de alguém que se preocupa, mesmo que isso implique dar a própria vida pela guarda das ovelhas. O pastor bíblico é aquela pessoa que cuida do povo de Deus como se este lhe pertencesse. Muitos poucos pastores realmente cuidam de suas próprias ovelhas, eles normalmente cuidam das ovelhas dos outros. Para este nosso tempo juntos, Deus está chamando cada um de nós para seguirmos os passos de Jesus e sermos bons pastores, como Ele é e quer que sejamos.

Concluindo nossa sessão sobre o pastor bíblico, tomemos um momento para identificar as principais características de um pastor bíblico.

Folha de Assimilação

Sessão de Grupo

Identifique cinco características de um bom pastor segundo
Ezequiel 34:1-16.

a.
- b.
- c.
- d.
- e

Identifique cinco características de um bom pastor segundo João
10:1-18.

a.
- b.
- c.
- d.
- e

Identifique cinco características de um pastor ruim segundo
Ezequiel 34:1-16.

a.
- b.
- c.
- d.
- e.

Identifique cinco características de um pastor ruim segundo João
10:1-18.

a.
- b.
- c.
- d.
- e.

Quais outras passagens bíblicas realmente falaram com você sobre ser um bom pastor, e o quê especificamente você acha que está levando em seu coração, baseado nela?

SESSÃO 2: O CORAÇÃO DE UM PASTOR

Nesta sessão, veremos como é a atitude do _coração_ de um pastor bíblico. A Palavra de Deus nos ensina sobre essa atitude do coração em várias passagens. Debrucemo-nos sobre esse tópico por alguns instantes.

Nesta sessão vamos olhar como é o coração de um pastor, e também como não é. Pastores são aquelas pessoas que cuidam do bem-estar de outros crentes, liderando-os, guiando-os, cuidando e protegendo-os.

Os pastores têm um coração que se sacrifica

Quase todo pastor trabalha cuidando das ovelhas de outra pessoa. A primeira atitude de coração que devemos adotar é a de um _servo_ que se sacrifica. Temos a responsabilidade de cuidar das ovelhas de Deus. Cristo comprou as ovelhas de quem cuidamos com Seu próprio sangue.

Ezequiel 34:31, grifo do autor _"Vocês, Minhas ovelhas, ovelhas_

> da **Minha pastagem**, são o Meu povo, e Eu sou o seu Deus. Palavra do Soberano, o Senhor".

> **Salmo 100:3** *Reconheçam que o Senhor é o nosso Deus. Ele nos fez e somos Dele: somos o Seu povo, e rebanho do Seu pastoreio.*

O capítulo 5 de Apocalipse nos apresenta **o Cordeiro** que comprou homens de **"todas as línguas, tribos e nações"** para o nosso Deus. Ele se tornou o Cordeiro de Deus para comprar as vidas preciosas daqueles que se tornariam ovelhas de Seu pastoreio, sob os cuidados do Grande Pastor. Jesus se tornou nosso exemplo de pastor perfeito que **dá** a vida pela vida das ovelhas.

> **João 10:11** *"Eu sou o bom pastor. O bom pastor dá a Sua vida pelas ovelhas".*

O pastor vive para o bem-estar das ovelhas de Deus. Uma das marcas de um seguidor de Jesus Cristo é que ele dá sua vida por causa de Cristo. Este é um dos requisitos que Jesus estabeleceu para Seus seguidores.

> **Lucas 9:23**, grifo do autor *"Jesus dizia a todos: 'Se alguém quiser acompanhar-me, **negue-se** a si mesmo, tome diariamente a sua cruz e siga-me."*

> **1 Coríntios 4:15**, grifo do autor *"Embora possam ter dez mil tutores em Cristo, **vocês não têm muitos pais, pois em Cristo Jesus eu mesmo os gerei** por meio do Evangelho. "*

Cada pastor dá sua vida pelas ovelhas confiadas a seus cuidados. Uma maneira de entendermos isso é compararmos a termos e cuidarmos de nossos próprios filhos. Quem de nós, como pais, não fará tudo o que pudermos para o bem-estar de nossos filhos? Faremos o que for preciso para cuidar de nossos filhos. Ser pastor é como ser um pai ou mãe espiritual de alguém cujo cuidado nos foi confiado como filhos espirituais.

Assumir a responsabilidade por aqueles por quem Jesus pagou um alto preço por sua salvação exige que entreguemos nossas vidas pelo bem-estar dessas ovelhas. Ser pastor é uma vocação altruísta e abnegada.

Pastores Têm Um Coração Disposto

Deus está nos chamando para sermos pastores não porque devemos, **mas porque estamos _dispostos._** Nossa disposição de servir à vontade do Pai cuidando de Suas ovelhas, que Ele comprou com Seu sangue e sacrifício é a melhor expressão de nossa ânsia em servi-Lo. Um aspecto disso é comprometer-se a ser um exemplo a ser seguido pelos outros.

> **1 Pedro 5:2-4**, grifo do autor *"Pastoreiem o rebanho de Deus que está aos seus cuidados. Olhem por ele, não por obrigação, **mas de livre vontade**, como Deus quer. Não façam isso por ganância, mas com o **desejo de servir**. Não ajam como dominadores dos que lhes foram confiados, mas como **exemplos para o rebanho**. Quando se manifestar o Supremo Pastor, vocês receberão a imperecível coroa da glória."*

Também vemos nessa passagem de 1 Pedro a extensão dessa ideia de ser a vontade de Deus que cuidemos das ovelhas e zelemos por seu bem-estar. É a vontade de Deus que cuidemos de Suas ovelhas. Deus quer e deseja que tomemos conta de Suas ovelhas. Nossa vontade de servir ao Pai, ao cuidar de Suas ovelhas, mostra o verdadeiro coração com o qual nós O servimos. Que Deus encontre em cada um de nós *disposição* para cuidar de Suas ovelhas como Ele mesmo faria se Ele mesmo estivesse cuidando.

Pastores Têm Um Coração Atencioso

Deus nos chama para cuidarmos de nós mesmos e de todo o rebanho que Ele colocou sob nossos cuidados. Cuidar pressupões tanto proteger como prover às ovelhas aquilo que elas mais necessitam.

Vejamos este ditado:

> *"As pessoas não se importam com o quanto você sabe até saberem o quanto você se **importa**."*

Uma vez que as pessoas souberem que você as ama, com todos os seus defeitos, elas se sentirão amadas e cuidadas. Uma outra marca dos crentes é seu amor uns pelos outros.

> **João 13:34-35** *"Um novo mandamento lhes dou: Amem-se uns aos outros. Como Eu os amei, vocês devem amar-se uns aos outros. Com isso todos saberão que vocês são Meus discípulos, se vocês se amarem uns aos outros".*

Nós, como "subpastores", devemos oferecer **proteção** contra todo mal e mundanismo, bem como **conduzi-los** a pastos verdejantes, onde encontrarão descanso e restauração de suas almas. O maior cuidado que poderíamos oferecer é conduzir constantemente aqueles que são confiados aos nossos cuidados à Palavra de Deus e à submissão confiante da oração. Orando constantemente com eles e submetendo tudo, através da oração, a Deus, e explorando e compartilhando a Palavra de Deus juntos, nós estaremos cuidando ativamente de seu bem-estar espiritual.

Essa exortação é cuidadosamente explicada na primeira carta de Pedro, bem como no conhecido Salmo 23.

> **1 Pedro 5:2-4**, grifo do autor *"**Pastoreiem o rebanho de Deus que está aos seus cuidados**. Olhem por ele, não por obrigação, mas de livre vontade, como Deus quer. Não façam isso por ganância, mas com o desejo de servir. Não ajam como dominadores dos*

*que lhes foram confiados, mas como exemplos para o
rebanho. Quando se manifestar o Supremo Pastor, vocês receberão a imperecível coroa da glória."*

Salmo 23:2-3 *"Em verdes pastagens me faz repousar e me conduz a
águas tranqüilas; restaura-me o vigor. Guia-me nas veredas da
justiça por amor do seu nome."*

Nas palavras do Profeta Ezequiel, vemos a exortação em maiores detalhes. O Senhor falou por meio de Ezequiel e expressou Sua consternação pelo fato de os pastores de Israel cuidarem apenas de si próprios e não do rebanho para o qual Ele os designara. Os pastores devem cuidar do rebanho, e não apenas do que eles podem se beneficiar com eles.

Ezequiel 34: 2, grifo do autor *"Filho do homem, profetize contra
os pastores de Israel; profetize e diga-lhes: Assim diz o Soberano,
o Senhor: Ai dos pastores de Israel que só cuidam de si mesmos!
Acaso os pastores não deveriam cuidar do rebanho?"*

O Senhor continua ao longo de todo o capítulo delineando como deve ser esse cuidado.

Cuidar Requer Que Nós:

- fortaleçamos os **fracos**,
- **curemos** os enfermos,
- **cuidemos** dos feridos,
- procuremos os **perdidos**, para que
- possamos trazer de volta aqueles que se **afastaram** de Deus.

Para tanto, cada um de nós, como seguidores de Jesus Cristo, foi chamado para fortalecer os fracos, curar os enfermos, curar os feridos, buscar os perdidos e trazer de volta para Ele aqueles que se desviaram de sua fé Nele.

> **Ezequiel 34:4** *"Vocês não fortaleceram a fraca nem curaram a doente nem enfaixaram a ferida. Vocês não trouxeram de volta as desviadas nem procuraram as perdidas. Vocês têm dominado sobre elas com dureza e brutalidade."*

Todo pastor é como um pai para seus próprios filhos. Uma das maneiras de cuidar e protegê-los é nunca expor as fraquezas de nossos filhos para outras pessoas. Quando nos aproximamos das pessoas, ficamos próximos de suas fraquezas e falhas. Ovelhas fedem. Quando nos aproximamos de nossas ovelhas, devemos lidar com a situação delas com compaixão. Frequentemente, lemos sobre a preocupação e o cuidado de Deus com seu povo quando ele se refere a eles como "**ovelhas sem pastor**". Que possamos cuidar das ovelhas a nós confiadas de tal maneira que o Senhor saiba que existe um pastor compassivo e atencioso em suas vidas.

O Pastor Conhece o Coração de Suas Ovelhas

Um dos princípios básicos para sermos um bom pastor é que <u>conheçamos</u> nossas ovelhas. É essencial que a conheçamos nossas pelo <u>nome</u> e que elas conheçam nossa <u>voz.</u> Conheça suas condições de vida e suas situações familiares.

> **João 10:3**, grifo do autor *"O porteiro abre-lhe a porta, e as ovelhas ouvem a sua voz.* **Ele chama as suas ovelhas pelo nome** *e as leva para fora."*

> **João 10:4**, grifo do autor *Eu sou o bom pastor;* **conheço as Minhas ovelhas***, e elas Me conhecem.*

O coração de um pastor é visto na forma como ele se relaciona com as ovelhas. A forma como falamos sobre as pessoas confiadas aos nossos cuidados fala do nosso conhecimento íntimo do bem-estar e da condição dessas pessoas.

Somos bons pastores quando **as protegemos, zelamos por elas e zelamos constantemente por seu crescimento, suas condições e seu desenvolvimento.** Sempre que observamos áreas de necessidade ou desvios, devemos nos dirigir a elas de forma privada e atenciosa.

As ovelhas sabem rapidamente que você tem no coração o melhor para elas e que as conhece melhor do que elas mesmas. Este conhecimento íntimo não é para dominá-las ou para nos intrometermos em seus assuntos privados, mas para observarmos o suficiente, **por meio de oração e trabalho,** para que possamos ajudá-las e orientá-las, e **cuidar delas de forma eficaz.**

Com frequência descobriremos que o **Espírito Santo nos iluminará**, dirigindo-nos para áreas de crescimento e ativação na vida de nossos discípulos, mas Ele também **nos advertirá** sobre situações de invasão e sobrecarga que possam prejudicar o crescimento e o desenvolvimento de suas vidas. Como bons pastores, devemos vigiar cuidadosamente nossos discípulos, para saber como podemos cuidar, protegê-los e guiá-los em sua caminhada com o Senhor.

Os Pastores Têm Compromisso com a Liderança

Os pastores lideram ou **conduzem** as ovelhas. Os pastores não induzem as ovelhas. No Salmo 23, lemos sobre como o Bom Pastor "**conduz**" suas ovelhas a pastos verdes e águas tranquilas.

- Conduzimos pelo nosso **exemplo.**
- Conduzimos copiando Cristo em nosso comportamento, **ações** e modo de falar.
- Conduzimos vendo e **sabendo** aonde elas precisam ir.

Os verdadeiros pastores são aqueles que **olham constantemente para a frente** e sabem para onde estão indo, e tomam, com cuidado, todas as precauções para garantir que todas as ovelhas sejam conduzidas para aquele lugar.

> **Salmo 23:2-3**, grifo do autor *"Em verdes pastagens me faz repousar e **me conduz** a águas tranqüilas; restaura-me o vigor. **Guia-me** nas veredas da justiça por amor do Seu nome."*

> **João 10: 3-4**, grifo do autor *" O porteiro abre-lhe a porta, e as ovelhas ouvem a sua voz. Ele chama as Suas ovelhas pelo nome e **as leva para fora**. Depois de conduzir para fora todas as Suas ovelhas, **vai adiante delas**, e estas O seguem, porque conhecem a Sua voz."*

Os pastores conduzem as pessoas **indo à frente** delas. O mercenário diz às pessoas para onde elas devem ir, enquanto o pastor mostra às pessoas para onde as está conduzindo.

O coração com que lideramos pode ser observado no compromisso que assumimos de ser um exemplo que eles possam seguir.

Assimilação – Aplicação

O Coração de um Pastor

Davi foi conhecido por ser um homem *segundo o coração de Deus*. Oro para que Deus encontre em cada um de nós, um homem ou uma mulher, segundo o Seu coração.

> **Jeremias 3: 15**, ARA, grifo do autor *"**Dar-vos-ei pastores segundo o meu coração**, que vos apascentem com conhecimento e com inteligência."*

> **Atos 13: 22**, grifo do autor *Depois de rejeitar Saul, levantou-lhes Davi como rei, sobre quem testemunhou: 'Encontrei Davi, filho de Jessé, homem **segundo o Meu coração**; ele fará tudo o que for da Minha vontade'.*

Tomemos um momento e nos comprometamos a ser bons pastores. Que Deus encontre em nós pessoas que tenham um coração segundo o Dele, voltado para o Seu trabalho e para o Seu povo. Que nossas ações mostrem que temos o coração voltado para Ele e para Suas Ovelhas. Gostaria que orássemos as palavras de Davi, quando Ele pediu a Deus que criasse nele "um novo coração".

> **Salmo 51:10** "*Cria em mim um coração puro, ó Deus, e renova dentro de mim um espírito estável.*"

Oro para que Deus crie em nós "**um coração puro**" para que sirvamos às Suas ovelhas com integridade de coração, com sinceridade para vermos realizado o melhor que Deus tem para elas. Oro para que Deus remova nossos corações de pedra e nos dê corações de carne para que possamos servir com amor, cuidado, tolerância, compreensão e compaixão.

> **Ezequiel 11: 19,** grifo do autor *"Darei a eles um coração não dividido e porei um novo espírito dentro deles; retirarei deles o coração de pedra e lhes darei um coração de carne."*

> **Ezequiel 36:26** *"Darei a vocês um coração novo e porei um espírito novo em vocês; tirarei de vocês o coração de pedra e lhes darei um coração de carne."*

Como expressão desse desejo de ter um coração segundo o de Deus, expressemos nosso compromisso com Ele em oração. Reserve alguns momentos em oração silenciosa e meditação e faça esses compromissos com Deus (dê cerca de 10 minutos para a conclusão desta sessão em oração):

- Senhor, dou a minha vida pelas ovelhas que me confiaste,
- Comprometo-me a ser um servo disposto, ansioso por fazer tudo o que é exigido de mim como um subpastor,
- Eu me comprometo a cuidar das ovelhas como se fosse o Senhor mesmo cuidando de Suas ovelhas,

- Eu me comprometo a conhecer as ovelhas intimamente,
- Eu me comprometo a conduzi-los, pelo exemplo, para onde quer que o Senhor deseje que eles vão e cresçam.
- Hoje declaro minha ânsia, disposição e desejo de fortalecer os fracos, curar os enfermos, cuidar dos feridos, buscar os perdidos e trazer de volta, com dedicação, aqueles que se desviaram da fé em Ti, Senhor Jesus. Amém!

Que nosso coração fale do amor que temos por Deus, Sua obra e Seu povo.

Tenha um coração voltado para Deus, Seu trabalho e Suas Ovelhas!

24

SESSÃO 3: O PROPÓSITO DE UM PASTOR

propósito de um pastor é cuidar das ovelhas **protegendo** e **provendo**.

*Todos nós necessitamos ser **amados** e cuidados.*

Como já discutimos e vimos até agora, o desejo de Deus é cuidar de Suas ovelhas, bem como pastoreá-las por meio de Seus servos. Somos Seus servos quando nos dispomos a **amar** e **cuidar** dos outros em Seu nome.

Muitas vezes, vemos os jovens demonstrando grande interesse pelas crianças. Isso é maravilhoso, no entanto, a profundidade desse amor e cuidado pelos filhos só se pode verdadeiramente observar quando eles têm seus próprios filhos, quando a realidade do compromisso, cuidado e devoção realmente entram em jogo. É bastante fácil amar os filhos de Deus de longe, especialmente se você não assumir a responsabilidade por seu bem-estar, desenvolvimento e crescimento. Para nós, como pastores das ovelhas de Deus, **um nível totalmente diferente de compromisso e devoção nos é exigido.**

Nesta sessão, exploraremos **as melhores maneiras** pelas quais podemos assumir nossa responsabilidade de cuidar e prover aqueles que estão sob nossos cuidados.

A melhor maneira de discipular alguém é assumir o papel de **pastor** para essa pessoa. A maior expressão de fazer um discípulo é vista naqueles que pastoreiam as pessoas em nome de Cristo. Nossa ânsia de servir ao Senhor é evidenciada pela maneira como procuramos salvar os perdidos e os que se extraviaram e, então, seguir em frente cuidando deles.

Jesus nos chamou para "**ir e fazer discípulos de todas as nações**" e isso inclui "**batizá-los e ensiná-los**". A parte de 'ensino' é a parte mais abrangente e envolvente e requer o maior nível de **comprometimento** e resistência.

> **Mateus 28: 19-20**, grifo do autor *"Portanto, **vão e façam discípulos de todas as nações, batizando-os** em nome do Pai e do Filho e do Espírito Santo, e **ensinando-os** a obedecer a tudo o que Eu lhes ordenei. E eu estarei sempre com vocês, até o fim dos tempos".*

Ser Pastor Requer Habilidades

Servir como pastor para aqueles que Deus confiou aos nossos cuidados é um nobre chamado e uma nobre tarefa; e requer **habilidades** que estão além da nossa vontade de responder a tal chamado. As habilidades necessárias são diversas, no entanto, se mantivermos em primeiro plano em nossas mentes para quem fazemos isso, e a alegria de saber o impacto eterno na vida das pessoas confiadas aos nossos cuidados, isso nos motivará a nos aplicar com diligência e para dar continuamente o nosso melhor.

Pastores Proporcionam um Ambiente de Cuidado Dentro do Qual Oferecerão Proteção e Provisão.

Para desenvolver um ambiente de **cuidado**, precisamos desenvolver *uns aos outros*, edificando e encorajando um tipo de relacionamento profundo entre os membros do grupo.

> **1 Tessalonicenses 5:11**, grifo do autor *"Por isso, **exortem-se** e **edifiquem**-se uns aos outros, como de fato vocês estão fazendo."*
>
> **Como podemos exortar e edificar uns aos outros?**

- **Afirmando** uns aos outros continuamente, especialmente nas áreas onde observamos crescimento e desenvolvimento de nossa fé.
- Falando a **verdade** em amor, mesmo quando isso envolver confronto.
- **Encorajando** uns aos outros no sentido do amor e das boas ações.
- Orando uns pelos outros e **trocando** palavras de encorajamento.
- **Carregando** os fardos uns dos outros.
- Amando uns aos outros, **praticando** ativamente as maneiras sentidas de expressar nosso amor.

O encorajamento ocorre quando nos amamos incondicionalmente. A edificação ocorre quando as pessoas têm um profundo sentimento de que estão sendo ouvidas, compreendidas e, então, como resultado desse sentimento de *serem ouvidas*, elas se abrem para aceitar e receber, por meio de *palavras de **afirmação***, perdão, graça, misericórdia e forte encorajamento para o caminho adiante.

Em uma sessão posterior, veremos especificamente como

conduzir nossos discípulos de maneira eficaz a edificar e encorajar uns aos outros. Basta dizer que devemos amar uns aos outros como amamos a Deus. Amar de maneira intencional e sentida é o objetivo. É assim que somos conhecidos como Seus discípulos: pela maneira como amamos uns aos outros.

O pastor não apenas fornece um ambiente onde os discípulos podem edificar uns aos outros, mas também fornece um **lugar** onde podem ajudar seus discípulos a crescer.

Os Pastores Protegem e Cuidam das Ovelhas

Protegemos mantendo as ovelhas unidas e evitando que se dispersem, se extraviem e ponham a si mesmas em perigo. Nós as protegemos contra **falsas** doutrinas, mentalidades **mundanas** e relacionamentos e ambientes destrutivos.

Os pastores protegem suas ovelhas zelando por elas em espírito de oração.

> **1 Pedro 5:2**, grifo do autor *"Pastoreiem o rebanho de Deus que está aos seus cuidados. Olhem por ele, não por obrigação, mas de livre vontade, como Deus quer. Não façam isso por ganância, mas com o desejo de servir."*

A consciência de **_vigiar_** começa quando vigiamos nossa própria caminhada e permanecemos no Senhor continuamente. Um dos homens de Deus que ajudou a Igreja a entender o que significa "vigiar" é Watchman Nee, um evangelista chinês. Ele disse:

> *"Devemos não apenas estar vigilantes em guardar o tempo de oração, mas também estar vigilantes durante o tempo de oração para que possamos realmente ser eficazes na oração."*

Definição de Vigilância

"Vigilância é uma consciência espiritual antecipada ou estado de alerta em relação às coisas que estão acontecendo ao nosso redor."

"Prontidão" pode ser definida como "a capacidade de antecipar respostas corretas ao que está ocorrendo ao nosso redor".

Este estado de prontidão, ou atenção, é especialmente observado através da oração. É enquanto oramos por nossos discípulos que respondemos ao que nos vêm à mente pelo Espírito Santo, o que então pode nos incitar a orar mais intencionalmente e profundamente pelas coisas. Respondemos ao impulso ou aos sussurros do Espírito Santo em oração.

Jesus nos deu o exemplo de vigilância.

Em uma ocasião, Jesus deu o exemplo desta *"vigilância"* e *"atenção"*, quando disse a Pedro: "**Satanás queria peneirá-lo, mas Eu orei por você**".

> **Lucas 22:31-32**, grifo do autor *"Simão, Simão, **Satanás pediu vocês para peneirá-los** como trigo. Mas eu orei por você, para que a sua fé não desfaleça. E quando você se converter, fortaleça os seus irmãos".*

A vida de Pedro foi poupada como resultado direto da consciência e da atenção de Jesus em oração enquanto Ele vigiava os que Lhe haviam sido confiados.

O Espírito Santo é surpreendente. Ele sempre nos ajuda e nos guia quando guardamos nossos discípulos em nossas orações. Ele sempre nos ensina e nos orienta. Quanto mais vivermos em sintonia com o Espírito Santo, mais estaremos atentos e conscientes das coisas ao nosso redor, e na vida daqueles que foram confiados a nossos cuidados. O Espírito Santo nos revelará as coisas que podem acontecer, boas ou más. O Espírito Santo pode nos fazer tomar consciência daquilo que Ele está trabalhando na vida de nossos discípulos. Quanto mais tempo estivermos conscientes e alertas espiritualmente, mais estaremos sintonizados com o que o Senhor está fazendo em nossas vidas e ao redor delas. Este alerta nos ajudará a trabalhar mais eficientemente para Deus.

"**Vigiar**" pode ser definido de forma mais completa como:

- Manter-se espiritualmente desperto para **proteger**.
- Observar de perto.
- Estar **alerta**.

A prontidão espiritual é vital para pastorearmos eficazmente aqueles que foram confiados aos nossos cuidados. Esse estado de alerta inclui nossa capacidade de antecipar ou compreender o que acontece ao nosso redor.

"**Antecipar**" significa "agir com antecedência para prevenir". Vigiar é pastorear em **oração**.

Como cuidar de nossas ovelhas?

- Vigiando e **orando** constantemente por aqueles que foram confiados aos nossos cuidados.
- Cuidando deles e **pedindo** a Deus que nos mostre Seu propósito maior para cada um deles. Ao profetizarmos o propósito de Deus sobre suas vidas, nós os vigiamos para garantir que andem e se desenvolvam de acordo com o propósito que Deus tem para cada um deles.
- Vigiando e **observando** suas vidas, e em espírito de oração, considerarmos que tipo de orientação, ensino, instrução ou ajuda eles podem precisar para se tornarem mais semelhantes a Cristo.

Os pastores protegem suas ovelhas mantendo-as juntas.

Como pastores bíblicos, trazemos e mantemos nossas ovelhas juntas para que possamos protegê-las melhor. Jesus nos contou sobre o pastor entrando pelo portão para cuidar de suas ovelhas. Isso fala de tê-las juntas. Jesus exemplificou este tipo de pastoreio discipulando Seus discípulos em um **grupo**. O pastor possui duas ferramentas para pastorear suas ovelhas: **uma vara e um cajado**. A vara era usada para **protegê**-las de animais perigosos, bem como para **disciplina**, e o cajado era usado para manter as ovelhas perdidas juntas em um rebanho e para **guiá-las**.

> **Salmo 23:4**, grifo do autor. *"Mesmo quando eu andar por um vale de trevas e morte, não temerei perigo algum, pois Tu estás comigo; **a Tua vara e o Teu cajado me protegem**."*

Em Sua repreensão aos pastores de Israel, uma das principais preocupações era que os pastores permitiam que as ovelhas se dispersassem sem **mantê-las reunidas**. Como pastores, precisamos permanecer com nossas ovelhas para cuidar delas.

> **Ezequiel 34:11-13**, grifo do autor *"Porque assim diz o Soberano, o Senhor: Eu mesmo buscarei as Minhas ovelhas e delas cuidarei. **Assim como o pastor busca as ovelhas dispersas quando está cuidando do rebanho, também tomarei conta de Minhas ovelhas. Eu as resgatarei** de todos os lugares para onde foram dispersas num dia de nuvens e de trevas. **Eu as farei sair das outras nações e as reunirei**, trazendo-as dos outros povos para a sua própria terra. E as apascentarei nos montes de Israel, nos vales e em todos os povoados do país".*

Cuidamos de nossos discípulos mantendo-os juntos em comunhão. Jesus discipulava Seus discípulos reunindo-os e ensinando-os em grupo. Em certo sentido, Ele manteve Suas ovelhas unidas a tal ponto que, no final de Seu ministério terreno, Ele declarou que as *protegera e as mantivera a salvo*, e que não *havia* **perdido nenhum** daqueles que Lhe foram dados.

> **João 17:12**, grifo do autor *"Enquanto estava com eles, Eu os protegi e os guardei no nome que me deste. Nenhum deles se perdeu, a não ser aquele que estava destinado à perdição, para que se cumprisse a Escritura."*

Como manter nossos discípulos juntos?

- **Reunindo-os** regularmente para ministrar a eles como um grupo.
- Permanecendo em contato com nossos discípulos **diariamente**, telefonando para eles, compartilhando refeições, visitando-os ou nos encontrando para um café.
- Mantendo nossos discípulos na vanguarda de nossos corações e mentes **orando** por eles diariamente.
- Nos reunindo como um grupo para que possamos **ensiná-los** juntos.
- Permitindo, ao reuni-los, momentos igualmente justos de **compartilhamento**.
- Reservando tempo para **adorar** juntos.
- Praticando o **BAMP** (Boas-Vindas, Adoração, Ministração, Palavra) durante nosso tempo juntos.

Os pastores protegem suas ovelhas atrelando-as às verdades da Palavra de Deus.

Nós os protegemos ensinando-lhes as **verdades** da Palavra de Deus de uma forma sistemática e estruturada. Nós os protegemos garantindo que eles se alimentem e vivam pela Palavra de Deus, e não pelos impulsos sensoriais do mundo. O antídoto para os falsos ensinos é formar uma cerca de proteção ao redor de nossos discípulos, trazendo-lhes a sã doutrina e ensinamentos. A **sã** doutrina e o ensino protegem nossas ovelhas dos lobos.

2 Timóteo 3: 14-17, grifo do autor *"Quanto a você, porém, permaneça nas coisas que aprendeu e das quais tem convicção, pois você sabe de quem o aprendeu. Porque desde criança você conhece as **Sagradas Letras, que são capazes de torná-lo sábio para a salvação mediante a fé em Cristo Jesus. Toda a Escritura é inspirada por Deus e útil para o ensino, para a repreensão, para a correção e para a instrução na justiça, para que o homem de Deus seja apto e plenamente preparado para toda boa obra.**"*

Uma grande parte do segundo capítulo de Tito é dedicada ao que ele precisava para ensinar o rebanho. Paulo instrui Tito a ensinar a sã doutrina aos velhos e jovens, às mulheres, aos escravos e às crianças.

Tito 2:1, grifo do autor *"Você, porém, fale o que está de acordo com a **sã doutrina**."*

Tito 2:11-15, grifo do autor. *"Porque a graça de Deus se manifestou salvadora a todos os homens. **Ela nos ensina a renunciar à impiedade e às paixões mundanas e a viver de maneira sensata, justa e piedosa** nesta era presente, enquanto aguardamos a bendita esperança: a gloriosa manifestação de nosso grande Deus e Salvador, Jesus Cristo. **Ele se entregou por nós a fim de nos remir de toda a maldade e purificar para si mesmo um povo particularmente seu, dedicado à prática de boas obras. É isso que você deve ensinar**, exortando-os e repreendendo-os com toda a autoridade. Ninguém o despreze."*

Protegemos nossas ovelhas ensinando as verdades da Palavra de Deus de maneira sistemática e correta.

Como ensiná-los?

- Nós os ensinamos garantindo que eles vivam na Palavra de Deus <u>diariamente</u>.

- Nós os ensinamos que a Palavra de Deus é o **alicerce e o manual** que se relaciona a todas as partes de nossas vidas.
- Ensinamos como **aplicar** a Palavra de Deus.
- Nós os equipamos **praticando** o Modelo de Equipamento.
- Nós os ensinamos ajudando e proporcionando uma **experiência de aprendizagem compartilhada**, sendo mais facilitadores do que explicadores, especialmente à medida que amadurecem em suas caminhadas com Deus.

Os pastores fornecem um exemplo para seus discípulos seguirem.

Oferecemos aos nossos discípulos *um exemplo a seguir*. Oferecemos a eles uma atmosfera de aprendizado segura, onde podem aprender a Palavra de Deus, apreciar a voz do Espírito Santo e crescer na fé. Nada nos prepara para a vida como a Palavra de Deus.

O maior legado que alguém pode deixar é seu *exemplo*. Talvez, na sua vida, seja a sua mãe ou o seu pai, ou talvez o seu pastor seja o modelo ou exemplo que você segue. Para cada crente, temos esta instrução para sermos bons exemplos.

> **Tito 2:7-8**, grifo do autor *"Em tudo **seja você mesmo um exemplo** para eles, fazendo boas obras. Em seu ensino, mostre integridade e seriedade; use linguagem sadia, contra a qual nada se possa dizer, para que aqueles que se opõem a você fiquem envergonhados por não poderem falar mal de nós."*

> **1 Timóteo 4:12**, grifo do autor *"Ninguém o despreze pelo fato de você ser jovem, **mas seja um exemplo para os fiéis** na palavra, no procedimento, no amor, na fé e na pureza."*

> **1 Pedro 5:2-4**, grifo do autor *"Pastoreiem o rebanho de Deus que está aos seus cuidados. Olhem por ele, não por obrigação, mas de livre vontade, como Deus quer. Não façam isso por ganância, mas com o desejo de servir. Não ajam como dominadores dos que lhes foram confiados, mas **como exemplos para o***

rebanho. Quando se manifestar o Supremo Pastor, vocês receberão a imperecível coroa da glória."

Oferecemos aos nossos discípulos um **exemplo vivo** a ser seguido. Jesus nos chamou para seguirmos Seus passos. O apóstolo Paulo se tornou um exemplo para os crentes e os exortou a seguir seu exemplo. Devemos dar aos nossos discípulos um exemplo a seguir, caso contrário, concordamos com a regra dos fariseus que instruíam as pessoas a cumprir regras e regulamentos que eles mesmos não praticavam em suas próprias vidas. Essa instrução veio direto do alto. **Jesus** disse a Seus discípulos que lhes **deu um exemplo a seguir** e insistiu que eles seguissem Seu exemplo. Por todos os relatos do que lemos no Novo Testamento, eles seguiram o exemplo que Jesus lhes deu.

João 13:15, grifo do autor *"Eu lhes dei o exemplo, para que vocês façam como lhes fiz."*

O apóstolo Paulo seguiu essa mesma abordagem em seu ministério, apelando aos seus discípulos para seguirem seu exemplo da mesma forma que ele seguia o exemplo dado por Jesus.

1 Coríntios 11:1, NTLH *"Sigam o meu exemplo, como eu sigo o exemplo de Cristo."*

Efésios 5:1, grifo do autor *"Portanto, **sejam imitadores de Deus**, como filhos amados."*

O Apóstolo Pedro repetiu essa abordagem, tanto ao exortar os crentes a seguirem o exemplo de Cristo, seguindo Seus passos, quanto ao exortar-nos, como Seus "subpastores", **a sermos exemplos**.

1 Pedro 2:21, grifo do autor *"Para isso vocês foram **chamados**, pois também **Cristo** sofreu no lugar de vocês, **deixando-lhes exemplo, para que sigam os seus passos.**"*

Assuma o compromisso de fazer de sua vida um exemplo a ser seguido por outras pessoas.

Pastores lideram e guiam suas ovelhas.

Outra forma de sustentarmos o rebanho confiado aos nossos cuidados e vigilância é *conduzindo-os a "pastos verdejantes e águas tranquilas"* e a um lugar onde suas almas possam se refrescar.

> **Salmo 23:2-3**, grifo do autor*"Em verdes pastagens me faz repousar e me conduz a águas tranqüilas; restaura-me o vigor. **Guia-me nas veredas da justiça por amor do seu nome.**"*

Cada oportunidade que temos de abrir a Palavra de Deus, lê-la juntos, ouvir o que o Espírito Santo nos diz e como podemos aplicá-la em nossas vidas, nos dá uma oportunidade de cuidar, proteger e prover de forma eficaz as nossas ovelhas. A Palavra nos restaura, nos refresca, nos guia, nos conduz e, por fim, nos dirige.

> **Salmo 1:2-3**, grifo do autor*"Ao contrário, sua satisfação está na lei do Senhor, e nessa lei medita dia e noite. **É como árvore plantada à beira de águas correntes:** Dá fruto no tempo certo e suas folhas não murcham. Tudo o que ele faz prospera!"*

Como pastores, conduzimos nossos discípulos aos pastos verdejantes da Palavra, aos pastos verdejantes dos encontros no Espírito Santo e aos pastos verdejantes de edificarmos uns aos outros por meio dos dons e do poder do Espírito Santo. Nada nos refresca tanto como o tempo passado na Presença de Deus.

Conclusão

Esta sessão não seria concluída sem que tomássemos uma decisão consciente de nos comprometermos a sermos pastores com um propósito.

Sessão 3: O Propósito de um Pastor | 271

. . .

Exploramos juntos:

O pastor oferece um ambiente acolhedor no qual eles podem dar proteção e provisão. Aprendemos a melhor maneira de nos encorajar e construir uns aos outros dentro das paredes deste ambiente protegido.

Também vimos **como os pastores protegem em espírito de oração suas ovelhas, cuidando delas.** Nós os protegemos e os mantemos estando espiritualmente alertas e vigilantes em oração. Também os protegemos, mantendo-os juntos, bem como ensinando-lhes a sã doutrina.

Vimos como **dar aos nossos discípulos um exemplo a ser seguido** e, finalmente, **comprometer-nos a liderá-los e guiá-los** por caminhos certos e para lugares onde suas almas serão revigoradas.

"Oro para que você assuma o compromisso de ser esse pastor, dando um exemplo que outros possam seguir. Oro para que Deus nos ajude a manter e proteger aqueles que foram confiados aos nossos cuidados, "para que ninguém pereça." Também oro para que tenhamos corações e mentes abertos para estarmos espiritualmente alertas e conscientes para o que o Senhor possa estar fazendo na vida de nossos discípulos, para nos capacitar a liderar, guiar e protegê-los com mais eficiência. Que Deus o abençoe em sua busca para ser o melhor pastor que você consiga ser com a ajuda do precioso Espírito Santo. Amém"

Folha de Assimilação

O Propósito de Um Pastor

1. Complete a frase: *O propósito de um pastor é cuidar das ovelhas **protegendo e provendo**.*
2. Complete a frase: *A melhor maneira de discipular alguém é assumindo o papel de **pastor** para essa pessoa.*

3. Complete a frase: *A parte de **'ensino'** é a parte mais abrangente e envolvente e requer o maior nível de **comprometimento** e resistência.*
4. Que versículo bíblico nos encoraja particularmente a promover um ambiente de cuidado? *1 Tessalonicenses 5:11.*
5. Cite duas formas de incentivarmos e edificarmos uns aos outros?

- ***Afirmando** uns aos outros continuamente, especialmente nas áreas onde observamos crescimento e desenvolvimento de nossa fé.*
- *Falando a **verdade** em amor, mesmo quando isso requer confronto.*
- ***Encorajando** uns aos outros no sentido do amor e das boas ações.*
- *Orando uns pelos outros e **trocando** palavras de encorajamento.*
- ***Carregando** os fardos uns dos outros.*
- ***Amando** uns aos outros, **praticando** ativamente as maneiras sentidas de expressar nosso amor.*

1. Complete a frase: *Nós os protegemos contra **falsas** doutrinas, mentalidades **mundanas** e relacionamentos e ambientes destrutivos.*
2. Qual é a maneira mais eficiente de vigiar nossos discípulos? Cite uma referência bíblica da vida de Cristo que comprove sua resposta. *Orando por eles como Jesus orou por Simão Pedro em Lucas 22: 31-32.*
3. Complete a frase: *Vigiar é pastorear em **oração**.*
4. Os pastores protegem suas ovelhas. Quais são as duas ferramentas que eles usam e qual a finalidade de cada um deles? *O pastor possui dois equipamentos para pastorear suas ovelhas: uma vara e um cajado. A vara era usada para protegê-las de animais perigosos, bem como para disciplina, e o cajado era usado para manter as ovelhas perdidas juntas como um rebanho e para guiá-las.*

Sessão 3: O Propósito de um Pastor | 273

5. Jesus fez três afirmações em Sua oração em João 17:12. Quais foram as suas três afirmações? *Ele afirmou que "os protegera e os mantivera a salvo" e que "não perdera nenhum" daqueles que Lhe foram dados.*
6. Dê três passagens bíblicas que nos exortam a proteger nossos discípulos, ensinando-lhes a sã doutrina: *Tito 2:15, Tito 2: 11-14, Tito 2: 1, 2 Timóteo 3:14.*
7. O maior legado que alguém pode deixar é seu exemplo. Forneça versículos que comprovem esta afirmação. *Tito 2: 7-8, 1 Timóteo 4: 12, 1 Pedro 5: 2-4, João 13:15, 1 Coríntios 11:1, Efésios 5: 1 e 1 Pedro 2: 21.*
8. Qual é o propósito do Bom Pastor no Salmo 23 versículos 2 e 3? *Ele conduz e guia.*

SESSÃO 4: DESENVOLVENDO RELACIONAMENTOS PROFUNDOS E SIGNIFICATIVOS

A parte mais eficaz da atividade de um pastor é **oferecer um lugar onde as vidas das pessoas possam ser <u>transformadas</u>, renovadas, encorajadas e edificadas.**

Esta sessão é sobre **como desenvolver <u>relacionamentos</u> profundos e significativos que resistirão ao teste do tempo.** Para capacitar-nos a *discipular efetivamente nossos discípulos,* nós, em primeiro lugar, precisamos *estar totalmente <u>comprometidos</u>* com pastorear e cuidar daqueles que foram confiados aos nossos cuidados e, em segundo lugar, *precisamos <u>desenvolver</u> de forma objetiva relacionamentos profundos e significativos,* dentro dos quais, em **terceiro lugar**, a *verdadeira transformação* possa ocorrer na vida de nossos discípulos para que possam, em **quarto** lugar, *servir ao propósito que Deus tem para suas vidas.*

Desenvolvendo relacionamentos profundos e significativos.

Desenvolvemos relacionamentos profundos e significativos ao longo de um caminho conhecido. **Compreender como** manter um ritmo responsável no **desenvolvimento de relacionamentos profundos e significativos o ajudará a impactar os outros** de forma mais **eficaz.**

As oscilações de como devemos proceder para desenvolvermos uma relação com propósito exige *know-how*, bem como **diligência fervorosa em** oração.

Se você for rápido demais, poderá se encontrar em uma situação de **vulnerabilidade além da profundidade do relacionamento**, e isso o exporá desnecessariamente à possibilidade se machucar.

Que seu ministério no Espírito, acompanhado de preparo sistemático, forme a sólida linha do tempo inicial, ao longo da qual você buscará o desenvolvimento de relações duradouras. Vamos, a seguir, analisar alguns princípios-chave para nos ajudar em nossa compreensão.

JANELA JOHARI

A **Janela Johari** é uma **ferramenta imaginária** que usamos para pensarmos sobre relacionamentos. Ela consiste em quatro quadrantes, cada qual representando um aspecto e dimensão diferente: **como as pessoas nos percebem, o que elas sabem sobre nós; o que conhecemos sobre nós mesmos e como nos relacionamos com os outros.**

Gráfico da Janela Johari

A JANELA JOHARI nos traz a consciência de que nem tudo o que sabemos sobre nós mesmos é conhecido dos outros, mas também, que os outros veem e sabem coisas sobre nós das quais não estamos necessariamente cientes.

Há quatro aspectos a considerar ao desenvolver a autoconsciência, tanto para nós mesmos como para aqueles que estamos liderando: o primeiro é o quadrante **ABERTO**, depois há uma área que é o quadrante **OCULTO** (não revelado) por nós mesmos, ainda desconhecido para os outros, o terceiro quadrante representa o que pode ser visto e conhecido por outros, porém ainda desconhecido para nós, para o qual estamos totalmente **CEGOS**, e finalmente há um quadrante não descoberto e **DESCONHECIDO**, dentro de cada um de nós, não conhecido nem por nós mesmos, nem pelos outros.

Vamos explorá-los individualmente.

O QUADRANTE ABERTO

O quadrante ABERTO representa *aquele aspecto de nossas vidas que é* **conhecido** *tanto por nós mesmos quanto pelos outros*. Poderia ser, por exemplo, nosso nome, a cor de nossos olhos, o lugar onde vivemos, a língua que falamos, as relações que temos, nossa educação e nossas crenças. Geralmente, estas são *as informações que escolhemos compartilhar com os outros,* em diferentes graus, como veremos mais adiante. São as coisas que nos sentimos à vontade para compartilhar, ou que podem ser conhecidas sobre nós e que também são conhecidas por outros.

O QUADRANTE OCULTO

O quadrante OCULTO representa *aquilo que sabemos sobre nós mesmos que está <u>escondido</u> do conhecimento dos outros.* As pessoas podem conhecê-lo como uma pessoa de língua portuguesa e presumir que você é brasileiro, não sabendo que você é realmente um sueco nascido na Alemanha. Outros podem conhecê-la como morena, quando na verdade você é loira. Outras coisas escondidas podem representar seu **sistema de crenças, práticas, hábitos, passatempos, educação, herança cultural ou preferências.** Todas essas informações podem ser conhecidas por você, mas podem estar escondidas da vista ou do conhecimento dos outros.

O QUADRANTE CEGO

O quadrante CEGO representa aquele lado de nossas vidas que *os outros veem e sabem sobre nós,* mas para o qual somos completamente cegos. Os outros veem e observam coisas dentro de nós, ou sobre nós *que nos são <u>desconhecidas</u>.* Eles veem padrões de comportamento, atitudes e maneiras que podem ser perceptíveis, mas nós podemos estar cegos para o fato de que estamos nos comportando de maneiras impróprias.

Antes de "**nascermos de novo**", falávamos como o mundo, nos comportávamos e agíamos como o mundo, cegos ao fato de que nossos pecados nos cegavam de ver quão longe estávamos de Deus e quão inapropriada era a nossa conduta. Uma vez que nos abrimos a Jesus Cristo, as vendas foram retiradas de nossos olhos e nos demos conta de nossos pecados e deficiências.

Há áreas ou aspectos de nossas vidas para os quais precisamos estar abertos, que os outros observam dentro de nós e sobre nós, e para os quais estamos atualmente cegos. Nossa jornada com os outros deve sempre trazer para dentro de nós a consciência de que o mundo não existe apenas como o vemos ou entendemos. **Devemos também estar abertos para aprender e entender melhor as coisas**, tanto sobre nós mesmos quanto sobre os outros. Esta aptidão ajudará aos outros e a nós mesmos a crescer juntos e a desenvolver relacionamentos mais profundos e significativos.

O QUADRANTE DESCONHECIDO

O quadrante DESCONHECIDO representa *aquela parte de nossas vidas para a qual nunca acordamos, nem tomamos consciência e o mesmo se aplica às pessoas que entram em uma relação conosco*. Esta dimensão é território inexplorado e não descoberto, tanto para os outros como para nós.

Objetivo de Entendermos a Janela Johari

O objetivo de entendermos a janela **JOHARI** é nos ajudar a entender a dinâmica que está envolvida quando levamos as pessoas à autodescoberta, a se abrirem, à vulnerabilidade e à transformação final. Ajuda-nos a entender que as pessoas podem estar abertas em algumas áreas, mas intencionalmente fechadas em outras. Nossa jornada para o desenvolvimento de relacionamentos profundos e significativos, que honram a Deus, buscará maneiras de **trabalhar para tornar a dimensão *aberta*** maior e as outras áreas cada vez menores.

Nenhum relacionamento profundo é possível se não nos abrirmos aos outros e, ao mesmo tempo, permitirmos que outros nos ajudem a tomar consciência das possibilidades às quais já estivemos fechados antes.

Como pastores, desejamos ajudar nossos discípulos a se tornarem mais como Jesus. Desejamos que se abram para o sonho que Deus tem para eles. Queremos ver as pessoas transformadas pelo poder do Espírito Santo. Desejamos vê-las crescer, se desenvolverem e operarem de maneiras que nunca sonharam. **Desejamos ver a pessoa com propósito, destinada à grandeza, descoberta e destravada**, e isto requer oração, habilidade e foco intencional no objetivo final.

Cinco níveis de aprofundamento das relações

Outra ajuda para se desenvolver relações profundas é tendo-se uma compreensão dos *cinco níveis de aprofundamento das relações*. Vamos explorar os diferentes níveis de comunicação. **O objetivo é nos ajudar a aprender** e compreender **o caminho pelo qual se desenvolvem relacionamentos profundos e saudáveis**. Isto nos ajudará a entender como desenvolver relações mais profundas com nossos discípulos ao longo de um caminho responsável, bem como a orientar nossos discípulos, através dos vários estágios de desenvolvimento do grupo, suas inter-relações uns com os outros e a fazer isso de forma responsável.

Se as pessoas se revelam muito rapidamente, elas se tornam vulneráveis além do nível de relacionamento que desenvolveram pode suportar. Isto é perigoso e pode levá-las a sair do grupo desnecessariamente, uma vez que elas se sentem desconfortáveis com sua revelação prematura. A revelação é boa, mas somente no momento seguro e quando a atmosfera para transformação é adequada. Vejamos os cinco níveis:

Diagrama: Cinco níveis de aprofundamento das relações

Estranhos – Conversam sobre clichês.

No início de todos os relacionamentos, nossas conversas são baseadas em **clichês.** Quase não dizemos nada significativo, exceto o que é de conhecimento comum. Por exemplo, "Está calor" ou "o ônibus está cheio".

Conhecidos – Conversam sobre fatos.

Uma vez que **nos familiarizamos** com as pessoas, **falamos** mais sobre **fatos** verificáveis, a fim de que a relação se desenvolva. Se os fatos não se acumularem, o relacionamento permanecerá cortês, mas nunca irá mais fundo. Uma vez que a *confiança é um dos ingredientes essenciais para um bom relacionamento duradouro, é imperativo garantir* *que o que você comunica seja verdadeiro e factual.* Antes que as pessoas gostem ou até o amem por quem você é, sem que percebam, elas o avaliam com base em suas palavras: *o que você diz, como diz e a confiança com que fala.* **Se as pessoas confiarem nos fatos que você compartilha, elas certamente procurarão manter e desenvolver o relacionamento.**

Amigos – Compartilham ideias e crenças.

Uma vez que conhecemos as pessoas um pouco mais e o compromisso mútuo é buscado, *o compartilhamento de ideias e crenças será mantido.* Se as pessoas **confiarem nos fatos que você compartilha, é mais provável que abracem os padrões de pensamento de suas ideias e crenças.** Este progressivo compartilhar de ideias e crenças quase sempre prevê relações mais profundas e transformacionais.

O potencial de impactar a vida das pessoas, de levá-las à transformação se torna maior neste ponto. Ele requer, além do compartilhamento de suas ideias e crenças, *uma busca intencional de conhecer o amigo* para que, em última instância, possamos prepará-lo para seu propósito divino. A construção de relacionamentos com propósitos é de suma importância se desejamos ver *vidas mudadas e transformadas.* Nenhum relacionamento casual tem qualquer significado real ou serve a qualquer propósito para a vida.

Amigos próximos – Compartilham emoções e sentimentos.

Com o tempo, à medida que as pessoas se entrelaçam na vida umas das outras, e no que nos concerne, nós as vemos crescer no Senhor, amadurecer e finalmente se tornar pais e mães de nações. O objetivo *é manter o foco, em oração, no desenvolvimento de relações mais profundas* para que, juntos, possamos finalmente impactar outras pessoas para o avanço do Evangelho de Jesus Cristo.

Durante esta fase de desenvolvimento de relações mais profundas e significativas, podemos avançar para um lugar onde devemos ser capazes de compartilhar como nos sentimos e expressar nossas emoções sem culpa ou um sentimento de estarmos sendo vigiados.

Se você confia em alguém cujas ideias e crenças você abraça, então o próximo passo natural é deixá-lo entrar no que você realmente sente. Este sentimento pode ser de desapontamento, alegria, realização, amor ou até mesmo de medo. À medida que compartilhamos nossas emoções e sentimentos mais livremente, e recebemos uma resposta apropriada e recíproca, descobrimos que o relacionamento se aprofunda ainda mais. Se não houver reciprocidade ou resposta apropriada, como seria de se esperar de uma partilha, então a probabilidade de o relacionamento se aprofundar chega a um impasse neste ponto.

Nosso objetivo é ajudar nossos discípulos a desenvolver um relacionamento profundo e mais significativo para que possam gerar transformação em suas vidas. Quando nos tornamos abertos e honestos sobre nossas esperanças e sonhos, nossos medos e fracassos, desenvolveremos relações para a vida inteira. Esta fase convida as pessoas a se tornarem mais vulneráveis e expostas, no entanto, se tivermos percorrido o caminho cauteloso de desenvolver o relacionamento cuidadosamente, então a verdadeira transformação ocorrerá e as pessoas estarão provavelmente mais mudadas e transformadas na semelhança de Cristo, mais parecidas com Ele.

Minha advertência é a seguinte: **nunca avance ou desenvolva relacionamentos além do compartilhamento aberto recíproco e da transparência.**

Relacionamentos íntimos – Relacionamentos francos e totalmente transparentes.

O nível mais profundo de relacionamento é realmente reservado para relacionamentos de aliança ou casamento, para ser mais específico.

No desenvolvimento dessas relações, é importante saber que quanto mais profundo for o nível de relacionamento, maior será a transparência e, portanto, a vulnerabilidade. **A transformação só existe ao longo do caminho de se tornar transparente e vulnerável.** À medida que ajudamos e guiamos nossos discípulos ao longo deste caminho de revelação, vulnerabilidade e transformação, suas vidas serão enriquecidas e o resultado será um corpo de crentes unificado cumprindo o propósito de Deus para cada uma de suas vidas.

Simultaneamente, e ao lado desse caminho de desenvolvimento de relacionamentos profundos e transformacionais, existe outra dinâmica da qual precisamos estar cientes, que é o ciclo de relacionamentos.

Relacionamentos se desenvolvem em ciclos.

Fase 1: História

A primeira fase da construção de relacionamentos com propósitos é definida pelo status quo; cada um sendo sua própria pessoa, vendo a vida e as coisas de sua **perspectiva unidimensional**. Isso marca o ponto de partida para cada relacionamento.

Nesta fase, uma vez que tivermos evangelizado, podemos começar com a **comunicação de** *nível um e nível dois*. Essa fase também é identificada por nossas buscas em iniciar uma conversa com estranhos. *Iniciamos conversas com elogios sinceros e, em seguida, fazendo perguntas abertas para conhecê-los melhor.*

As pessoas se abrem mais rápido se *mostrarmos interesse sincero em situações não ameaçadoras.* Situações não ameaçadoras são aquelas das quais potencialmente nos afastaremos em minutos. Se temos mais probabilidade de "esbarrar" nesses estranhos com mais frequência, *devemos manter a consistência e evitar fazer perguntas intrusivas.* Elas devem, na superfície, parecer casuais, como se estivéssemos apenas demonstrando interesse. Lembre-se, *estamos nos engajando com estranhos para encontrar "pessoas de paz"* com quem possamos compartilhar Cristo. Estamos à procura de corações abertos nos quais poderíamos, possivelmente, construir relacionamentos profundos e significativos, com o potencial de fazer avançar muito o Reino de Deus.

Quando reunirmos nossas *"pessoas de valor"* pela primeira vez, elas também iniciarão, neste momento, seu inter-relacionamento. *Ajudá-las a superar o desconhecido, comunicando as coisas que têm em*

comum e compartilhar. Isso as ajudará a se conectar em uma atmosfera positiva.

Quando **Filipe levou Nicodemos a Jesus**, Ele facilitou as coisas contando-lhe sobre Jesus. Quando André deixou João Batista para seguir Jesus, ele levou seu irmão junto. Em ambas as ocasiões, os discípulos ***prepararam o caminho*** para que seus amigos e familiares pudessem encontrar o Senhor. Em certo sentido, precisamos fazer o mesmo na construção de nossos grupos de discipulado.

> **João 1:41-42**, grifo do autor *"O primeiro que ele encontrou foi Simão, seu irmão, e lhe disse:* **'Achamos o Messias'** *(isto é, o Cristo). E o levou a Jesus. Jesus olhou para ele e disse: 'Você é Simão, filho de João. Será chamado Cefas' (que traduzido é 'Pedro')."*

> **João01:43,45**, grifo do autor *No dia seguinte Jesus decidiu partir para a Galileia. Quando encontrou Filipe, disse-lhe: 'Siga-me'. [...] Filipe encontrou Natanael e lhe disse:* **'Achamos aquele sobre quem Moisés escreveu na Lei**, *e a respeito de quem os profetas também escreveram:* **Jesus de Nazaré**, *filho de José."*

O início do estabelecimento de um relacionamento é, na maioria da vezes, fácil, a menos que você simplesmente não se conecte com as pessoas das quais você está tentando se aproximar. Em ambas as ocasiões, vemos que o denominador comum era o conhecimento de uma das pessoas sobre Jesus, e depois o ato de compartilhá-lo com o outro.

Compartilhar algo *positivo* sobre aqueles que você apresenta ao outro, sempre estabelece um bom ponto de partida positivo para o início de novos relacionamentos. Jesus conectou-se imediatamente com aqueles que Lhe foram apresentados, ministrando a eles pelo Espírito Santo. Precisamos estar constantemente sintonizados com o Espírito Santo para nos conectarmos mais efetivamente com as pessoas. As conexões divinas têm a capacidade de catapultar as relações profundamente dentro de um ou dois encontros.

Fase 2: Desafio

A segunda fase da construção de relacionamentos com propósitos é quando as coisas se tornam um pouco mais complicadas, à medida que tomamos consciência *do que gostamos e do que não gostamos sobre a outra pessoa.* Se pudermos manter na vanguarda de nossas mentes a razão pela qual sentimos que deveríamos começar e buscar o relacionamento específico, isso nos ajudará a desenvolver *aquela* pessoa. **Durante esta fase, as pessoas são** *confrontadas* **e muitas vezes têm a sensação de serem** *desafiadas.*

- Somos desafiados **culturalmente** ao observar os **diferentes valores** que as pessoas defendem.
- Somos desafiados pelo que **as pessoas endossam** e percebem **como comportamento normal.**
- Somos desafiados pelo **status educacional** das pessoas.
- Somos desafiados por **nossas próprias capacidades emocionais de adaptação.**
- Somos desafiados pelos **hábitos e práticas das outras pessoas, e pelo que elas dizem.**
- Somos desafiados pela **forma como as pessoas reagem às circunstâncias de mudança.**
- Somos desafiados **espiritualmente** ao enfrentarmos nossas próprias deficiências e necessidades de Deus.
- Somos desafiados **ao conhecermos o propósito de Deus para nossas vidas.**
- Somos desafiados **ao tomar consciência das mudanças que se fazem necessárias** para obedecer a Deus.
- Somos desafiados também **quando consideramos quanto tempo perdemos** quando não seguíamos a Deus.

Durante esta fase, nos abrimos, tornando-nos mais transparentes e vulneráveis. É esta abertura que nos desafia ao chegarmos a um acordo com o quanto ela nos torna vulneráveis. Uma das áreas em que somos desafiados, no caminho da abertura e da vulnerabilidade, é a de **nos transformarmos na semelhança de Cristo. Nós, por necessidade, temos que enfrentar o desafio** de nossa educação, nossos valores, hábitos e práticas culturais, e isto nos leva à próxima fase de conflito.

Sempre que **somos desafiados em nossas crenças, comportamento e padrões de pensamento,** tomamos consciência de que **muito de nossa natureza adâmica está em oposição à sólida sabedoria bíblica,** e isso nos leva a um *conflito evangélico* **que precisa ser resolvido com a ajuda do Espírito Santo e de um bom pastor.** Muitas vezes somos confrontados com nossos pecados e como eles têm impactado nossas vidas. Somos confrontados com a forma como vivemos nossas vidas, e pensávamos que era correta e normal, apenas para descobrir que estávamos errados.

Essas coisas nos levam a um confronto a cerca de quem somos e como a mudança é necessária para nos tornarmos as pessoas que queremos ser e que Deus quer que sejamos. O agente constante que trabalha primordialmente em nós é o **Espírito Santo,** que traz consigo esse confronto, ou convencimento. **Um convencimento exige mudança.** Quando o Espírito Santo nos convence do pecado em nossas vidas, ele nos chama a mudar nossos caminhos.

> **João 16:8,** grifo do autor *"Quando Ele vier,* ***convencerá o mundo do pecado, da justiça e do juízo."***

Quando o apóstolo Paulo escreveu aos **tessalonicenses,** ele os abordou sobre questões que lhes trouxeram profunda convicção.

> **1 Tessalonicenses 1: 5,** grifo do autor *"Porque o nosso evangelho não chegou a vocês somente em palavra, mas também em poder, no* ***Espírito Santo e em plena convicção.*** *Vocês sabem como procedemos entre vocês, em seu favor.*

Fase 3: Conflito

Qualquer desafio feito aos nossos valores, hábitos, comportamento, crenças e conhecimentos é sempre seguido por um período de conflito. O resultado do conflito determina os valores, práticas e comportamentos que manteremos ou aos quais nos adaptaremos em nossas vidas. Este conflito é muitas vezes mais a nível espiritual do que a nível físico. Dependendo da profundidade de nossa **mentalidade**, o conflito pode ser uma experiência **mais dolorosa em uma** área do que em outras em nossas vidas, onde podemos observar mais facilmente a **sabedoria para a mudança e as transformações.**

Precisamos sempre nos lembrar do que as Escrituras nos ensinam.

> **Efésios 6:12**, grifo do autor *"Pois a nossa luta não é contra seres humanos, mas contra os poderes e autoridades, contra os dominadores deste mundo de trevas, contra as forças espirituais do mal nas regiões celestiais."*

> **2 Coríntios 10:3-6**, grifo do autor *"Pois, embora vivamos como homens, **não lutamos segundo os padrões humanos**. As armas com as quais lutamos não são humanas; ao contrário, são poderosas em Deus para destruir fortalezas. Destruímos argumentos e toda pretensão que se levanta contra o conhecimento de Deus, e levamos cativo todo pensamento, para torná-lo obediente a Cristo. E estaremos prontos para punir todo ato de desobediência, uma vez estando completa a obediência de vocês."*

Este conflito espiritual, combatido com armas espirituais, nos alinha com a vontade e o propósito de Deus. A esperança é que a convicção nos leve a um lugar de obediência a Deus e ao favor de Deus. Para alguns, a convicção pode vir em um momento de oração e contemplação na Palavra para outros, pode ser mais um processo.

A Transformação Acontece Através de Conflitos.

Nosso propósito como pastores é ajudar nossos discípulos a atravessar esta fase de conflito. **Nunca devemos fazer do conflito deles nosso conflito, nem banalizar o conflito e o trauma que eles possam experimentar,** *"deixando para lá"* ou *deixando para trás"* as coisas do passado. **Nunca leve para o lado pessoal,** pois eles podem vir a "descarregar" durante o processo de tentar aceitar a mudança que é necessária para crescer na fé e estatura em Cristo. **Se não forem desafiados,** pela Palavra, pelo Espírito Santo, ou por nós, enquanto compartilhamos as verdades da Palavra de Deus com nossos discípulos, **nenhuma mudança ou transformação será possível.**

O apóstolo Paulo escreveu à igreja de Corinto e enfatizou a forma como eles foram desafiados por sua carta, mas mais importante ainda, a convicção que ela trouxe e a transformação final em seu caráter e ministério, foi claramente observada. É para isso que estamos confiando em Deus em relação a nossos discípulos.

> **2 Coríntios 7: 8-12,** grifo do autor*Mesmo que a minha carta lhes tenha causado tristeza, não me arrependo.* É verdade que a princípio me arrependi, pois percebi que a minha carta os entristeceu, ainda que por pouco tempo. Agora, porém, me alegro, não porque vocês foram entristecidos, mas porque **a tristeza os levou ao arrependimento.** Pois vocês se entristeceram como Deus desejava, e de forma alguma foram prejudicados por nossa causa. **A tristeza segundo Deus não produz remorso, mas sim um arrependimento que leva à salvação, e a tristeza segundo o mundo produz morte.** Vejam o que esta tristeza segundo Deus produziu em vocês: que dedicação, **que desculpas,** que indignação, que temor, que saudade, que preocupação, **que desejo de ver a justiça feita!** Em tudo vocês se mostraram inocentes a esse respeito. Assim, se lhes escrevi, não foi por causa daquele que cometeu o erro nem daquele que foi

prejudicado, mas para que diante de Deus vocês pudessem ver por si próprios como são dedicados a nós.

Essa convicção nada mais é do que um grande conflito que resulta em tristeza e arrependimento segundo Deus e, por fim, em uma vida transformada.

Fase 4 – Transformação

A quarta fase se define por ser aquela que transforma a sua vida. Eu aprendi sobre transformadores na escola. Os transformadores pegam um tipo de eletricidade de uma fonte e a transformam em outro tipo e consistência na outra ponta. **A transformação acontece quando colocamos nosso antigo eu como barro nas mãos do Deus Todo-Poderoso,** nos submetemos a Ele, permitindo que Ele nos forme, fazendo algo belo de nossas vidas.

> *"Transformação é o processo pelo qual nossa velha natureza, incluindo nossa vontade, intelecto, emoções, valores, hábitos, ambições e práticas, é transformada por um processo combinado de submissão de nós mesmos, com vontade de mudar definitivamemente, juntando-se ao desejo do Espírito Santo de trazer a santificação e a criação renovada".*

Uma vez chegando a um lugar de convicção, como aqueles guiados pelo Espírito Santo, e constantemente sob Sua consagração trabalhando em nós, nos arrependemos, mudamos, e nos voltamos para sempre. Esta mudança é chamada de **transformação.**

> **2 Coríntios 7:11,** grifo do autor *"Vejam o que esta tristeza segundo Deus produziu em vocês: que dedicação, que desculpas, que indignação, que temor, que saudade, que preocupação, que desejo de ver a justiça feita! Em tudo vocês se mostraram inocentes a esse respeito."*

Deus tem em Seu coração o que é melhor para nós, assim como nós devemos ter para com aqueles que lideramos e cuidamos durante seu processo de transformação. **Lembre constantemente a si mesmo, e àqueles que você lidera, do objetivo que temos diante de nós. Vamos nos manter focados no objetivo de nos tornarmos e sermos como Jesus.**

> **Filipenses 2:5**, grifo do autor*"Seja a atitude de vocês a mesma de Cristo Jesus."*
>
> **Filipenses 3:10**, grifo do autor*"Quero conhecer Cristo, o poder da sua ressurreição e a participação em seus sofrimentos, **tornando-me como ele** em sua morte."*

Mudança definitiva

Este tipo de mudança é bom, **faz de nós pessoas melhores, pessoas melhores de se estar por perto.** Este tipo de mudança apresenta Jesus aos outros de uma forma real e transferível. Ela **transforma nosso discurso, nossas ações, nosso comportamento e a maneira como reagimos.**

Transformação

Nosso objetivo é ver as pessoas transformadas em quem são, em caráter e natureza. Desejamos equipá-las com todas as coisas boas **que as levarão a se transformarem completamente até que Cristo seja formado nelas.**

> **Romanos 12:2**, grifo do autor*"Não se amoldem ao padrão deste mundo, **mas transformem-se pela renovação da sua mente,** para que sejam capazes de experimentar e comprovar a boa, agradável e perfeita vontade de Deus."*
>
> **2 Coríntios 3:18**, grifo do autor*"E todos nós, que com a face descoberta contemplamos a glória do Senhor, **segundo a sua imagem***

estamos sendo transformados com glória cada vez maior, a qual vem do Senhor, que é o Espírito."

O propósito da transformação é que Cristo seja formado em nós. Nosso trabalho como pastores é ajudar nossos discípulos a serem transformados até que Cristo seja formado neles.

> **Gálatas 4: 19**, grifo do autor *"Meus filhos, novamente estou sofrendo dores de parto por sua causa, **até que Cristo seja formado em vocês.**"*

O Apóstolo Paulo fala da meta de Deus e dos meios de ver Seu povo equipado e mobilizado para o serviço. **Somos muito mais eficazes na construção da Igreja quando estamos maduros e depois que Cristo se formou em nós.**

> **Efésios 4:12**, grifo do autor *"**Com o fim de preparar os santos para a obra do ministério**, para que o corpo de Cristo seja edificado."*

> **Romanos 8:29**, grifo do autor *"Pois aqueles que de antemão conheceu, também **os predestinou para serem conformes à imagem de seu Filho**, a fim de que Ele seja o primogênito entre muitos irmãos."*

> **1 Coríntios 15:49**, grifo do autor *"Assim como tivemos a imagem do homem terreno, **teremos também a imagem do homem celestial**."*

Deus deseja que levemos a imagem de Seu Filho assim como levamos a imagem de nossa natureza adâmica. Isto é possível com o poder do Espírito Santo.

"A transformação ocorre quando combinamos ser vulneráveis, transparentes e humildes, com a vontade e a abertura para mudar

e ser renovados na pessoa que Deus sonhou que fôssemos."

Vulnerabilidade e transparência

Uma das maiores expressões de vulnerabilidade e transparência é quando confessamos nossos pecados a Deus. Quando estamos em um relacionamento de pastoreio atencioso e confessamos nossos pecados, isso nos dá oportunidade de mudança e transformação.

> **Tiago 5:16**, grifo do autor *"Portanto, **confessem os seus pecados uns aos outros** e orem uns pelos outros para serem curados. A oração de um justo é poderosa e eficaz."*

> **Atos 19:18**, grifo do autor *"Muitos dos que creram vinham, e confessavam e **declaravam abertamente suas más obras**."*

É preciso muita humildade para dizer a seu pastor que você pecou, e que precisa de ajuda e perdão. É necessário um ambiente de amor e aceitação, onde você possa ser responsabilizado e deixar os caminhos e práticas perversas. Como pastores de Deus, desejamos ver nossos discípulos se desviarem dos caminhos mundanos e passarem a caminhar de maneira piedosa e exemplar.

Portanto, o primeiro passo é manter o foco claro em nossos corações e mentes de que servimos como Seus servos para equipar nossos discípulos para serem transformados na semelhança de Cristo Jesus. Para fazer isto eficientemente, **precisamos criar um ambiente no qual as pessoas possam ser vulneráveis e transparentes**, mas onde também possam ser responsabilizadas, para garantir que elas realmente mudem e se transformem no povo que Deus deseja que sejam.

Edificar

Nosso objetivo é bem claro: que o **Corpo de Cristo seja edificado Nele.**

Efésios 4:12-13, grifo do autor "*Com o fim de preparar os santos para a obra do ministério, **para que o corpo de Cristo seja edificado, até que todos alcancemos a unidade da fé** e do conhecimento do Filho de Deus, e cheguemos à maturidade, atingindo a medida da plenitude de Cristo.*"

Nossa oração é que você cresça na compreensão dessas habilidades simples, porém poderosas, para ajudá-lo a ajudar seus discípulos a desenvolverem relacionamentos profundos e de avanço do Reino.

Folha de Assimilação

Desenvolvendo Relacionamentos Profundos e Significativos

1. Complete a frase: *A parte mais eficaz da atividade de um pastor é oferecer um lugar onde as vidas das pessoas possam ser <u>transformadas</u>, renovadas, encorajadas e edificadas.*
2. Complete a frase: *As oscilações de como desenvolvemos uma relação com propósitos requer exige know-how, bem como diligência fervorosa <u>em oração</u>.*
3. Dê o nome dos quatro quadrantes da Janela Johari e explique brevemente a importância de cada aspecto para que possamos considerar o desenvolvimento de relações profundas e significativas.

- <u>O quadrante Aberto – Representa aquela parte de nós que conhecemos e os outros também.</u>
- <u>O quadrante Oculto – Representa aquela parte de nós que conhecemos, mas é desconhecida pelos outros.</u>
- <u>O quadrante Cego - Representa aquele lado de nossas vidas que os outros veem e sabem sobre nós, ao qual, porém, somos completamente cegos.</u>
- <u>O quadrante Desconhecido - Representa aquela parte de nossas vidas da qual nem nós nem os outros temos conhecimento.</u>

. . .

1. Qual o objetivo de entendermos a Janela Johari? *O objetivo de entendermos a janela do JOHARI é entendermos melhor a dinâmica envolvida quando levamos as pessoas à autodescoberta, abertura, vulnerabilidade e transformação final.*
2. Dê o nome dos cinco níveis de aprofundamento dos relacionamentos e forneça uma breve descrição de cada nível.

   - *Nível 1 - Estranhos - Conversa sobre clichês. O objetivo principal é simplesmente conectar-se com estranhos de uma forma não ameaçadora e amigável.*
   - *Nível 2 - Conhecidos - Conversa sobre fatos. Aprofundar o relacionamento. Conversa-se sobre fatos e avalia-se o compartilhamento de fatos da pessoa em questão para determinar se é uma "pessoa de valor" para se desenvolver um relacionamento de "Homem de Paz".*
   - *Nível 3 - Amigos – Compartilhamento de ideias e crenças. Uma vez determinado que se quer aprofundar o relacionamento, você começa a compartilhar ideias e crenças. A resposta afirmativa para o compartilhamento de suas crenças será um indicador se isso poderá evoluir para um relacionamento de discipulado.*
   - *Nível 4 - Amigos íntimos – Compartilhamento de emoções e sentimentos. Em um relacionamento de discipulado, nos esforçamos para que as pessoas respondam ao trabalho de santificação do Espírito Santo. É neste nível de ministério que as vulnerabilidades da vida das pessoas mudam, e a transformação ocorre. Vemos também relações profundas e significativas, de avanço do Reino se desenvolverem durante este nível.*
   - *- Nível 5 - Relacionamentos Íntimos – Compartilha-se abertamente e com total transparência. Jesus compartilhou com Seus discípulos que Ele "agora os chama de amigos", uma vez*

Sessão 4:Desenvolvendo Relacionamentos Profundos E Significativos | 293

que Ele viveu uma vida totalmente transparente com eles. Nosso objetivo é viver uma vida transparente assim com nossos discípulos.

1. Complete a frase: *Iniciamos conversas com <u>elogios</u> sinceros e, em seguida, fazemos perguntas abertas para conhecê-los melhor.*
2. Complete a frase: *Compartilhar algo <u>positivo</u> sobre aqueles que você apresenta a alguém, sempre estabelece um bom ponto de partida positivo para o início de novos relacionamentos.*
3. Cite algumas áreas em que com frequência nos sentimos desafiados quando desenvolvemos novos relacionamentos.

- *Somos desafiados **culturalmente** ao observar os **diferentes valores** que as pessoas defendem.*
- *Somos desafiados pelo que **as pessoas endossam** e percebem como **comportamento normal**.*
- *Somos desafiados pelo **status educacional** das pessoas.*
- *Somos desafiados por **nossas próprias capacidades emocionais de adaptação**.*
- *Somos desafiados pelos **hábitos, práticas de outras pessoas e pelo que elas dizem**.*
- *Somos desafiados pela **forma** como as pessoas respondem às circunstâncias em mudança.*
- *Somos desafiados **espiritualmente** ao enfrentarmos nossas próprias deficiências e necessidades de Deus.*
- *Somos desafiados **ao** conhecermos o propósito que Deus tem para nossas vidas.*
- *Somos desafiados **ao** tomar consciência das mudanças que se fazem necessárias para obedecer a Deus.*
- *Somos desafiados **também**, quando consideramos quanto tempo perdemos quando não seguíamos a Deus.*

1. Quais são as quatro fases da construção de relacionamentos? *A fase da História, a fase do Desafio, a fase do Conflito e a fase da Transformação.*
2. Complete a frase: *Qualquer desafio feito aos nossos valores, hábitos, comportamento, crenças e conhecimentos é sempre seguido por um período de* <u>conflito</u>.
3. Defina o processo de transformação. *"Transformação é o processo pelo qual nossa velha natureza, incluindo nossa vontade, intelecto, emoções, valores, hábitos, ambições e práticas, é transformada por um processo combinado de submissão de nós mesmos, com vontade de mudar definitivamemente, juntamente com o desejo do Espírito Santo de trazer a santificação e a criação renovada".*
4. Qual é o propósito da transformação? Forneça versículos bíblicos que comprovem sua resposta. *O propósito da transformação é que sejamos formados à imagem de Cristo. Romanos 12:2, 2 Coríntios 3:18, Gálatas 4: 19, e Efésios 4:12.*
5. Complete a frase: *A transformação ocorre quando combinamos ser vulneráveis, transparentes e humildes, com a* <u>vontade</u> *e a abertura para* <u>mudar</u> *e ser renovados na pessoa que Deus sonhou que fôssemos.*

26

SESSÃO 5:CHAVES PRÁTICAS

Esta sessão nos proporcionará maneiras práticas de liderar um grupo de forma eficaz e eficiente.

Configuração do local de reunião

Organize o local de reunião em <u>círculo</u>, ao invés de um ambiente de sala de aula. Certifique-se de que você tenha uma boa quantidade de assentos, suficientes para todos. De preferência, ninguém deve sentar-se em nível inferior ao dos outros. Se é confortável para sua cultura se sentar no chão, então, crie espaço para que todos se sentem no chão. Se sua cultura prefere se sentar em cadeiras, certifique-se de que todos se sentem a uma altura razoável uns para os outros, e que **todos possam ver todos os outros** na sala. **Incentivamos a comunicação aberta e transparente**, e que este arranjo ajude as pessoas a serem abertas e **livres para ministrar umas às outras**, bem como para observar e compartilhar juntas.

BAMP

Uma vez que reunimos nossos discípulos em grupo, há uma série de chaves práticas que nos ajudarão a coordenar esses encontros de forma ordenada e funcional. Há algo que agora é comumente conhecido como BAMP para o funcionamento eficaz do grupo. BAMP significa: Boas-vindas, Adoração, Ministração, Palavra, Testemunho e Missão. Os BAMPS duram aproximadamente de 60 a 90 minutos juntos, como um grupo. Vejamos estas 6 partes integradas para liderar um encontro de grupo eficaz.

Boas-Vindas

1. Receba pessoalmente as pessoas em sua casa.

Dê as boas-vindas às pessoas quando elas chegarem à sua casa. É preferível que <u>você</u> encontre seus convidados à porta. Isso mostra que você os valoriza.

- Pergunte-lhes como eles estão.
- Pergunte-lhes sobre o dia deles.
- Pergunte-lhes como eles se sentem.
- Perguntar-lhes sobre o bem-estar de suas famílias. Comece sempre com a pessoa e depois passe para a família imediata e outros assuntos.

2. Faça com que as pessoas se conectem durante este tempo.

Aproveite este tempo de boas-vindas para ajudar o grupo a se **conectar** melhor também, especialmente na fase inicial da reunião.

- **Simpatia** – O objetivo é fazê-los se sentirem bem-vindos e que você se sinta abençoado por eles estarem lá. Lembre-se, queremos pastoreá-los através da Palavra, pelos dons do Espírito Santo e por meios naturais. Somos abençoados

por pessoas virem até nós. Trate-as com honra e respeite o tempo e o esforço delas.
- **Hospitalidade** - Uma das melhores maneiras de mostrar hospitalidade é oferecer-lhes algo para **beber**. O objetivo não é dar uma festa, mas apenas demonstrar hospitalidade e deixar que as pessoas se acomodem, relaxem e se sintam bem-vindas. Até mesmo um copo de água vai funcionar.

3. Dê, oficialmente, as boas-vindas a todos.

Encerre todas as conversas, uma vez que todos os seus convidados tenham chegado, levantando **levemente sua voz e agradecendo a todos por terem vindo**. Sempre declare sua reunião aberta, dizendo algo confiante e positivo. *"Estou muito entusiasmado por este tempo juntos. Creio que o Espírito Santo vai realmente ministrar a cada um de nós hoje"*, ou *"Fui bastante abençoado com a Palavra hoje". Estou ansioso para compartilhar a Palavra de Deus hoje"*, ou *"Somos tão abençoados por podermos nos reunir, e compartilhar este tempo juntos como amigos"*.

O objetivo deste processo de acolhimento é **ajudar as pessoas a relaxar, esquecer os desafios, lutas e preocupações de seus dias e a se acomodarem** com o propósito de estarem lá.

Acolher as pessoas sinceramente **abre seus corações para você e para Deus**.

4. Oração de Abertura

É sempre uma grande ideia abrir cada reunião em oração para dar o tom e afirmar o propósito de nos reunirmos. Você pode querer iniciar suas reuniões com oração ou pedir a um ou mais de seu grupo para iniciar em oração. O propósito deste tempo de oração é acolher o Senhor em seu meio, e comprometer os seus corações a adorá-Lo, ouvir Dele, disponibilizarem-se para serem instrumentos através dos quais Ele possa ministrar para edificar e encorajar outros.

Adoração

Declare o propósito de adorarem juntos.

Imediatamente após as boas-vindas e a oração, chame a atenção do seu grupo para **o propósito** da sua reunião, que é **adorar a Deus, ouvir Dele, aprender Dele e comprometer-se com Seu serviço.**

Liderar a Adoração

Muito poucas pessoas realmente se sentem confiantes para liderar a adoração, portanto, se você tem alguém para liderar o grupo em um tempo de canções de adoração, considere-se altamente afortunado. Para o resto de nós, temos que nos preparar para cantarmos de 2 a 3 canções com o foco em levar nosso louvor e adoração a Jesus. Você pode usar músicas de adoração de sua coleção de Música Cristã, se isso puder ser feito sem problemas.

Faça uma Adoração Simples

Meu conselho é que seja **o mais natural possível**, pois a adoração não deve ser feita apenas quando nos reunimos, **devemos ser adoradores de Deus todos os dias** de nossas vidas. Cantar *à capela* (sem música, somente vozes) é bom. Isso ajuda as pessoas a ouvir suas próprias vozes enquanto adoram a Deus.

Adoração do Coração

A adoração deve vir dos nossos corações para tocar o coração de Deus. Nosso tempo de adoração é dedicado para nos concentrarmos Nele, em Seu Espírito e em Sua Palavra. Queremos **abrir nossos corações e mentes para Ele.**

Tenha Respeito Durante a a Adoração

Seja respeitoso quando você se encontrar em lugares onde há outras pessoas morando nas proximidades do local onde vocês se reúnem. Em outras palavras, não cante tão alto a ponto de chamar desnecessariamente um tipo indesejado de atenção para o seu canto, e afastar as pessoas devido à sua adoração imprudente. A adoração deve ser feita **no mesmo nível em que você a apresentaria a Deus durante seus próprios momentos de silêncio de adoração.**

Certifique-se de que as Pessoas se Conectem com Deus em Adoração.

Certifique-se de que a adoração leve as pessoas a se conectarem com Deus. Como líder do grupo, você deve sempre orar antes de cada reunião para que possa liderar a adoração pelo seu exemplo, mesmo que a pessoa que deveria liderar a adoração não o seja. Lembre-se de que o **tempo de adoração é para criar uma atmosfera de um tempo de ministração** para o povo e entre eles. Cante de coração e concentre sua atenção Nele.

> **João 4:23-24** *"No entanto, está chegando a hora, e de fato já chegou, em que os verdadeiros adoradores adorarão o Pai em espírito e em verdade. São estes os adoradores que o Pai procura. Deus é espírito, e é necessário que os seus adoradores o adorem em espírito e em verdade".*

Concentre-se na Natureza e no Caráter de Deus Durante a Adoração.

Uma das maneiras de se liderar a adoração é escolher um tema sobre a <u>natureza</u> e o <u>caráter</u> de Deus e, então, adorar a Deus com cânticos segundo este tema. Outra maneira é escolher músicas das Escrituras, especialmente aquelas que aprendemos com os <u>Salmos</u>. Frequentemente, são fáceis de aprender e lembrar. O objetivo é ajudar o grupo a expressar seu amor e devoção a Deus, por meio de canções.

Ministração

O momento de ministração é uma das partes mais impactantes de todas nas reuniões, uma vez que **as necessidades das pessoas são atendidas pela <u>ministração</u> do Espírito Santo.**

Seja um Instrumento de Deus

Prepare-se para ser um instrumento por meio do qual o Espírito Santo possa atender às necessidades espirituais do seu grupo. O apóstolo Paulo nos ensinou que ele desejava se reunir, para transmitir algum dom espiritual para fortalecer e encorajar os crentes. Devemos fazer o mesmo durante este tempo de ministração.

> **Romanos 1:11-12,** grifo do autor *"Anseio vê-los, a fim de compartilhar com vocês algum dom espiritual, para fortalecê-los, isto é, para que eu e vocês sejamos mutuamente encorajados pela fé."*

Permita Que os Dons do Espírito Santo Operem

Que os dons do Espírito Santo sejam usados para edificar uns aos outros. Seja um exemplo e incentive o grupo a ministrar uns aos outros de maneira ordeira. Se vocês centrarem seu tempo juntos em Jesus, em Sua Palavra e em Seu Espírito Santo, então Ele os edificará em sua fé. Lembre-se, queremos mais Dele em nossas vidas! Este tempo de ministração proporcionará conforto, cuidado, direção, encorajamento e instrução.

Imponha Limites aos "Heróis Solitários"

Não deixe ninguém ministrando sozinho ou ser o ministrante prioritário. Se houver essa pessoa, será você, entretanto, o seu objetivo é encorajar o seu grupo, que deve ser cheio com o Espírito Santo e, em algum momento, levá-los a descobrir seus dons espirituais, até o término do encontro de fim de semana para a descoberta dos dons espirituais.

O Ministração do Corpo é Essencial Neste Momento.

Facilite esse período. Não force, no entanto, guie pelo seu exemplo. O momento de ministração não é de aconselhamento espiritual. É tempo de ouvir o que o Espírito Santo está dizendo ao Seu povo.

Incentive

Incentivem e edifiquem uns aos outros.

Encerrando o Tempo de Ministração

Conclua o tempo de ministração *resumindo*, conforme seja apropriado compartilhar, o que o Senhor fez e disse durante esse tempo. É sempre uma maneira mais fácil **encerrar este tempo de ministração com uma *oração* de ação de graças** que você deve liderar.

Palavra

Ouvindo e Recebendo a Palavra

O tempo de ministração deve **encaminhar a ouvir e receber a Palavra** do Senhor.

Recebendo Instrução da Palavra

Durante o tempo da Palavra, inicialmente ensinamos aos nossos discípulos os materiais da Série *Fundamentos do Discipulado*, do Primeiro e do Segundo Passo.

*Nota ao professor! Durante esta fase do encontro de fim de semana,

desempacotamos e internalizamos o material do encontro, especialmente como podemos colocá-lo em prática. Será vantajoso se você preparar uma *"Palavra" adequada, a partir de material de algum "Passo" anterior durante este tempo.*

Inicialmente Você é Responsável por Compartilhar a Palavra

Durante o ensino do **Primeiro Passo** e do **Segundo Passo**, você certamente será o discipulador prioritário. Isso pode levar aproximadamente 6 meses para ser concluído. Durante os primeiros 6 a 9 meses de sua reunião de grupo, você será o professor principal.

De Diretivo a Facilitador

No estágio inicial, você será *altamente diretivo* durante este período de ensino, no entanto, à medida que seus discípulos forem colocando as coisas em prática e liderarem seus próprios grupos, você descobrirá que ocorrerá uma transição ao fornecer a eles uma Palavra de encorajamento, e então uma proposta para que cumpram o chamado de Deus em suas vidas. *O objetivo é que você se torne mais um facilitador.*

Lembre-se, queremos ver nossos discípulos se tornarem seguidores plenamente maduros de Jesus. Queremos ver que eles ouvem claramente de Deus e que ponham em prática tudo o que que lhes foi ensinado. A única maneira para isto se tornar possível é fazendo a transição intencional de liderar de uma maneira altamente diretiva para se tornar mais um líder que caminha ao lado de seus discípulos enquanto eles colocam as coisas em prática. Este *"caminhar ao lado"* é chamado de facilitação.

Colocando em Prática

É essencial que sempre lembremos que nossas discussões em torno da Palavra devem sempre culminar no *Como posso colocar isso em prática em minha vida?* Se houver alguma partilha, que seja a confissão de um compromisso para colocá-la em prática.

Esta **não é a hora para que aconteçam debates** ou que opiniões sejam veiculadas. O momento da Palavra também não deve ser o momento de disciplina.

Deixe a Bíblia Ser o Centro

Nossas discussões devem ser sempre baseadas no que a Palavra de Deus ensina. É o momento de se aprender a Palavra de Deus. *A Bíblia é a espinha dorsal de todo o material de discipulado que desenvolvemos.* Mantenha-a vazia de autointerpretação e, como uma criança, receba a Palavra de Deus como Deus nos deu.

Testemunho

Testifique

Encerre o tempo da Palavra pedindo às pessoas que testifiquem o que o Senhor fez por elas durante aquela reunião. Os testemunhos edificam a fé das pessoas à medida que ouvem e proclamam o que o Senhor fez por elas.

Testemunhos de um Minuto

Compartilhe testemunhos de um minuto. Certifique-se de obter o maior número possível de testemunhos. Às vezes é mais fácil fazer com que as pessoas compartilhem por um minuto do que fazê-las compartilhar. Este limite de tempo tanto oferece um espaço confortável de tempo para compartilhar, bem como limita aqueles que podem aproveitar a oportunidade de usar a palavra – indefinidamente!

Moderando o Compartilhamento

Às vezes, alguém pode se estender além do tempo de um minuto. Seja sábio ao permitir ou encerrar o testemunho deles. Uma das melhores maneiras é intervir e dizer algo como: "Uau, é incrível o que o Senhor fez por você, vamos ouvir o (fulano)... Vejo que ele está igualmente animado para compartilhar hoje."

Testemunhar liberta

Quando as pessoas aprendem o valor de compartilhar o que o Senhor fez ou faz por elas, **elas se tornam mais livres para compartilhar fora do grupo** com outras pessoas sobre a bondade do Senhor.

Testemunhar Ativa a Consciência do que Deus Está Fazendo

Este exercício **traz uma maior consciência, apreciação e reconhecimento da obra de Deus** em nossas vidas. As pessoas se tornam muito mais conscientes da obra de Deus em suas próprias vidas ao ouvirem os testemunhos de outras pessoas.

Incentive Todos a Compartilhar

Alguns estarão mais abertos a compartilhar do que outros. Nosso papel é incentivar as pessoas a compartilhar, fazendo com que percebam o que Deus fez por elas. **Faça com que vejam por si próprios.** Inicialmente, temos que apontar-lhes isso, mas depois você os verá respondendo a isso por si mesmos, espontaneamente.

Missão

Concluímos nossos 60-90 minutos juntos lançando uma <u>visão</u> sobre a nossa missão. É fácil se desviar da parte da missão, no entanto, fazer com que o grupo separe um tempo para compartilhar em grupos de dois ou três nas principais áreas em que eles podem, em oração, confiar no Senhor para trabalhar neles e por meio deles, geralmente ativa a visão para que eles estejam em missão com Deus.

A Oração Transforma Nossas Intenções em Participação Ativa

O verdadeiro **impacto da declaração de nossa missão** vem quando **colocamos em prática nossas palavras de confissão**, orando uns pelos outros e uns com os outros. A primeira e **principal atividade** para ver qualquer missão cumprida é quando unimos nossos corações para nos aproximarmos do trono de Deus **orando por ela**.

- Nossa missão é **buscar e salvar os perdidos**, portanto, deixe o grupo formar subgrupos de 3 ou 4 e orar para que as pessoas perdidas de cada membro do grupo sejam salvas.
- Nossa missão é **fazer discípulos de todas as nações**, então, nesses grupos, orem uns pelos outros para que Deus abençoe cada um com **as pessoas mais dignas de serem discípulas**, para fazer avançar o Reino de Deus.
- Nossa missão é **pregar o Evangelho**, portanto, orem pela ousadia para poder **usar cada oportunidade para compartilhar nossa fé** com pessoas de fora.
- Nossa missão é ser **exemplos para que outros sigam**, portanto, oremos uns pelos outros para que sejamos exemplos dignos, **cartas abertas**, que apresentem Cristo de uma maneira digna.

Encerre cada reunião de discipulado reiterando a missão para a qual Deus nos chamou.

Palavras Finais

Concluindo, precisamos administrar bem nosso tempo juntos. Vamos dar uma olhada nos cronogramas recomendados para cumprir todos esses seis elementos chave para concluir uma reunião de impacto dinâmico.

Cronogramas para Reuniões

Boas-Vindas

As boas-vindas não devem se estender por mais de 10 ou 15 minutos. Quanto mais tempo demorar, mais difícil será reorientar a atenção das pessoas. **Deixe as pessoas chegarem cerca de 5 minutos antes do horário definido e as receba na hora certa para mostrar respeito por aqueles que chegaram na hora.** Se você atrasar o horário de início, poderá descobrir que as pessoas de mais valor deixarão de vir, já que haverá a probabilidade de você também ultrapassar o tempo.

A regra prática é esta: quanto mais valorosas as pessoas para quem você ministra, maior a probabilidade de elas seguirem um cronograma disciplinado. Honre-as, pois é mais provável que possam ensinar outras pessoas.

Adoração

O tempo de adoração pode ser de 10 a 15 minutos e deve fluir para o tempo de ministração sem problemas.

Ministração

A ministração deve ser feita em um intervalo de 10 a 15 minutos, para que você possa ter uns bons 30 minutos para compartilhar a Palavra ou o ensino do dia.

Palavra

Reserve 30 minutos para ensinar a Palavra com tempo suficiente depois para discutir e interiorizar a Palavra ou o ensino.

Testemunho

Dê às pessoas 5 minutos para compartilharem seus testemunhos sobre o que o Senhor fez por elas durante o tempo em que estiveram juntas.

Missão

Garanta pelo menos uns 5 a 10 minutos no final de sua reunião **para permitir que seu grupo ore uns com os outros,** assim como para abraçar seu chamado e missão juntos. Se você se exceder em outras partes, encontrará pessoas que aproveitarão a oportunidade para se desculparem e saírem antes desta conclusão vital.

Esta é provavelmente a parte que mais catapultará seus discípulos para sua missão e propósito para Deus. Ela traz **um senso de responsabilidade e prestação de contas** mútua quando eles compartilham e oram juntos.

Se você puder manter tudo isso dentro de 90 minutos, então verá grandes frutos de sua boa administração.

Conclusão

Para concluir esta sessão, vamos abordar mais dois elementos essenciais que nos ajudam imensamente a liderar bem nossos grupos:

Hospitalidade

Muitos grupos *adoram* socializar após as reuniões, no entanto, não deixe que esta seja a norma. **Ao invés disso, reúnam-se em outras ocasiões para confraternização e refeições.** Todos nós vivemos em uma sociedade em que o tempo é limitado e cada minuto conta, por isso deixemos clara a expectativa, para que as pessoas não se sintam mal-educadas ou antissociais por não se prolongarem além dos 90 minutos.

Há sempre aqueles que querem ficar para trás para destrinchar ou assimilar ainda mais os acontecimentos do tempo que passaram juntos. Nós, como pastores, precisamos estar preparados para isso e, de alguma forma, acolher esses momentos à medida que as pessoas se aproximam de Jesus e seus corações se tornam mais abertos à Sua vontade e propósito.

Disciplina

Por vezes somos obrigados a corrigir pessoas que agiram de forma ou maneira inaceitável, seja para consigo mesmas ou para com outros durante uma reunião. Se a oportunidade surgir, então **peça-lhes que se encontrem com você em uma ocasião que seja conveniente para ambos** para discutir o incidente ou ocasião.

Discipline em Particular, Elogie em Público

A maioria das ovelhas está aberta a tal correção e orientação. Os cabritos nunca estão abertos à instrução e disciplina. Lembre-se, este é o povo de Deus que devotou suas vidas a Cristo, e você os está liderando em Seu nome. **Lembre-os de que você está lá para cuidar deles** e que **o comportamento ou as ações deles avançam ou frustram o propósito de Deus,** tanto em suas vidas quanto nas vidas do restante do grupo. **Discipline em particular,** tanto quanto possível e apropriado. **Elogie em público!**

Por fim, aproveite as reuniões, pois é aqui que você verá estranhos se tornarem a família de Deus. É aqui que você observará a graça de Deus em ação. É aqui, com eles, que você crescerá e amadurecerá na sua fé e confiança no Espírito Santo. **Aproveite!**

Folha de Assimilação

Chaves Práticas

1. Complete a frase: *Organize o local de reunião* **em círculo**, *ao invés de um ambiente de sala de aula.*
2. O que o acrônimo *BAMP* significa? <u>*Boas-vindas, Adoração, Ministração e Palavra, Testemunho e Missão.*</u>

3. Quais são os quatro principais ingredientes para receber bem?

Dê as boas-vindas às pessoas pessoalmente em sua casa; 2. Conecte as pessoas durante esse tempo; Dê as boas-vindas oficialmente a todos; e abra a reunião com uma oração.

1. Complete a frase: *O objetivo deste processo de acolhimento é ajudar as pessoas a <u>relaxar</u>, esquecer os desafios, lutas e <u>preocupações</u> de seus dias e se acomodar com o propósito de estar lá. Acolher as pessoas <u>sinceramente</u> abre seus corações para você e para Deus.*
2. Complete a frase: *O propósito de sua reunião é <u>adorar</u> a Deus, ouvir Dele, <u>aprender</u> com Ele e comprometer-se com Seu <u>serviço</u>.*

1. Como sabemos que é da vontade de Deus que dediquemos tempo à adoração? Forneça uma passagem das Escrituras para comprovar sua resposta. *<u>Sabemos que é a vontade e o desejo de Deus porque Ele está procurando adoradores que O adorem em Espírito e em verdade. João 4:23-24</u>.*
2. O que acontece na reunião durante o tempo de ministração, e sob a ministração de quem? *<u>As necessidades das pessoas são atendidas sob a ministração do Espírito Santo</u>.*
3. A ministração do corpo é importante durante o tempo de ministração. *Qual Escritura nos exorta à ministração do Corpo? <u>Romanos 1:11-12</u>.*
4. Existem duas partes principais para encerrar o tempo de ministração. Como o encerramos? *<u>Encerramos o tempo de ministração resumindo o que o Senhor fez e disse durante este tempo, e com uma oração de ação de graças</u>.*
5. Há uma transição intencional que precisa acontecer em como ensinamos e equipamos nossos discípulos durante o

tempo destinado à Palavra. Como estamos ensinando inicialmente e para onde pretendemos fazer a transição? *No estágio inicial, deveremos ser altamente diretivos na forma como ensinamos e, em seguida, faremos a transição para nos tornarmos mais facilitadores.*

6. Quais duas partes são o foco e essenciais na parte da Palavra? *Como colocamos os ensinamentos e a Palavra em prática em nossas vidas, bem como os mantemos centrados na Bíblia.*
7. Durante o período de Testemunho de nossas reuniões, por quanto tempo devemos incentivar a duração dos testemunhos? *Não mais do que um minuto.*
8. Cite dois possíveis resultados desses testemunhos. *Quando as pessoas aprendem o valor de compartilhar o que o Senhor fez ou faz por elas, elas se tornam mais livres para compartilhar fora do grupo, com outras pessoas, sobre a bondade do Senhor. Além disso, este exercício traz uma maior consciência, apreciação e reconhecimento da obra de Deus em nossas vidas.*
9. Complete a frase: O verdadeiro impacto da declaração de nossa missão vem quando colocamos em prática nossas palavras de confissão, *orando* uns pelos outros e uns com os outros.
10. Cite os quatro focos primários de nossa missão:

- *Nossa missão é **buscar e salvar os perdidos.***
- *Nossa missão é **fazer discípulos de todas as nações***
- *Nossa missão é **pregar o evangelho.***
- *Nossa missão é **ser exemplos para que outros sigam.***

1. Forneça a alocação de tempo sugerida para cada um dos focos essenciais de uma reunião de grupo.

- Boas-Vindas: *10 a 15 minutos*
- Adoração: *10 a 15 minutos*
- Ministração: *10 a 15 minutos*

- Palavra: *30 minutos*
- Testemunhos: *5 minutos*
- Missão: *5 a 10 minutos*

1. Complete a frase: *quando eles compartilham e oram juntos, isso lhes traz um senso de responsabilidade e mútua prestação de contas*
2. Complete a frase: *Discipline em particular e elogie em público!*

SESSÃO 6: APLICAÇÃO PRÁTICA

Liderar um grupo é um exercício bastante desafiador, que também requer certo grau de compreensão. Nesta sessão final, examinaremos duas áreas práticas adicionais: **O processo de preparação, bem como as <u>etapas</u> de formação de um grupo coeso e funcional.** Ambos são igualmente essenciais para o nosso entendimento, bem como para nos manter sãos durante os tempos tumultuosos que todos nós passamos quando reunimos pessoas de diferentes origens e valores, especialmente quando se trata de discipulá-las como seguidores de Cristo.

O Processo de Preparação

O processo de preparação se refere ao preparo intencional para a transição de responsabilidade e prestação de contas de nós mesmos para aqueles que lideramos e cuidamos. Este é um processo particularmente delicado para liderar, principalmente pessoas adultas, desde a infância espiritual para se tornarem seguidores plenamente maduros de Cristo.

Como acontece com as crianças em seus primeiros anos, conduzimos o relacionamento sendo altamente diretivos e instrutivos. À medida que nossos filhos crescem, nós os consideramos cada vez mais responsáveis por cuidar de si mesmos. A princípio escovamos seus dentes, mas depois de um tempo, ensinamos a escová-los com nossa supervisão, e mais tarde ainda, por muitos anos em alguns casos, temos que perguntar diariamente se escovaram os dentes. Há um ponto, porém, em que isso não é mais necessário em circunstâncias normais. Este estágio inicial altamente diretivo de instrução não nos define como controladores e manipuladores, é simplesmente um papel essencial que precisamos desempenhar, uma vez que nos importamos com o bem-estar de nossos filhos.

Processo de Preparação dentro dos 5 Passos do Discipulado.

O processo de discipulado se desenvolve a partir de uma abordagem inicial *altamente diretiva* e sem facilitação, para finalmente se transformar em um de *baixa instrução diretiva e alta facilitação*.

Aprendizado com Diretividade

Diretividade – significa que você **dirige o curso do pensamento.** Você instrui com um alto senso de compartilhar verdades irrefutáveis, o que significa que não está aberto para discussão.

Quando usamos o aprendizado diretivo, equipamos nossos discípulos ensinando-lhes os princípios da Palavra de Deus, compartilhando os princípios da Palavra de Deus, mas mais importante, dando-lhes um exemplo vivo, por meio da aplicação na sua própria vida. **No aprendizado diretivo, ministramos, instruímos e dirigimos o curso do aprendizado e da compreensão.**

Aprendizado Facilitador

Facilitação – significa que você **fornece uma orientação mais enfática, fazendo perguntas abertas e de aplicação,** sobre como aplicar os conteúdos, mais do que sobre as informações que são compartilhadas para assimilação.

Para que ocorra uma verdadeira transformação neste processo de preparação, precisamos dar maior prioridade à criação e ao fornecimento de um exemplo com o qual outros possam aprender, do que em ser transmissores de novas informações. Este aspecto do aprendizado através deste processo de preparação é **mais aprendido do que ensinado**. Deve ser **visto e observado em primeira mão** para que seja efetivamente comunicado, compreendido e recebido por outros.

> **2 Timóteo 1:5**, grifo do autor"*Recordo-me da sua **fé não fingida**, que primeiro habitou em sua avó Lóide e **em sua mãe**, Eunice, e estou convencido de que **também habita em você**.*"

> **2 Timóteo 3:10**, grifo do autor"*Mas **você tem seguido de perto o meu ensino, a minha conduta, o meu propósito, a minha fé, a minha paciência, o meu amor, a minha perseverança**.*"

> **1 Timóteo 4:11-13**, grifo do autor"***Ordene e ensine estas coisas**. Ninguém o despreze pelo fato de você ser jovem, mas **seja um exemplo para os fiéis** na palavra, no procedimento, no amor, na fé e na pureza. Até a minha chegada, dedique-se à leitura pública da Escritura, à exortação e ao ensino.*"

> **1 Timóteo 4: 15-16**, grifo do autor "*Seja diligente nessas coisas; **dedique-se inteiramente a elas, para que todos vejam o seu progresso**. Atente bem para a sua própria vida e para a **doutrina**, perseverando nesses deveres, pois, agindo assim, você salvará tanto a si mesmo quanto aos que o ouvem.*"

Nada tem tanto impacto sobre os outros tanto quanto um exemplo vivo. Nós comandamos e ensinamos essas coisas porque as vivemos.

Processo Diretivo

Quando começamos a jornada de discipulado com novos crentes, especialmente durante **o primeiro e o segundo passos**, quando os **ensinamos a construir fundamentos sólidos** para sua fé, bem como os **valores do Reino de Deus** e as **disciplinas espirituais** para manter seu crescimento e desenvolvimento no Senhor, **nossa abordagem é fornecer um tipo de instrução altamente diretiva**. Essa abordagem altamente diretiva será apreciada e seguida por nosso grupo quando puderem observar que praticamos as mesmas coisas que ensinamos. **Quanto mais visível nosso ensino diretivo puder ser observado** em nossas vidas, **mais nosso ensino terá impacto** sobre aqueles a quem lideramos no Senhor.

Quando passamos ao **Terceiro Passo no processo de discipulado**, nós os equipamos ao longo de **um caminho compartilhado de instrução e facilitação**. Nós os ensinamos e facilitamos para que descubram e desenvolvam maneiras de **colocar em prática o que aprendem**, especialmente aquilo que diz respeito aos outros. A chave nesta etapa do discipulado é que nós não apenas os equipamos com habilidades, mas também com uma compreensão visando a implementação futura. Portanto, é importante **acrescentar uma maior facilitação durante estes encontros preparatórios de fim de semana**, para que os discípulos não apenas pensem em como isso os beneficiará, mas também em como eles ajudarão seus próprios discípulos a crescer.

Os Passos Quatro e Cinco são de baixa diretividade, pois estamos trabalhando com **discípulos que se tornaram amigos**, colaboradores e parceiros para fazer avançar o Reino de Deus. Temos uma **abordagem de baixa diretividade** no preparo, já que a **ênfase está se dirigindo mais para o encorajamento**, em um ser um exemplo melhor e, ao mesmo tempo, em equipar seus discípulos com ferramentas para esmerar suas habilidades e mantê-los intencionalmente focados na tarefa em mãos. A parte diretiva diminui à medida que seus **discípulos assumem sua própria relação pessoal com o Espírito Santo**, que é o mestre supremo de todos nós.

Continuamos sendo seus pastores e, como tal, continuaremos sempre a conduzi-los em sua caminhada com Deus. **Sempre forneceremos cuidado, orientação, proteção e provisão** para seu crescimento e bem-estar, e é aqui que sempre permanecerá um componente de **baixa diretividade**. De modo geral, para uma liderança efetiva nesta fase do crescimento de nosso discípulo, **a facilitação é a chave.**

Processo de Facilitação

A facilitação só se torna essencial depois de termos dado instruções sobre os caminhos, **princípios e valores do Reino de Deus.** Uma vez que seus discípulos tenham sido ensinados em uma área, só então se inicia o processo de facilitação.

Questões Abertas

O processo de facilitação é *fundamentado em perguntas abertas, de observação e de aplicação.* Perguntas abertas são aquelas que normalmente começam com *"Como", "O quê", "Quando" e "Onde"*, e requerem mais do que apenas uma resposta de sim ou não.

Perguntas de Observação

As perguntas de observação são mais invasivas na medida em que requerem respostas ponderadas. Bíblias de estudo são*Serendipity Bible* um bom recurso para perguntas de observação e aplicação.

Exemplos de Perguntas de Observação

"O que eu (primeira pessoa) aprendo com esta passagem da Escritura, ou com este ensino?"

"Que mensagem nesta passagem da Escritura se refere a áreas da minha vida?"

Perguntas de Aplicação

As perguntas e respostas de aplicação fornecerão, principalmente, soluções ou ideias sobre o "como" colocar as coisas em prática. Por exemplo:

"Como posso fazer isso?"
"O que eu preciso fazer para colocar isto em prática?"
"Por onde eu começo?"
"Quais são os passos que preciso dar para tornar isto verdade em minha vida e em minhas circunstâncias?"

Habilidade de Ouvir

Para que estas perguntas tenham o **impacto transformador** pelo qual oramos, também precisamos aplicar **nossa habilidade de escutar para ouvir** o que nos é comunicado **oralmente e não verbalmente**. A Bíblia nos ensina a importância de ouvir antes de falarmos.

> **Tiago 1:19**, grifo do autor *"Meus amados irmãos, tenham isto em mente: **Sejam todos prontos para ouvir**, tardios para falar e tardios para irar-se."*

> **Provérbios 18:13**, grifo do autor *"Quem responde antes de **ouvir** comete insensatez e passa vergonha."*

Para que sejamos eficazes em facilitar a transformação em nossos discípulos, **precisamos dar toda a nossa atenção quando eles falarem.**

Aqui temos algumas boas indicações sobre **como ser um bom ouvinte:**

- **Não os interrompa** quando eles falarem.
- **Discirna o espírito** a partir do qual eles falam.
- **Preste atenção** à sua comunicação não verbal.
- **Repita os pontos-chave** do que eles estão dizendo, para que **eles saibam que você os está ouvindo**. Também serve para comunicar que você **ouviu suas principais preocupações, lutas ou ênfases**, e dá a eles uma oportunidade para esclarecer o que você está entendendo.

- Faça perguntas para esclarecimento. Geralmente os incentiva a falar mais, especialmente quando eles têm a sensação de que você parece entender algo que eles tentaram comunicar.
- **Não tire conclusões** precipitadas demais.
- **Não julgue** aquelas pessoas que tomaram a coragem de se abrir e falar. **Esta é uma oportunidade para ajudar na transformação delas**, especialmente quando você **acompanha sua abertura com palavras de misericórdia e graça** e **oferece conselhos práticos** sobre os próximos passos.

Uma boa habilidade de ouvir frequentemente levará seus discípulos a uma abertura e autorrevelação mais profundas, o que por sua vez poderia levar a uma relação mais profunda e significativa, e a um **relacionamento mais profundo com o Senhor**.

Lembre-se da Janela JOHARI!

Habilidades de Comunicação

É de conhecimento geral que as pessoas se lembram apenas cerca de **7% do que ouvem (verbal.)** A ênfase que colocamos em nossas palavras **(não verbal)**, empodera nossas palavras em mais **55%**, entretanto, a forma como nos posicionamos **(para-verbal)** acrescenta mais **38%** à nossa comunicação efetiva.

Se você deseja dividir isso para entender melhor como podemos usar nossas habilidades de comunicação **verbais, para-verbais e não verbais** para ter o máximo impacto quando compartilhamos, você deve expandir essas três dimensões muito mais para incluir a comunicação **escrita**, a comunicação **emocional** e a comunicação **auditiva**.

Todos nós nos comunicamos todos os dias, em todas as situações, quer o façamos intencionalmente ou não, nós o fazemos. Hoje gostaria de conscientizá-los de que **existem maneiras de comunicar que são mais eficazes e benéficas** para termos um impacto maior quando temos a intenção de conduzir as pessoas em sua caminhada com Deus.

Coisas a Considerar Quando nos Comunicamos:

- **Sua escolha e uso de vocabulário** em relação a qualquer outra pessoa na sala.
- **O uso intencional e o significado das palavras** que você escolhe usar quando fala.
- **A forma como estruturamos nossas frases** tem um impacto determinado.
- **A intensidade, o tom e o ritmo de nossa voz dizem** muito e tem determinados significados e impactos diferentes.
- **O volume que você usa (quão alto ou baixo)** pode igualmente suavizar ou impactar uma conversa.
- **A velocidade com que falamos** tem um impacto determinado sobre o que e como nos comunicamos.

É importante que nós equilibremos esses elementos de maneira consistente para **preparar ensinando coisas que são reais e observáveis em nossas vidas**, bem como **assegurar que nossos discípulos realmente aprendam e pratiquem** essas coisas em suas próprias vidas.

Podemos ser insensatos ao simplesmente trazer um ensinamento sem observar se eles "captaram" ou se realmente o põem em prática. **Nossa vocação é garantir que eles ponham em prática** o que ensinamos. Uma vez ouvi o seguinte: "Você só terá realmente ensinado quando eles tiverem aprendido".

Concluindo Habilidades De Comunicação

É sempre **mais fácil ensinar e discipular novos crentes** do que as pessoas que já passaram por igrejas. Os novos crentes são como esponjas em sua fé recém-encontrada e abertos para aprender tudo o que puderem "para serem como Jesus".

Minha oração é que o Senhor o use para alcançar os 2/3 da população mundial que nunca entregaram suas vidas ao Senhor. Oro para que eles sejam como ovelhas e não como cabritos. Oro para que eles queiram aprender e para que a semente da Palavra caia em bom solo. Oro para que vocês cumpram o chamado para "ensiná-los a obedecer a tudo o que lhes ensinei".

Estágios de Formação de um Grupo

Ao liderar e desenvolver um grupo de discípulos para formar um corpo coeso de crentes que vivem juntos em harmonia e trabalham para um objetivo e propósito comum, precisamos também compreender as várias etapas pelas quais um grupo passa até se tornar aquele grupo unificado e com um objetivo comum.

Diagrama: Estágios de Formação

Estágio de Formação

O primeiro estágio é o de <u>formação</u>, no qual reunimos pessoas que antes não se relacionavam. Neste estágio, as pessoas se encontrarão sendo **corteses e educadas**, já que se trata de uma reunião cristã, e não sabem muito umas das outras. A **comunicação típica dos níveis 1 e 2** será experimentada à medida que as pessoas **conversam sobre clichês e avaliam umas às outras** em relação à **comunicação factual que acontece**.

Estágio de Desafio

O segundo estágio é aquele em que as pessoas do grupo começam a se desafiar mutuamente em relação ao que quer que compartilhem, defendam, ou mesmo em relação às suas participações, ou não-participações, no grupo. **O estágio de desafio é um estágio cortês** no qual as **pessoas se esforçam para encontrar algum tipo de hierarquia** no grupo.

Este não é realmente o maior desafio na formação e liderança de um grupo unificado e com propósito. **A chave é trazer cada desvio de volta ao propósito do grupo e apelar para sua decisão** e compromisso de seguir a Cristo e crescer Nele como seu Senhor e Mestre. Durante este estágio, **você experimentará o tipo de edificação de relacionamento de nível 3** à medida que **as pessoas começam a compartilhar e avaliar ideias e crenças.**

Durante este estágio do desenvolvimento do grupo, precisamos ter em mente que a.) **estas são ovelhas**, que precisam de pastoreio em sua vida e do propósito dados por Deus, e b.) **elas estão assimilando novas idéias e conceitos** que são para a maioria delas **estranho ao que é ensinado no mundo**, e c.) **elas estão fazendo isto enquanto crescem e desenvolvem novos relacionamentos** dentro de um ambiente relacional novo e muitas vezes estranho. **Elas estão sendo desafiadas** e enfrentam esses desafios simultaneamente em níveis diferentes ao mesmo tempo.

O estágio do desafio consiste em ser **relacionalmente, espiritualmente e culturalmente** desafiado. Muitas vezes, as pessoas se sentem particularmente **desafiadas** no que diz respeito a seu crescimento e assimilação dos valores e disciplinas do Reino de Deus. Elas se sentem **desafiadas relacionalmente** ao sentirem a sinergia e a responsabilidade mútua que estão sendo desenvolvidas no grupo.

Como pastores, é imperativo que oremos e intercedamos profundamente por eles e em nome deles. **Muitas pessoas podem se sentir esmagadas por este processo acentuado de mudança e transformação.**

Alguns <u>lutam</u> e outros <u>fogem</u> ao tomarem consciência do desafio que os chama a "entrar em conflito" para terem uma nova vida em Cristo.

Estágio do Conflito

O Estágio do conflito é aquele em que as personalidades entram em conflito umas com as outras. O nível de tolerância de muitas pessoas parece ser testado além de sua maturidade espiritual. Muitas vezes eles se encontram em conflito com você como aquele que traz essas coisas novas para suas vidas.

Não leve para o lado pessoal!

As pessoas frequentemente nos desafiam sobre aquilo que lhes ensinamos, e os caminhos da Palavra que lhes apresentamos. Estes, muitas vezes novos, conceitos e valores, levam-nas a um lugar onde elas percebem que precisam tomar decisões que mudarão suas vidas. Muitas vezes, por causa da graça de Deus e da poderosa obra do Espírito Santo, elas se arrependem, mudam e transformam, mas às vezes não antes de um grande conflito dentro de si mesmas ou com aqueles com quem vivem. Esperem o conflito, mas lembrem-se, é porque eles estão se transformando das trevas para a luz, da morte para a vida.

Estágio de Restauração

Este estágio é quando as coisas se alcançam a nova norma. Você verá que elas transitam do estilo de vida antigo para o novo. Verá como a linguagem deles, seus modos e comportamento mudam. Verá uma nova ânsia e sinceridade no caminhar deles com Deus. Sempre me lembro de 2 Coríntios 7 quando vejo esta transformação.

> 2 Coríntios 7:11, grifo do autor *"Vejam o que esta tristeza segundo Deus produziu em vocês: que dedicação, que desculpas, que indignação, que temor, que saudade, que preocupação, que desejo de ver a justiça feita! Em tudo vocês se mostraram inocentes a esse respeito."*

No estágio de Restauração, você verá os discípulos **engajarem ativamente com a Palavra, o Espírito Santo e a vida cristã**. Vai observar sua **seriedade e avidez** e como eles se **aceitam mutuamente em amor**. Verá como os **relacionamentos serão restaurados**. Observará a **humildade e a humanidade** dentro daqueles que saíram da fase de conflito.

Um dos primeiros sinais de verdadeira transformação será a ânsia deles por fazer algo que faça a diferença. São estes comentários e conversas que levarão o grupo ao próximo estágio de sua formação, que é o de **se tornar o Corpo de Cristo e de cumprir seu propósito dado por Deus**.

Estágio de Missão

O **Estágio de Missão** é quando você vê **esses discípulos começando a compartilhar sua fé, levando outros a Cristo, formando seus próprios grupos de discipulado e se comprometendo a serem exemplos** segundo os quais as pessoas medem seu crescimento e desenvolvimento. Todos nós fomos chamados para um propósito. Cumprir esse propósito vem ao **final de uma jornada de formação**, de **ser desafiado, guerrear através da mudança, transformar-se em um seguidor comprometido de Jesus Cristo**, e finalmente **desejar servi-Lo, e cumprir Seu Propósito** para nossas vidas. Deus está chamando cada um de nós para estarmos em Missão com Ele.

Conclusão

Oro para que vocês tenham visto essas etapas em seus próprios grupos de vida e para que sejam agora uns daqueles pastores gentis e sábios que ajudarão e guiarão muitos a se transformar e a buscar a Cristo de todo o coração, mente e alma.

Folha De Assimilação
Aplicação Prática

1. Complete a frase: *O processo de preparação trata-se do preparo intencional para a transição de <u>responsabilidade</u> e prestação de contas de nós mesmos para aqueles que lideramos e cuidamos.*
2. Complete a frase: *Durante os primeiros anos, conduzimos o relacionamento sendo altamente <u>diretivos</u> e instrutivos.*
3. Complete a frase: *O processo de discipulado se desenvolve a partir de uma abordagem inicial <u>altamente</u> diretiva e <u>sem</u> facilitação, para finalmente se transformar em <u>baixa</u> instrução diretiva e <u>alta</u> facilitação*
4. Complete a frase: *Na aprendizagem diretiva, <u>dizemos</u>, <u>instruímos</u> e dirigimos o curso de aprendizagem e compreensão.*
5. Complete a frase: *Na facilitação fornecemos uma <u>orientação</u> mais enfática, fazendo perguntas abertas e de aplicação.*
6. Que processo de preparação é aplicável quando se ensina através dos Passos da Série Fundamentos do Discipulado?

- *Primeiro passo - Salvação - Alta Diretividade e Nenhuma Facilitação.*
- *Segundo passo - Valores e Disciplinas Espirituais - Alta Diretividade e Baixa Facilitação.*
- *Terceiro Passo – Desenvolvendo Dons e Habilidades - Equilíbrio entre Aprendizado de Diretividade e Facilitação.*
- *Quarto Passo - Frutificação - Baixa Diretividade e Média Facilitação.*
- *Passo Cinco - Multiplicação - Baixa Diretividade e Alta Facilitação.*

1. Defina "Perguntas Abertas". *Perguntas abertas são aquelas que normalmente começam com "Como", "O quê", "Quando" e "Onde", e requerem mais do que apenas uma resposta de sim ou não.*
2. Defina Perguntas de Observação e cite uma boa fonte de onde se pode retirá-las. *As perguntas de observação são mais*

invasivas na medida em que exigem respostas ponderadas. Bíblias de estudo são um bom recurso.

3. Defina Perguntas de Aplicação. Dê alguns exemplos de boas perguntas de aplicação. <u>Perguntas e respostas de aplicação fornecerão principalmente soluções ou ideias sobre o "como" colocar as coisas em prática. Exemplos: "Como posso fazer isto?" "O que eu preciso fazer para colocar isto em prática?" "Por onde eu começo?" "Quais são os passos que preciso dar para que isto seja verdade em minha vida e minhas circunstâncias?"</u>

4. O que irá liberar o poder transformador em nossos discípulos quando fizermos essas perguntas? <u>O impacto transformacional acontecerá quando aplicarmos nossas habilidades de escuta para ouvir o que é comunicado oralmente e não verbalmente.</u>

5. Descreva algumas maneiras que fariam de nós melhores ouvintes.

- *Não os interrompa* quando eles falarem.
- *Discirna o espírito* a partir do qual eles falam.
- *Preste atenção* à sua comunicação não verbal.
- *Repita os pontos-chave* do que eles estão dizendo, para que **eles saibam que você os está ouvindo**. Também serve para comunicar que você **ouviu suas principais preocupações, lutas ou ênfases, e dá a eles uma oportunidade para esclarecer o que você está entendendo**.
- *Faça perguntas para esclarecimento*. Geralmente os **incentiva a falar mais, especialmente quando eles têm a sensação de que você parece entender algo** que eles tentaram comunicar.
- *Não tire conclusões* precipitadas demais.
- *Não julgue* aquelas pessoas que tomaram a coragem de se abrir e falar. Esta é uma **oportunidade para ajudar na transformação delas**, especialmente quando você **acompanha sua abertura com palavras de misericórdia e graça e oferece conselhos práticos** sobre os próximos passos.

1. Que impacto percentual cada uma das seguintes formas de comunicação tem quando nos comunicamos?

- Verbal: <u>7%</u>
- Não-Verbal: <u>55%</u>
- Para Verbal: <u>38%</u>

1. Cite os cinco estágios de formação de grupos, com uma breve descrição de cada estágio, bem como o tipo de comunicação que existe em cada um deles

- <u>*O primeiro estágio é o de formação e é aquele em que reunimos estranhos para iniciar uma viagem juntos. Existem comunicações de nível 1 e nível 2, que são definidas pela comunicação através do uso de clichês e, em seguida, passam para a avaliação de comunicação factual.*</u>
- <u>*O segundo estágio é do desafio e é definido quando os componentes deste grupo recém-formado desafiam uns aos outros a compartilhar suas histórias de maneira cortês. As pessoas se esforçam para determinar algum tipo de hierarquia, com base nas experiências que compartilham, seus conhecimentos, suas ideias e crenças e a confiança com a qual se sustentam. Tipicamente, encontraremos aqui uma comunicação do tipo Nível 3 emergindo e prevalecendo onde o meio de comunicação predominante evolui em torno da valorização de ideias e crenças compartilhadas. As pessoas são predominantemente desafiadas pelas variações, e por como se adaptam ou adotam essas personalidades variadas, diferenças culturais, e adaptabilidades emocionais e relacionais. As pessoas são desafiadas a observar como os outros mudam e se adaptam à sua nova vida em Cristo. Elas aprendem e crescem em velocidades diferentes. Tudo isso desafia até o melhor de nós.*</u>

- *O terceiro estágio é conhecido como o Estágio do Conflito e refere-se àquele período em que as personalidades entram em conflito umas com as outras. A tolerância deles é testada além de seu nível de maturidade. Com mais frequência, eles se confrontam à medida que são desafiados e chegam a um acordo com a necessidade de tomar decisões que mudarão suas vida de quase todas as áreas. Esta é uma guerra total contra tudo em que eles acreditavam, defendiam e viviam antes de aceitar Cristo. A maioria das pessoas dá expressão a esse conflito, tornando-o pessoal, seja com seu líder ou com outros do grupo. A comunicação de nível 4 ocorre porque as pessoas normalmente compartilham abertamente suas emoções, gostos e aversões. Esta vulnerabilidade e abertura cria a atmosfera certa para ir além das máscaras superficiais que as pessoas frequentemente usam, e cria uma plataforma na qual a mudança transformacional pode ocorrer.*
- *O quinto estágio é conhecido como Estágio de Missão. É onde vemos estes discípulos começarem a compartilhar sua fé, levando outros a Cristo, formando seus próprios grupos de discipulado e se comprometendo a ser exemplos segundo os quais as pessoas medem seu crescimento e desenvolvimento. Em uma atmosfera de aceitação e descanso, as pessoas encontram seu propósito e lugar, unidas na missão para a qual Deus as chamou.*

SESSÃO 7: CONSAGRAÇÃO

Atos 20:28 *"Cuidem de vocês mesmos e de todo o rebanho sobre o qual o Espírito Santo os colocou como bispos, para pastorearem a igreja de Deus, que ele comprou com o seu próprio sangue."*

O Apóstolo Paulo resume seu apelo aos presbíteros gentios em Éfeso com algumas acusações.

Em primeiro lugar, ele os exorta a *tomar conta* de si mesmos. Cuidem de vocês mesmos, espiritualmente, mentalmente, emocionalmente e fisicamente. Mantenham-se em sintonia com o que o Espírito Santo deseja fazer em vocês e através de vocês. Mantenham-se vigilantes para manterem suas conversas saudáveis e temperadas, seu exemplo preservado e sua caminhada acima de qualquer censura.

Seu segundo apelo é que eles *vigiem* todo o rebanho do qual o Espírito Santo os fez supervisores. Isto é exatamente o que o Espírito Santo está fazendo e continuará a fazer com cada um de nós, Ele confiará as ovelhas aos nossos cuidados e às nossas orações vigilantes. Precisamos ter o cuidado de *vigiar* aqueles que são confiados aos nossos cuidados. Isto pode começar com um ou dois discípulos, mas mais tarde pode se estender à *vigia* de toda uma congregação.

Finalmente, Ele os lembra de que estas *ovelhas* **foram "compradas com Seu próprio sangue"**, e como Seus pastores, precisamos cuidar de Suas ovelhas.

Temos também a exortação do apóstolo Pedro a seus irmãos judeus, através de sua primeira carta pastoral a eles endereçada.

> **1 Pedro 5:2-4** *"Pastoreiem o rebanho de Deus que está aos seus cuidados. Olhem por ele, não por obrigação, mas de livre vontade, como Deus quer. Não façam isso por ganância, mas com o desejo de servir. Não ajam como dominadores dos que lhes foram confiados, mas como exemplos para o rebanho. Quando se manifestar o Supremo Pastor, vocês receberão a imperecível coroa da glória."*

O Apóstolo Pedro resume o coração e o chamado do Pastor do Novo Testamento dentro destes poucos versículos. Sua exortação começa com uma chamada à ação: **"Pastoreiem o rebanho de Deus"**.

- A primeira instrução é **seja um Pastor**.
- A segunda exortação é para **tomar conta** das ovelhas.
- A terceira é para **servir**. No Reino de Deus, tudo é uma questão de servir, não porque **temos** que servir, mas porque estamos **dispostos**. Nossa **vontade de servir** é vista pelo quanto estamos dispostos a servir àqueles que Ele coloca sob nossos cuidados e supervisão. Muitas pessoas se esquivam deste tipo de responsabilidade e serviço, mas aqui vemos que é **como Deus quer que você seja**. Deus deseja que nós sirvamos de bom grado e avidamente como supervisores.
- A quarta observação deste versículo é a ênfase de que o cuidado de Suas ovelhas nos é realmente **confiado**. Precisamos estar à altura do compromisso.
- A quinta ênfase é posta em **sermos exemplos para o rebanho**.

- A sexta ênfase é uma nota de advertência. Esta parte altamente diretiva da Escritura cobre alguns **"nãos"**, **"não por obrigação"**, **"não tenham ganância por dinheiro"**, e **"não sejam dominadores daqueles que lhes foram confiados"**.
- O destaque final está na recompensa por se entregarem a esta causa e este propósito. Esta parte termina com uma maravilhosa promessa de "uma coroa de glória" para aqueles que servirem ao Senhor desta forma. Pode não haver glória em servir como pastor nesta vida, mas certamente haverá recompensa na eternidade para aqueles que voluntariamente servem ao Senhor e Suas ovelhas.

A certa altura, o apóstolo Paulo deu um encargo a seu filho espiritual Timóteo, e aproveitamos seu exemplo para dar-lhes o encargo de cuidar daqueles que o Senhor confiará aos seus cuidados. A primeira parte do capítulo 4 da primeira carta a Timóteo, e o capítulo 4 da segunda carta a Timóteo falam amplamente sobre a administração e nossa responsabilidade.

> **1 Timóteo 4:11-16** *"Ordene e ensine estas coisas. Ninguém o despreze pelo fato de você ser jovem, mas seja um exemplo para os fiéis na palavra, no procedimento, no amor, na fé e na pureza. Até a minha chegada, dedique-se à leitura pública da Escritura, à exortação e ao ensino. Não negligencie o dom que lhe foi dado por mensagem profética com imposição de mãos dos presbíteros. Seja diligente nessas coisas; dedique-se inteiramente a elas, para que todos vejam o seu progresso. Atente bem para a sua própria vida e para a doutrina, perseverando nesses deveres, pois, agindo assim, você salvará tanto a si mesmo quanto aos que o ouvem."*

> **1 Timóteo 6:11-13** *"Você, porém, homem de Deus, fuja de tudo isso e busque a justiça, a piedade, a fé, o amor, a perseverança e a*

mansidão. Combata o bom combate da fé. Tome posse da vida eterna, para a qual você foi chamado e fez a boa confissão na presença de muitas testemunhas. Diante de Deus, que a tudo dá vida, e de Cristo Jesus, que diante de Pôncio Pilatos fez a boa confissão, eu lhe recomendo."

2 Timóteo 4:1-2 *"Na presença de Deus e de Cristo Jesus, que há de julgar os vivos e os mortos por sua manifestação e por seu Reino, eu o exorto solenemente: Pregue a palavra, esteja preparado a tempo e fora de tempo, repreenda, corrija, exorte com toda a paciência e doutrina."*

2 Timóteo 4:5 *"Você, porém, seja moderado em tudo, suporte os sofrimentos, faça a obra de um evangelista, cumpra plenamente o seu ministério."*

Com estas palavras, queremos dar-lhes a tarefa de ir e **"pastorear o rebanho de Deus"**, como servos dispostos de Deus, de **"vigiar as ovelhas"** confiadas aos seus cuidados. **"Sejam exemplos"** para as ovelhas em todos os aspectos de suas vidas, **"sirvam de exemplo para os crentes no modo de falar, na vida, no amor, na fé e na pureza"**. Que Deus lhes conceda a força para suportar, a paciência para perseverar e a coragem para pregar a Palavra, mesmo que se sintam como se fossem as únicas pessoas no planeta buscando a Deus, Sua Vontade e Sua Palavra.

Lembre-se, você nunca estará sozinho! O Espírito Santo está sempre conosco.

Vão, e pastoreiem o povo de Deus.

NOTA FINAIS

1 Miller & Huber, Stephen & Robert (2003). *A Bíblia: o fazer e o impacto sobre a Bíblia uma história. Inglaterra (The Bible: the making and impact on the Bible a history)*: Lion Hudson. p. 21. ISBN 0-7459-5176-7.

2 https://en.wikipedia.org/wiki/Nevi%27im

3 Neusner, Jacob. *A Lei Talmúdica, Teologia, Narrativa: Um livro de referências (The Talmud Law, Theology, Narrative: A Sourcebook)*. University Press of America, 2005

4 Coogan, Michael D. *Uma breve introdução ao Antigo Testamento: a Bíblia Hebraica em Seu Contexto. (A Brief Introduction to the Old Testament: the Hebrew Bible in its Context)*. Oxford University Press. 2009; p. 5

5 Coogan, Michael D. *Uma breve introdução ao Antigo Testamento: a Bíblia Hebraica em Seu Contexto. (A Brief Introduction to the Old Testament: the Hebrew Bible in its Context)*. Oxford University Press. 2009; p. 5

6 https://theconversation.com

7 [6] *Do que se trata a Bíblia?, Edição visual (What the Bible is All about, Visual Edition)*: Henrietta C. Mears Gospel Light Publications, 2007, pp.438-39.

8 Bart D. Ehrman (1997). *O Novo Testamento: Uma Introdução Histó-*

rica aos Primeiros Escritos Cristãos (The New Testament: A Historical Introduction to the Early Christian Writings). Oxford University Press. p. 8.

9 Saint Justin Martyr, Encyclopaedia Britannica, Inc.

10 Saint Justin Martyr, Encyclopaedia Britannica, Inc.

OUTROS LIVROS DE AUTORIA DO DR. HENDRIK J VORSTER

Plantação de igrejas - Dr Hendrik J Vorster

Plantação de igrejas - Como plantar uma igreja dinâmica

Por Dr Hendrik J Vorster

Este é um manual para aqueles que desejam plantar uma igreja discipulada. Este livro explora todos os aspectos da plantação de igrejas, e é amplamente utilizado em mais de 70 Nações em 6 Continentes.

Aqui está uma lista das áreas que são exploradas:

1. O desafio de plantar Novas Igrejas
2. Fases da Plantação de Igrejas
3. Primeira Fase da Plantação de Igrejas - A Chamada, Visão e Fase de preparação
4. O Chamado à Plantação de Igrejas
5. Doze Características de Líderes de Plantação de Igrejas

Outros Livros De Autoria Do Dr. Hendrik J Vorster

6. Terminologia de Plantação de Igrejas
7. Segunda Fase da Plantação de Igrejas - Discipulado
8. O Processo de Discipulado
9. Fase Três de Plantação de Igrejas - Congregação dos Grupos de Discipulado
10. Compreender as Finanças da Plantação de Igrejas
11. Compreender o pessoal da Igreja
12. Fase Quatro de Plantação de Igrejas - Desenvolvimento do Ministério e Fase de Lançamento da Igreja
13. Sistemas de compreensão e implementação
14. Fase Cinco de Plantação de Igrejas - Multiplicação
15. Compreender os desafios na Plantação de Igrejas 16. Como ter sucesso na Plantação de Igrejas
17. Como plantar uma igreja doméstica

Apostilas e Vídeo Ensinamentos estão disponíveis, para compra, de www.discipleshipcourses.com, nosso site:

Plantação de Igrejas Livro Prático -
Dr Hendrik J Vorster

www.churchplantinginstitute.com ou em www.amazon.com-

Valores do Reino de Deus - Dr Hendrik J Vorster

Valores do Reino de Deus

Por Dr. Hendrik J Vorster

Todos desejam ser conhecidos como um agradável estar por perto com o tipo de pessoa. Este livro ajuda-o a desenvolver valores para um carácter tão piedoso. Este livro explora 52 Valores do Reino de Deus.

Estes Livros estão disponíveis em: www.churchplantinginstitute.com ou em www.amazon.com

Disciplinas Espirituais do Reino de Deus

Por Dr. Hendrik J Vorster

Todo o crente deseja ser um ramo produtor de fruta no quintal do nosso Senhor. Desenvolver disciplinas espirituais é desenvolver raízes espirituais das quais a nossa fé pode tirar seiva para cultivar ramos fortes e frutíferos. Este Livro explora Nove Disciplinas Espirituais do Reino de Deus.

Estes Livros estão disponíveis em: www.churchplantinginstitute.com ou

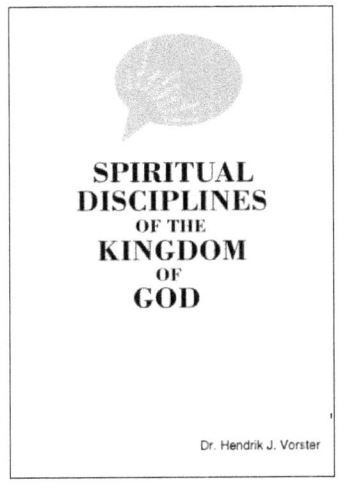

Disciplinas Espirituais do Reino de Deus - Dr Hendrik J Vorster

em www.amazon.com

Outros Livros De Autoria Do Dr. Hendrik J Vorster

Passo Um - O Ensinamento Fundamental de Cristo - Dr Hendrik J Vorster

Série de Fundamentos do Discipulado - Passo Um - O Ensinamento Fundamental de Cristo

Por Dr. Hendrik J Vorster

Este Curso explora o "Como nascer de novo" e para estabelecer uma base sólida para a vossa fé em Jesus Cristo.

É baseado no capítulo 6: 1 & 2 de Hebreus, e explora:

- Arrependimento de obras mortas,
- Fé em Deus,
- Baptismos,
- Imposição de mãos,
- Ressurreição dos mortos,
- Julgamento Eterno.

Os Manuais e Materiais de Ensino em Vídeo estão disponíveis para compra, a partir de www.discipleshipcourses.com o nosso website: www. churchplantinginstitute.com ou em www.amazon.com

Série de Fundamentos do Discipulado - Passo Dois - Valores e Disciplinas Espirituais

Por Dr. Hendrik J Vorster

Este Curso explora o "Como" desenvolver disciplinas espirituais, assim como **52 Valores** que Jesus ensinou. Baseia-se nos ensinamentos de Jesus aos seus Discípulos, e explora:

Passo Dois - Valores e Disciplinas Espirituais - Dr Hendrik J Vorster

Disciplinas Espirituais

As disciplinas que exploramos são: Leitura, meditação da Palavra de Deus, Oração, Mordomia, Jejum, Servilismo, Simplicidade, Adoração, e Testemunhar.

Valores do Reino de Deus

Humildade, Luto, Mansidão, Paixão Espiritual, Misericórdia, Pureza, Pacificador, Resistência Paciente, Exemplo, Guardião, Reconciliador, Resolução, Amor, Discrição, Perdão, Investidor do Reino de Deus, Mente de Deus, Prioritário do Reino de Deus, Introspectivo, Persistente, Atencioso, Conservador, Fruteiro, Praticante, Responsabilização, Fidelidade, Desconfiança, Unidade, Servidão, Lealdade, Gratidão, Mordomia, Obediência, Cuidado, Compaixão, Cuidado, Confiança, Firmeza, Consentimento, Ensinável, Deferência, Diligência, Confiança, Gentileza, Discernimento, Verdade, Generosidade, Bondade, Vigilância, Perseverança, Honra e Submissividade.

Os Manuais e Materiais de Ensino em Vídeo estão disponíveis para compra, a partir de www.discipleshipcourses.com o nosso website: www.churchplantinginstitute.com ou em www.amazon.com

Passo Três - Desenvolver o Dom e as Competências - Dr Hendrik J Vorster

Série de Fundamentos do Discipulado - Passo Três - Desenvolver o Dom e as Competências

Por Dr. Hendrik J Vorster

Este curso é realizado através de **cinco encontros de fim-de-semana.** Estes encontros de fim-de-semana foram concebidos para ajudar os Discípulos a descobrir os seus dons espirituais, bem como para aprender a usar os seus dons, e a servir o Senhor para a extensão do Seu Reino. Os Encontros de fim-de-semana são:

Encontro de Descoberta de Presentes

Aprendemos sobre presentes do Gabinete Ministerial, presentes de serviço, e presentes espirituais sobrenaturais. Descobrimos os nossos, e depois aprendemos como os podemos utilizar para construir a Igreja local.

Levantamento do Encontro Bíblico de Fim-de-Semana

Durante este fim-de-semana fazemos um levantamento da Bíblia, desde o Génesis até ao Apocalipse. Aprendemos também sobre a História da Bíblia, bem como como podemos fazer a maior parte do nosso tempo na Palavra.

Partilhando o seu Encontro de Fim-de-Semana de Fé

Durante este fim-de-semana, aprendemos sobre a mensagem do Evangelho, **e como partilhar eficazmente a nossa fé.**

Encontro de fim-de-semana de superação

Durante este fim-de-semana lidamos com aqueles cardos e espinhos que sufocam o crescimento e colheita da boa semente semeada nas nossas vidas. Abordamos Como superar o medo, o imperdoável, a luxúria e os cuidados do mundo com fé e obediência.

Encontro de Fim-de-Semana de Líderes Pastores

Durante este encontro de fim-de-semana aprendemos sobre ser um Bom Pastor, e como melhor discípulo num pequeno grupo.

Os Manuais e Materiais de Ensino em Vídeo estão disponíveis para compra, a partir de www.discipleshipcourses.com o nosso website: www. churchplantinginstitute.com ou em www.amazon.com

Outros Livros De Autoria Do Dr. Hendrik J Vorster

Passo Quatro- Frutificação - Dr Hendrik J Vorster

Série de Fundamentos do Discipulado - Passo Quatro - Frutificação

Por Dr. Hendrik J Vorster

Fomos salvos para servir. Este curso foi concebido para mobilizar os Crentes, desde os Aprendizes aos Praticantes. Estas sessões foram preparadas para uso individual, com aqueles que estão a dar frutos, e que querem produzir mais frutos. O desenvolvimento destas áreas de forma sustentada e sistemática garantirá tanto a frutificação como a multiplicação. A atenção a estas áreas irá assegurar que produzam frutos duradouros.

Exploramos:
1. Introdução.
2. Caminhando com propósito.
3. Construir relações de propósito. Encontrar Homens dignos de valor
4. Sacerdócio. Rezar eficazmente por aqueles que lhe são confiados. 5. Cuidar compassivamente.
6. Caminhando dignamente.
7. Caminhando no Espírito.
8. Praticar a hospitalidade.

Os Manuais e Materiais de Ensino em Vídeo estão disponíveis para compra, a partir de www.discipleshipcourses.com o nosso website: www. churchplantinginstitute.com ou em www.amazon.com

Passo Cinco - Multiplicação - Dr. Hendrik J Vorster

Série de Fundamentos do Discipulado - Passo Cinco - Multiplicação

Por Dr Hendrik J Vorster

Este curso foi concebido para ajudar os discípulos para ser frutuoso e viver uma vida que encorajará uma vida de fecundidade. Também dará aos nossos discípulos competências e orientações para navegar pelos seus discípulos através de épocas de desafio e crescimento. Este curso está recheado de princípios de Liderança que avançam. Quanto mais estas áreas forem abordadas e encorajadas, tanto mais experimentaremos crescimento e multiplicação.

Exploramos:

1. Visão e sonhos.
    2. Estabelecer objectivos divinos.
    3. Desenvolvimento do carácter
    4. Desenvolvimento de dones- Impartação e Activação
    5. A fecundidade vem através de um desafio constante.
    6. Relacionamentos - Família, Crianças e Amigos
    7. O poder do encorajamento
    8. Finanças - Finanças pessoais e do Ministério
    9. Lidar com contratempos
    - Como lidar com o fracasso?
    - Como lidar com a traição?
    - Como lidar com a rejeição?
    - Como lidar com os julgamentos?

- Como lidar com o desânimo?
10. Recompensas eternas

Os Manuais e Materiais de Ensino em Vídeo estão disponíveis para compra, a partir de www.discipleshipcourses.com o nosso website: www. churchplantinginstitute.com ou em www.amazon.com

Desenvolvendo dons e Habilidades

Por Dr Hendrik J Vorster

Desenvolvendo dons e Habilidades - Dr Hendrik J Vorster

Esta série de cinco livros e um Manual do Professor foram desenvolvidos como um instrumento de formação para pastores, para equipar os seus membros para o trabalho do ministério. Pode ser oferecido como cinco encontros de fim-de-semana ou 23 sessões semanais. Foi concebido para ajudar os membros a descobrir os seus dons espirituais, bem como para aprender a utilizar esses dons. Oferece uma base bíblica sólida e também se concentra no ministério pessoal e restauração, mobilizando pessoas para servir o Senhor para a extensão do Seu Reino.

Encontro de dons Espirituais

Durante este curso, aprenderemos sobre Presentes de Gabinete Ministerial, Presentes de Serviço, e Presentes Espirituais Sobrenaturais. Descubra os seus próprios, e aprenda a usá-los para construir a igreja local.

Pesquisa Bíblica

Durante este curso, exploramos a Bíblia desde o Génesis até ao Apocalipse. Aprenda sobre a História da Bíblia, bem como como optimizar o tempo que passamos na Palavra.

Como Compartilhar a Sua Fé

Cada crente é chamado a partilhar a sua fé em Jesus Cristo. Durante este curso, aprenderemos a mensagem do Evangelho, e como partilhar eficazmente a nossa fé.

Lidando com Fortalezas

Durante este curso, iremos explorar como lidar com aqueles

cardos e espinhos que sufocam o crescimento e colheita da boa semente semeada nas nossas vidas. Aprenderemos a superar o medo, o imperdoável, a luxúria e os cuidados do mundo com fé e obediência.

Mentoria de Líderes

As pessoas vêm ao Senhor por causa do nosso testemunho, porque vêem a mudança que Deus trouxe nas nossas vidas. Durante este curso, aprenderemos a caminhar com aqueles que vêm a Cristo. Uma das coisas que aprenderemos é como nos tornarmos um bom pastor, como Jesus, e como melhor discipular as pessoas num pequeno grupo.

Série da Fundação Discipulado em Vídeo

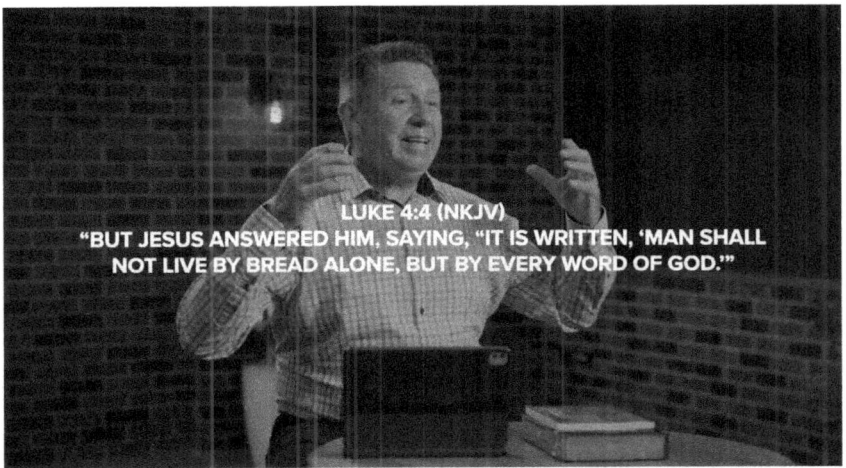

Ensino do Dr. Vorster via Vídeo

185 Videoconferências estão disponíveis para cada uma das Sessões ensinadas ao longo destes Cursos de Discipulado.

Temos Cinco, completamente gravados, Cursos de Discipulado disponíveis em Vídeo em www.discipleshipcourses.com

- **Passo Um - O Ensinamento Fundamental de Cristo** (Este **curso de 7 semanas** ajuda o novo crente a estabelecer, e a construir uma Fundação sólida para que a sua fé possa ser construída). Este curso está disponível, **sem custos,** mediante inscrição gratuita.
- **Passo Dois - Valores e Disciplinas Espirituais** (Este **Curso de 9 semanas** ajuda o jovem crente a baixar as Raízes Espirituais, estabelecendo disciplinas espirituais, e aprendendo os valores do Reino de Deus).
- **Passo Três - Desenvolver o Dom e as Competências**(Este Curso é normalmente apresentado durante **5 Encontros de Fim-de-Semana,** ou durante um **período de 23 semanas.** Exploramos os **Dons Espirituais** e Como

utilizá-los para construir a Igreja local. **Exploramos a Bíblia**, e as suas origens, durante uma parte para assegurar que construímos as nossas vidas com base no Manual da Bíblia. Aprendemos também como partilhar a nossa fé. Aprendemos como lidar com os redutos que nos podem impedir de cumprir o propósito de Deus. E, finalmente, aprendemos **como melhor Mentorar** aqueles a quem conduzimos a Cristo).

- **Passo Quatro** - Disciplinar os **Frutificação** (Durante este **curso de 8 semanas** aprendemos Como ensinar aos nossos Discípulos os princípios que irão desenvolver, e manter, a fecundidade).
- **Passo Cinco - Multiplicação** (Durante este **Curso de 11 semanas** aprendemos **Como Mentorar os nossos Líderes** para liderar os produtores de fruta fortes e saudáveis)

O registo gratuito para acesso a estes recursos de Vídeo está disponível em www.dicipleshipcourses.com

Vídeos de formação sobre Plantação de Igrejas

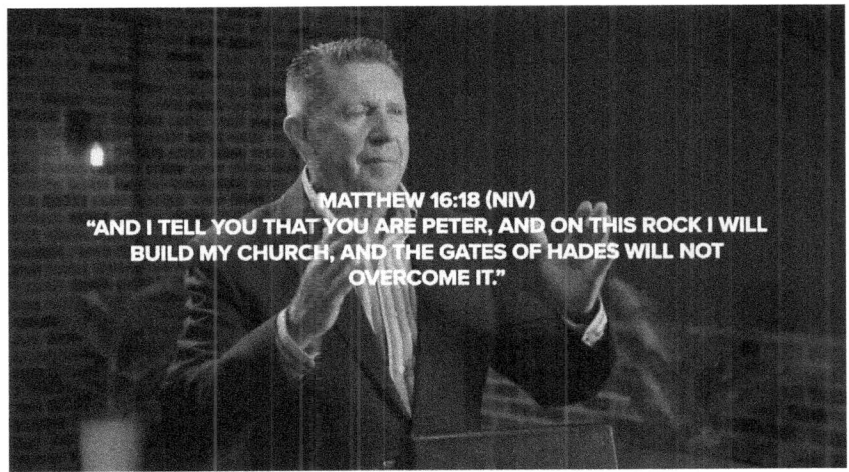

Ensino do Dr. Vorster via Vídeo

42 Videoconferências estão disponíveis neste **Curso de Plantação de Igrejas.**

- Introdução à Plantação de Igrejas
- Porquê plantar Novas Igrejas?
- Fases da Plantação de Igrejas Visão Geral
- Fase 1 - Fase de preparação
- Fase 2 - Fase de Construção de Equipas
- Fase 3 - Fase de pré-lançamento
- Fase 4 - Fase de Lançamento
- Fase 5 - Fase de Multiplicação
- Ensaios de plantação de igrejas
- Próximos Passos

A **inscrição gratuita** está disponível em www.discipleshipcourses.com

Estão disponíveis sessões de Coaching Avançado para aqueles que se inscreveram no Programa de Formação de Mestres.

www.ingramcontent.com/pod-product-compliance
Lightning Source LLC
Chambersburg PA
CBHW071109160426
43196CB00013B/2510